AF821738

Selbstreguliertes Geldmanagement bei jungen Erwachsenen

Konzepte des Lehrens und Lernens

Herausgegeben von
K. Breuer, G. Tulodziecki und K. Beck

Band 18

PETER LANG
Frankfurt am Main · Berlin · Bern · Bruxelles · New York · Oxford · Wien

Nina Bender

Selbstreguliertes Geldmanagement bei jungen Erwachsenen

PETER LANG
Internationaler Verlag der Wissenschaften

Bibliografische Information der Deutschen Nationalbibliothek
Die Deutsche Nationalbibliothek verzeichnet diese Publikation in der Deutschen Nationalbibliografie; detaillierte bibliografische Daten sind im Internet über http://dnb.d-nb.de abrufbar.

Zugl.: Mainz, Univ., Diss., 2012

Der Druck der vorliegenden Dissertation wurde gefördert
aus Mitteln des Forschungsclusters „Gesellschaftliche
Abhängigkeiten und soziale Netzwerke"
der Johannes Gutenberg-Universität Mainz
und der Universität Trier sowie aus Mitteln des
interdisziplinären Arbeitskreises „Armut und Schulden"
der Johannes Gutenberg-Universität Mainz.

D 77
ISSN 0724-6455
ISBN 978-3-631-63189-8

© Peter Lang GmbH
Internationaler Verlag der Wissenschaften
Frankfurt am Main 2012
Alle Rechte vorbehalten.

Das Werk einschließlich aller seiner Teile ist urheberrechtlich geschützt. Jede Verwertung außerhalb der engen Grenzen des Urheberrechtsgesetzes ist ohne Zustimmung des Verlages unzulässig und strafbar. Das gilt insbesondere für Vervielfältigungen, Übersetzungen, Mikroverfilmungen und die Einspeicherung und Verarbeitung in elektronischen Systemen.

www.peterlang.de

Vorwort

Über Geld spricht man nicht. Diese Weisheit bietet der Volksmund zum Thema der vorliegenden Arbeit an. Die Gültigkeit der Orientierung in der Gegenwart belegt die Verfasserin in ihren Befunden. Aufgegriffen werden zumindest zwei zusätzliche Dimensionen zum möglichen Verständnis der Aussage. Zum einen besteht eine offensichtliche Diskrepanz zwischen der Anforderung in unserer Gesellschaft an alle ihre Mitglieder, den alltäglichen ökonomischen Herausforderungen gerecht zu werden, und den Möglichkeiten sich dabei Hilfe und Unterstützung aus dem persönlichen Umfeld einholen zu können. Zum anderen, und das ist der besondere Fokus der Arbeit von Frau Bender, gilt das für die Bewältigung der Entwicklungsaufgabe, die junge Erwachsene zum erfolgreichen Umgang mit ihren eigenen finanziellen Ressourcen zu meistern haben. Obwohl die internationale Literatur die *financial literacy* als eine der ‚21st-century-skills' einordnet, bietet unser Bildungssystem zur Förderung der notwendigen Befähigungen wenig bis keine Hilfestellungen. Die wiederholten Schlagzeilen zur wachsenden Verschuldung von jungen Erwachsenen gründen in den deskriptiven Statistiken der Organisationen, welche die Zahlungsfähigkeit von Individuen bzw. von Haushalten für die Wirtschaft verfolgen. In diesem Zusammenhang wird immer wieder die Forderung nach der Vermittlung von mehr Kenntnissen zum Thema Geld erhoben. Für das Wissen um die persönlichen Voraussetzungen zum Umgang mit Geld in einem umfassenderen Sinn, kann man die Aussage *Über Geld spricht man nicht* auf einer Metaebene konstatieren. Das Thema scheint in keiner wissenschaftlichen Disziplin verankert zu sein. Weder in den Wirtschaftswissenschaften, den Sozialwissenschaften, der Psychologie noch in der Wirtschaftspädagogik liegen umfassendere systematische Befunde zu den individuellen Voraussetzungen für das persönliche Wirtschaften vor. Übereinstimmung herrscht im internationalen Kontext dazu, dass ökonomisches Wissen generell nur auf einem beängstigend niedrigen Niveau vorliegt. Wissen allein kann jedoch nur bedingt als Basis für erfolgreiches finanzielles Handeln betrachtet werden. Im Hinblick auf die Beförderung von Befähigungen zum erfolgreichen Umgang mit Geld stellt sich dringlich die Frage nach den Lernvoraussetzungen und den Zieldimensionen zum Lehren und Lernen in dieser Domäne. Nur wenn man an solche Voraussetzungen anknüpfen kann, erscheinen erfolgreiche Vermittlungskonzepte plan- und realisierbar. Die vorliegende Arbeit liefert dazu systematische Erkenntnisse. Sie basieren auf einem Zugang, der die

Modellierung von bedeutsamen Konzepten und ihre empirische Abbildung umfasst. Die Erhebung der Daten erfolgt über einen quasi-experimentellen Zugang bei jungen Erwachsenen im kritischen Zeitfenster ihrer beruflichen Bildung. Eine zentrale Erkenntnis besteht in dem Befund, dass Wissen zu ökonomischen Sachverhalten nur als eine bedeutsame, aber nicht primäre Voraussetzung für finanzielles Handeln gelten muss. In diesem Sinne spricht die Arbeit über die Befähigung zur Selbstregulation beim Umgang mit Geld.

Mainz, im März 2012 Klaus Breuer

Danksagung

Eine wissenschaftliche Arbeit zu schreiben bedeutet, sich über einen sehr langen Zeitraum mit einer Frage zu beschäftigen. Dass der Weg das Ziel ist, habe ich in diesem Zusammenhang erfahren dürfen. Der Weg zum Ziel ist gepflastert mit Höhen und Tiefen, mit Erfolgen und Ängsten, aber vor allem mit Menschen, die man durch seine Arbeit kennen und schätzen lernt. Vielen dieser Personen möchte ich meinen persönlichen Dank ausdrücken. Natürlich gilt der erste Dank meinem Doktorvater, Prof. Dr. Klaus Breuer, der mir nicht nur jederzeit fachlich zur Seite stand, sondern im Laufe meiner Tätigkeit auch menschlich sehr ans Herz gewachsen ist. Frau Prof. Dr. Eveline Wuttke danke ich für die Übernahme des Zweitgutachtens. Ein Dank geht an Prof. Dr. Hergenröder, Leiter des Teilbereichs I des Forschungsclusters der Universitäten Trier und Mainz „Gesellschaftliche Abhängigkeiten und soziale Netzwerke“ für seinen Einsatz, seine Förderung bei der Erstellung von Publikationen, seine stets motivierenden und freundlichen Worte und die Hilfestellung beim Druck der vorliegenden Arbeit. Ein Dank geht an die Projektleiter und –mitarbeiter des Forschungsclusters sowie an die Mitglieder des interdisziplinären Arbeitskreises „Armut und Schulden“ in Mainz für den fruchtbaren und anregenden Austausch über die Grenzen der eigenen wissenschaftlichen Disziplin hinweg. Besonders danken möchte ich Herrn Matthias Rau für die stets freundliche und unkomplizierte Zusammenarbeit bei der Erstellung gemeinsamer Publikationen.

Ein Dank geht an meine Kolleginnen und Kollegen der beiden wirtschaftspädagogischen Lehrstühle in Mainz: Frau Alexandra Bollinger, die mir so vieles abgenommen und dadurch wichtige Zeit für meine Arbeit geschenkt hat. Ein besonderer Dank geht an Frau Daniela Barry und Frau Daja Preuße für ihre Hilfe und ihren Zuspruch in bewegten Zeiten. Ein weiterer Dank geht an Prof. Dr. Beck für seine hilfreichen Hinweise und seine stete Bereitschaft zum Gedankenaustausch sowie an Manuel Förster für seinen methodischen Input. Herrn Markus Mathieu danke ich für das Korrekturlesen des Manuskripts.

Ein Dank geht an die Kooperationspartner des Projekts, die mich bei der Datenerhebung unterstützten und ohne die eine solche Arbeit nicht entstehen kann: Frau Martina Frank, Herr Alfred Schäfer, Frau Ingrid Kirnberger, Herr Helmut Jäger, Herr Thomas Flick, Herr Frank Puschhof, Herr Georg Sternal, Herr Theo Vogt, Frau Klaudia Repp, Herr Johannes Olliges und Herr Roland Stolzenburg.

Dir, Micha, danke ich für das gelbe Pferd.

Vor allen anderen gilt jedoch der Dank meiner Familie. Sie sind diejenigen, die mir den Weg bereitet und den Rücken frei gehalten haben. Sie sind diejenigen, die an mich glauben. Sie sind großartig und sie sind einzigartig.

Meinen Eltern Ute und Herbert

und meinem Bruder Michael

Saarbrücken, im März 2012

Inhalt

Abbildungen XI
Tabellen XII
Abkürzungen XVII
1 Forschungsgegenstand 1
2 Die finanzielle Situation der jungen Erwachsenen 19
2.1 Entwicklungspsychologische Orientierung 19
2.2 Mittelherkunft und Mittelverwendung 25
2.2.1 Allgemeine Befunde zur Mittelherkunft und Mittelverwendung 25
2.2.2 Mittelherkunft 28
2.2.2.1 (Ausbildungs-)Vergütung und Nebenverdienst 28
2.2.2.2 Taschengeld und Geldgeschenke 29
2.2.3 Mittelverwendung 30
2.2.3.1 Konsum 30
2.2.3.2 Sparen 34
2.2.4 Schulden und Armut 36
2.2.4.1 Schuldverpflichtungen bis zur Privatinsolvenz 36
2.2.4.2 Juvenile Ver- und Überschuldung in Deutschland 41
2.2.4.3 Armut 43
3 Finanzielle Bildung im nationalen und internationalen Diskurs 47
3.1 Finanzielle Allgemeinbildung 47
3.2 Financial Literacy, Financial Capability und Financial Behavior 51
3.3 Finanzielle (Handlungs-)Kompetenz 56
4 Geldmanagement 70
4.1 Die Theorie der Selbstbestimmtheit motivierten Handelns 70
4.2 Das Wissen über finanzwirtschaftliche Themen 73
4.3 Die Wahrnehmung finanzieller Unterstützung 77
4.4 Das Selbstkonzept zur finanziellen Handlungskompetenz 86
4.5 Selbstregulatorische Fähigkeiten im Umgang mit Geld 92
5 Empirischer Zugang zur Abbildung selbstregulierten Geldmanagements 103
5.1 Beschreibung des Erhebungsinstruments 103
5.2 Gütekriterien 105
5.2.1 Objektivität 105
5.2.2 Reliabilität 106
5.2.3 Validität 107

5.3 Deskriptive Datenanalyse ... 109
5.3.1Beschreibung der Stichprobe ... 109
5.3.1.1Strukturelle Merkmale der Stichprobe ... 109
5.3.1.2Kontrolle externer Einflussgrößen ... 113
5.3.2Verteilung der Daten ... 119
5.3.3Homoskedastizität ... 120
6 Prädiktoren des individuellen Geldmanagements ... 122
6.1 Ökonomisches Wissen ... 122
6.1.1Selbsteinschätzung zum ökonomischen Wissen ... 122
6.1.2Finanzielles Vorwissen ... 129
6.1.3Auswahl eines Konzepts zur Messung des ökonomischen Wissens 142
6.2 Selbstkonzept finanzieller Handlungskompetenz ... 145
6.2.1Der Einfluss der beruflichen Erstausbildung auf das Selbstkonzept finanzieller Handlungskompetenz ... 145
6.2.2Fragekontexteffekte ... 152
6.3 Wahrgenommene finanzielle Unterstützung ... 153
7 Selbstregulation im Umgang mit Geld als multidimensionales Konzept ... 159
7.1 Selbstregulation im Umgang mit Geld ... 159
7.2 Regressionsmodell zum Umgang mit Geld ... 170
8 Zusammenfassung und Ausblick ... 182
Literaturverzeichnis ... 186
ANHANG ... 207
Anhang A.1: Verordnung über die Berufsausbildung zum Bankkaufmann/ zur Bankkauffrau ... 208
Anhang A.2: Verordnung über die Berufsausbildung Industriekaufmann/ zur Industriekauffrau ... 215
Anhang A.3: Verordnung über die Berufsausbildung im Bereich der Informations- und Telekommunikationstechnik – Fachrichtung Fachinformatiker/in (Systementwicklung und Anwendungsentwicklung) ... 224
Anhang A.4: Mittelwertvergleich der Pilotstudie ... 241
Anhang A.5: Fragebogen zur finanziellen Handlungskompetenz ... 242
Anhang A.6.1: Faktoren- und Reliabilitätsanalyse zur latenten Variable Selbsteinschätzung ökonomisches Wissen ... 261
Anhang A.6.2: Faktoren- und Reliabilitätsanalyse zur latenten Variable Selbstkonzept zur finanziellen Handlungskompetenz ... 262
Anhang A.7: Reliabilitätsberechnung zum KRI ... 263
Anhang A.8: Bereinigung der Stichprobe ... 264

Abbildungen

Abb. 1: Untersuchungsdesign ... 15

Abb. 2: Sozialökologisches Modell der Sozialisation nach Bronfenbrenner .. 20

Abb. 3: Mittelherkunft und Mittelverwendung bei Jugendlichen und jungen Erwachsenen ... 27

Abb. 4: „Magisches Viereck“ des Konsumverhaltens ... 31

Abb. 5: Prozess der Überschuldung ... 37

Abb. 6: Auslöser von Überschuldung ... 39

Abb. 7: Beratene Personen und Gesamtbevölkerung 2007 nach Altersklassen ... 40

Abb. 8: Bereiche sozialer Teilhabe ... 45

Abb. 9: Ebenen finanzieller Handlungen ... 54

Abb. 10: Arten von Kompetenz nach dem Verständnis der KMK ... 62

Abb. 11: Rubikonmodell der Handlungsphasen ... 71

Abb. 12: Begriffstriplet Soziale Integration, soziale Netzwerke, soziale Unterstützung ... 78

Abb. 13: Dreidimensionale Topographie des Selbst ... 87

Abb. 14: Modell zur ökonomischen Bildung nach Reifner ... 89

Abb. 15: Modell zum selbstregulierten Lernen ... 93

Abb. 16: Unterscheidung von Wirksamkeits- und Ergebniserwartung ... 95

Abb. 17: Dimensionen der Selbstregulation ... 95

Abb. 18: Modell zum selbstregulierten Umgang mit Geld ... 100

Tabellen

Tab. 1: Lernfelder der projektbezogenen Ausbildungsberufe nach dem Rahmenlehrplan Rheinland-Pfalz 11

Tab. 2: Taschengeldtabelle 2011 29

Tab. 3: Ausgaben und Einkünfte der 15- bis 24-Jährigen 33

Tab.4: Handlungskompetenzraster nach Roth (1971) 63

Tab. 5: Zweidimensionale Taxonomie des Wissens nach Anderson und Krathwohl (2001) 73

Tab. 6: Taxonomie alltagsbezogener sozialer Unterstützung 80

Tab. 7: Skalen des Fragebogens zur sozialen Unterstützung 82

Tab. 8: Items zur wahrgenommenen finanziellen Unterstützung und Dimensionalitäten 83

Tab. 9: Struktur des Fragebogens zur wahrgenommenen finanziellen Unterstützung 85

Tab. 10: Dimensionen des Selbstkonzepts finanzieller Handlungskompetenz 90

Tab. 11: Reliabilitäten der Einzelskalen zum Selbstkonzept finanzieller Handlungskompetenz 91

Tab. 12: Operationalisierung der Untersuchungsmerkmale 103

Tab. 13: Datenstruktur des Fragebogens 104

Tab. 14: Ausbildungsberufe als Indikatoren der Intensität finanzwirtschaftlicher Bildung 109

Tab. 15: Verteilung der Geschlechter nach dem Grad der Begegnung mit finanzieller Bildung 110

Tab. 16: Verteilung der Schulabschlüsse 111

Tab. 17: Ausbildungszeitpunkt 112

Tab. 18: Gläubigerstruktur bei den verschuldeten Jugendlichen in der beruflichen Erstausbildung 115

Tab. 19: Chi²-Test auf Gleichverteilung der Kreditkategorien 116

Tab. 20: Verteilung der Höhe der Ersparnisse in Abhängigkeit von der Sparform und dem Ausbildungsberuf 117

Tab. 21: Verteilung der vorhandenen Sparformen nach Ausbildungsberuf ... 118

Tab. 22: Kolmogorov- Smirnov Test auf Normalverteilung 119

Tab. 23: Levene-Test auf Varianzhomogenität 121

Tab. 24: Selbsteinschätzung zu ökonomischen Wissensfeldern 124

Tab. 25: Zweifaktorielle Varianzanalyse zum ökonomischen Wissen (Selbsteinschätzung) 125

Tab. 26: Signifikanzen der mittleren Differenzen zur Variable „Selbsteinschätzung zu ökonomischem Wissen" nach Ausmaß der Begegnung mit finanzieller Bildung 126

Tab. 27: Selbsteinschätzung zu ökonomischen Fähigkeiten nach Ausbildungszeitpunkt und Intensität finanzwirtschaftlicher Bildung 127

Tab. 28: Zuordnung der Wissensfragen zu den Kategorien der Wissenstaxonomie nach Anderson und Krathwohl (2001, S. 28) 130

Tab. 29: Verteilung der richtigen und falschen Antworten zum Finanzwissen 131

Tab. 30: Verteilung der richtigen Antworten nach der Intensität formal-finanzwirtschaftlicher Bildung (IfB) 133

Tab. 31: Trennschärfekoeffizienten 135

Tab. 32: Skalenwerte zum ökonomischen Wissen nach der Intensität finanzieller Bildung 136

Tab. 33: Skalenwerte zum ökonomischen Wissen zu Beginn und zum Ende der Ausbildung 136

Tab. 34: Zweifaktorielle Varianzanalyse zum ökonomischen Wissen (objektives Maß) 137

Tab. 35: Paarweiser Vergleich des ökonomischen Wissens nach der Intensität finanzieller Bildung 138

Tab. 36: Ökonomisches Wissen nach Ausbildungszeitpunkt 138

Tab. 37: Ausprägungen zum ökonomischen Wissen nach Wissensarten 140

Tab. 38: Ausprägungen zum ökonomischen Wissen nach Inhaltsbereichen .. 140
Tab. 39: Stärke des Zusammenhangs zwischen dem objektiven und subjektiven Maß für ökonomisches Wissen ... 143
Tab. 40: Regressionsmodelle zum ökonomischen Wissen ... 144
Tab. 41: ANOVA zu den Regressionsmodellen zum ökonomischen Wissen 144
Tab. 42: Mittelwerte zum Selbstkonzept finanzieller Handlungskompetenz . 146
Tab. 43: Zweifaktorielle Varianzanalyse zur privaten finanziellen Handlungskompetenz ... 147
Tab. 44: Ergebnisse zum Selbstkonzept finanzieller Handlungskompetenz nach Ausbildungszeitpunkt ... 148
Tab. 45: Paarweiser Vergleich der Mittelwerte zum Selbstkonzept finanzieller Handlungskompetenz ... 149
Tab. 46: Korrelationsmatrix zur beruflichen und finanziellen Handlungskompetenz ... 151
Tab. 47: Vergleich der Mittelwerte der beruflichen und privaten finanziellen Handlungskompetenz in Abhängigkeit von der Itemposition ... 153
Tab. 48: Unterschiede in der wahrgenommenen finanziellen Unterstützung nach der Intensität finanzwirtschaftlicher Bildung ... 156
Tab. 49: Unterschiede in der wahrgenommenen finanziellen Unterstützung nach Ausbildungszeitpunkt ... 156
Tab. 50: Zweifaktorielle Varianzanalyse zur wahrgenommenen finanziellen Unterstützung ... 157
Tab. 51: Selbstregulation im Umgang mit Geld ... 160
Tab. 52: Selbstregulation im Umgang mit Geld nach Ausbildungszeitpunkt 160
Tab. 53: Zweifaktorielle Varianzanalyse zur Selbstregulation im Umgang mit Geld ... 161
Tab. 54: Selbstregulation im Umgang mit Geld nach der Intensität finanzwirtschaftlicher Bildung ... 162
Tab. 55: Selbstwirksamkeitserwartungen der Auszubildenden zum Umgang mit Geld ... 162

Tab. 56: Selbstwirksamkeitserwartung zum Umgang mit Geld nach Ausbildungszeitpunkt 163
Tab. 57: Selbstwirksamkeitserwartung zum Umgang mit Geld in Abhängigkeit von der Intensität finanzieller Bildung. 164
Tab. 58: Sorgfalt bei finanziellen Entscheidungen 165
Tab. 59: Sorgfalt bei finanziellen Entscheidungen nach Ausbildungszeitpunkt 165
Tab. 60: Signifikanz und Relevanz der Gruppenunterschiede zur Sorgfalt bei finanziellen Entscheidungen 166
Tab. 61: Bereitschaft zur Auseinandersetzung mit finanziellen Hürden 166
Tab. 62: Bereitschaft zur Auseinandersetzung mit finanziellen Hürden nach Ausbildungszeitpunkt 167
Tab. 63: Signifikanz und Relevanz der Gruppenunterschiede zur Bereitschaft zur Auseinandersetzung mit finanziellen Hürden 168
Tab. 64: Regressionsmodell zur Selbstregulation im Umgang mit Geld mit drei unabhängigen Variablen 170
Tab. 65: Bestimmtheitsmaße der abhängigen Variablen 171
Tab. 66: Schrittweise Regression unter Berücksichtigung von zwei Prädiktoren 172
Tab. 67: ANOVA zum Regressionsmodell zur Selbstregulation im Umgang mit Geld 173
Tab. 68: Koeffizientenmatrix zu den unabhängigen Variablen 173
Tab. 69: Korrelationskoeffizienten der unabhängigen Variablen 174
Tab. 70: Toleranzwerte und Varianzinflationsfaktor 175
Tab. 71: Regressionskoeffizienten der Prädiktoren auf die Dimensionen der abhängigen Variable 177
Tab. 72: Regressionsmodelle nach Intensität der finanzwirtschaftlichen Bildung 178
Tab. 73: Regressionskoeffizienten 179
Tab. 74: Regressionsmodelle nach Ausbildungszeitpunkten 180

Tab. 75: Regressionskoeffizienten für die Ausbildungszeitpunkte 180
Tab. 76: Verordnung über die Berufsausbildung zum Bankkaufmann/ zur Bankkauffrau 208
Tab. 77: Verordnung über die Berufsausbildung zum Industriekaufmann/zur Industriekauffrau 215
Tab. 78: Verordnung über die Berufsausbildung im Bereich der Informations- und Telekommunikationstechnik 224
Tab. 79: Mittelwerte zur Selbstregulation im Umgang mit Geld bei verschuldeten und nicht-verschuldeten Jugendlichen und jungen Erwachsenen 241
Tab. 80: KMO-Test und Bartlett-Test zur Selbsteinschätzung zum ökonomischen Wissen 261
Tab. 81: Faktorladungen der Inhaltsbereiche ökonomischen Wissens 261
Tab. 82: Reliabilität der Variable Selbsteinschätzung zum ökonomischen Wissen 261
Tab. 83: KMO-Test und Bartlett-Test zur Selbsteinschätzung zum ökonomischen Wissen 262
Tab. 84: Faktorladungen zur Variable Selbstkonzept finanzieller Handlungskompetenz (gekürzt) 262
Tab. 85: Reliabilität des modifizierten KRI 263
Tab. 86: Faktorladungen des modifizierten KRI (gekürzt) 263
Tab. 87: Verteilung der Bearbeitungszeit 264

Abkürzungen

AJ	Ausbildungsjahr
AO	Ausbildungsordnung
AV	Abhängige Variable
BAB	Berufsausbildung
BBS	Berufsbildungsserver
BerHK	Berufliche Handlungskompetenz
BIBB	Bundesinstitut für berufliche Bildung
BMAS	Bundesministerium für Arbeit und Soziales
DGB	Deutscher Gewerkschaftsbund
FA	Faktorenanalyse
F-SozU	Fragebogen zur sozialen Unterstützung
FinHK	Finanzielle Handlungskompetenz
IböB	Initiative für eine bessere ökonomische Bildung
IfB	Intensität finanzwirtschaftlicher Bildung
InsO	Insolvenzordnung
IFF	Institut für Finanzdienstleistungen
KMO	Kaiser-Meyer-Olkin Kriterium
KRI	Kompetenz-Reflexions-Inventar
MEA	Mannheim Research Institute for the Economics of Aging
OECD	Organisation for economic Co-Operation and Development
ÖkoWi	Ökonomisches Wissen
PISA	Programme for international student assessment
SAVE	Studie „Sparen und Altersvorsorge in Deutschland“
SCHUFA	Schutzgemeinschaft für allgemeine Kreditsicherung
TSRQ	Trait Self-Regulation Questionnaire
VIF	Varianzinflationsfaktor
WafinU	Wahrgenommene finanzielle Unterstützung

1 Forschungsgegenstand

Zu den Funktionen der beruflichen Bildung zählen im Allgemeinen die Qualifikation junger Menschen zur Bewältigung eines fluktuierenden Arbeitsmarktes, die Entwicklung eines stabilen Selbstkonzeptes und ökonomischer Urteilsfähigkeit sowie die Ausstattung mit den notwendigen Voraussetzungen für die gesellschaftliche Teilhabe. Diese Entwicklungsaufgaben bilden einerseits die Chance für eine selbstbestimmte und nachhaltige Lebensführung, andererseits entstehen bei einer Verfehlung dieser Aufgaben Probleme, die den finanziellen Spielraum junger Menschen und damit ihren Weg in die soziale Integration empfindlich beeinträchtigen können. Wenn die Eingliederung in den Beruf nicht gelingt oder die Befähigungen der Auszubildenden nicht ausreichen, um mit der Dynamik des Arbeitsmarktes umzugehen, droht Arbeitslosigkeit und damit verbunden ein erhöhtes Risiko zur sozialen Isolation. Denn bildungsbiografische Brüche entstehen im Leben junger Menschen häufig durch die Fluktuation am Beschäftigungsmarkt, die sich u.a. auch durch die Öffnung internationaler Grenzen durch die Angleichung nationaler Bildungsabschlüsse noch verstärkt. Innerhalb der individuellen Lebensplanung erfordert dies eine höhere Flexibilität und Mobilität. Dazu sind Bewältigungsmechanismen notwendig, deren Fehlen zu Belastungsempfindungen führen kann. Auch dann, wenn Systemübergänge bewältigt werden müssen, können derartige Brüche oder Belastungssituationen entstehen. Dies gilt auch für den Übergang von der Allgemeinbildung in die berufliche Bildung. Bewältigungsbedarf besteht nicht nur für die Aufgabe der Neuorientierung durch den Übergang in ein neues System, sondern auch in Bezug auf Herausforderungen, die entwicklungsbedingt an die jeweilige Bildungsphase gekoppelt sind und auch dem nicht-schulischen Feld der jugendlichen Entwicklung angehören. So wird in der Phase des Übergangs in die Sekundarstufe II mehrheitlich die Volljährigkeit[1] und damit die uneingeschränkte Geschäftsfähigkeit erreicht. An die junge Generation ist damit u. a. der Anspruch an eine angemessene und auf eine selbstverantwortete Lebensführung hin ausgerichtete ökono-

1 Das Bundesinstitut für berufliche Bildung (BIBB) weist bereits im Jahr 2007 darauf hin, dass der Anteil an minderjährigen Ausbildungsanfängern stetig sinkt. Auf der Basis steigender Ausbildungsanforderungen und dem damit verbundenen Anspruch an die Ausbildungsreife der Jugendlichen geht der Trend in Richtung volljährige Ausbildungsanfänger. Im Jahr 2006 lag der bundesweite Altersdurchschnitt der Ausbildungsanfänger bei 19,3 Jahren (Beicht, Friedrich & Ulrich 2007, S. 1).

mische Urteilsfähigkeit gestellt. Die finanzielle Unabhängigkeit, die mit eigenverantwortlichen finanziellen Entscheidungen und der Auseinandersetzung mit den entsprechenden Konsequenzen einhergeht, ist in der Tendenz für die meisten jungen Menschen ohne große Probleme erreichbar. Daneben existieren Befunde, die Defizite in der Entwicklung finanzieller Urteilsfähigkeit betonen, wie bspw. die zunehmende Verschuldungsrate bei jungen Menschen (vgl. Bürgel 2010, S. 2; Knobloch, Reifner & Laatz 2009, S. 31; Gabanyi, Hemedinger & Lehner 2007, S. 19; DGB Region München 2003, S. 4).

Mit dem Einstieg in eine berufliche Ausbildung verknüpft ist der Beginn einer wirtschaftlichen Loslösung von der Herkunftsfamilie. In dieser Phase entstehen einerseits Bedürfnisse und Verpflichtungen, die mit den bisherigen Aufwendungen für den Lebensunterhalt nicht mehr zu leisten sind. Andererseits verdienen diese Jugendlichen i. d. R. erstmals eigenes Geld und sehen sich mit der Herausforderung konfrontiert, mit ihren Einnahmen zu wirtschaften. Der Wunsch nach Unabhängigkeit erreicht nach dem Abschluss der beruflichen Ausbildung und mit dem Eintritt in die Erwerbstätigkeit eine hohe subjektive Relevanz. Knobloch, Reifner und Laatz (2009, S. 30-32) bestätigen die Bedeutsamkeit dieser Lebensphase als diejenige Zeit in der persönlichen Entwicklung, die am ehesten dem Risiko von Überschuldung ausgesetzt ist. Denn anstehende Aufgaben oder Bedürfnisse wie die Familien- oder Haushaltsgründung bedeuten für viele junge Erwachsene eine erhöhte ökonomische Herausforderung in Form von hohen Investitionskosten bei vergleichsweise geringem Einkommen. Es fehlt bis zu diesem Alter an finanziellen Ressourcen und Zeit, um Vermögenswerte zu bilden, die den Investitionsbedarf decken könnten. „Es wird deutlich, dass ein erheblicher Finanzierungsbedarf bei dem Übergang von der Ausbildung in das Berufsleben besteht“ (Knobloch, Reifner & Laatz 2009, S. 45). Wenn dieser Finanzierungsbedarf defizitären Fähigkeiten im Umgang mit Geld gegenübersteht, ist eine wesentliche Voraussetzung für die Möglichkeit des Einsetzens einer Überschuldungssituation gegeben. Defizite im Umgang mit Geld können u.a. auf fehlende Formen der Geldsozialisation aus dem familiären und schulischen Erziehungsbereich zurückgeführt werden. So zeigen Lange und Fries (2006, S. 142), dass Themen wie *Finanzen* und *Wirtschaft* in der häuslichen Kommunikation nur eine untergeordnete Rolle spielen. Es scheint sich zumindest in der deutschsprachigen Kultur nach wie vor zu bewahrheiten: „Über Geld spricht man nicht“.

Kinder und Jugendliche werden zudem nicht in die finanziellen Entscheidungen der Eltern eingebunden. Das Konsumverhalten[2] der Eltern ist vielfach für Heranwachsende die einzige Lerngelegenheit zu finanziellen Themen im Sinne eines Lernens durch Beobachtung. Zwar werden die meisten Jugendlichen auf dem Weg in die vollständige finanzielle Autonomie i. d. R. von den Eltern unterstützt, jedoch verläuft der Verselbständigungsprozess im Finanzhandeln weitestgehend ohne formal-systematische Anleitung. Junge Menschen entwickeln ihr eigenes Geldhandeln in der Regel über die Nachahmung der Handlungsmuster von Eltern oder Freunden, die insbesondere in Bezug auf das Tabuthema Geld nicht offenkundig sind. Sie lernen somit bestenfalls an einem Modell informellen Charakters. Wenn die Eltern als Sozialisationsagenten für den erfolgreichen Umgang mit Geld ausfallen, darf die Leistungsfähigkeit der Schulen als zweite wesentliche Institution menschlicher Sozialisation in den Blick genommen werden. Unter der pädagogischen Zielvorstellung einer Begleitung junger Menschen in die selbstverantwortliche und selbstbestimmte Lebensführung dürfen wichtige Autonomiebereiche wie der Umgang mit Geld nicht aus den schulischen Curricula ausgeklammert werden. Die theoretischen Überlegungen zu den Ursachen und Konsequenzen defizitärer *finanzieller* Strategien stehen in engem Bezug zu den Arbeiten zum Grad der *ökonomischen* Bildung bei Jugendlichen und jungen Erwachsenen (vgl. Sczesny & Lüdecke-Plümer 1998, S. 3; Retzmann, Seeber, Remmele & Jongebloed 2009/2010; Hedtke, Famulla, Fischer, Weber & Zurstrassen 2010). Es darf in diesem Zusammenhang die Frage nach der Abgrenzbarkeit der Attribute „finanziell" und „ökonomisch" gestellt werden. Mögliche Unterschiede sind auf drei Ebenen denkbar: Auf Ebene der Entscheidungsträger, auf Ebene des Zielsystems sowie auf Ebene des Handlungsmotivs. Ökonomische Entscheidungen wirken in allen denkbaren Fällen zumindest indirekt auf monetärer Ebene und sind somit stets finanzieller Art. Es kann zwischen individuellen Entscheidungen unterschieden werden, die sich auf den privaten Finanzbereich beziehen oder institutionelle Entscheidun-

2 In der Psychologie werden die Begriffe „Verhalten" und „Handeln" häufig auf Basis einer organismischen Zuordnung getrennt. So steht „Verhalten" für alle Lebensäußerungen von Organismen, während sich Handeln nur auf den Menschen bezieht. Für den Begriff der Handlung sind zudem die Bestimmungsstücke weitestgehend definiert, wie z. B. Motivation, Ziel, Plan, Entscheidung, Wille oder Bewusstheit (Cranach & Bangerter 2000, S. 228). Innerhalb der vorliegenden Arbeit wird daher der Handlungsbegriff bevorzugt.

gen, die einen makroökonomischen Bezug aufweisen (z. B. staatliche Finanzentscheidungen). Handlungsmotive im finanziellen Bereich beziehen sich für beide Entscheidungsträger immer auf die wesentlichen globalen Dimensionen Konsum (bzw. Investition) oder Sparen. Eine deutliche Abgrenzung zwischen *ökonomischen* und *finanziellen* Entscheidungen ist zumindest auf semantischer Ebene nicht ohne weiteres möglich. Für die vorliegende Arbeit wird daher die Festlegung getroffen, beide Begriffe synonym zu verwenden, wobei ausschließlich individuelle Handlungen mit privatwirtschaftlicher Bedeutung[3] betrachtet werden. Entsprechend gelten die Erkenntnisse aus der Debatte um die Ausprägung von ökonomischer Urteilsfähigkeit bei jungen Menschen als geeigneter Bezugsrahmen.

Die Leistungsfähigkeit allgemeinbildender Schulen bildet dabei das Fundament für die Ausbildung finanzieller Urteilsfähigkeit, welche mit dem Eintritt in die Berufsausbildung und den damit verbundenen Vergütungszahlungen und finanziellen Verpflichtungen (Steuern, Versicherungen etc.) in angemessener Weise entwickelt sein sollte. Ein Blick in die aktuellen Lehrpläne *allgemeinbildender Schulen* macht jedoch deutlich, dass die systematische und verpflichtende Förderung wirtschaftlicher Urteilsfähigkeit für den privaten Bereich bislang bestenfalls tangiert wird. Exemplarisch soll dies anhand der Lehrpläne für Gymnasien in Rheinland-Pfalz verdeutlicht werden. Unter den bestehenden Lehrplänen der einzelnen Unterrichtsfächer finden sich Bezüge im Gemeinschaftskundeunterricht mit der Spezialisierung auf Sozialkunde. Diese sind vor allem betriebswirtschaftlicher Natur („Betrieb und Umwelt"). Ergänzend hierzu gibt es in Rheinland-Pfalz *Richtlinien zur Implementierung Ökonomischer Bildung an allgemeinbildenden Schulen*[4]. Diese Richtlinien zielen auf die „Einbettung ökonomischer Themen in bestehende Lehrpläne" und beschreiben vier zentrale Handlungsfelder: Privater Haushalt, Betrieb und Unternehmen, Staat sowie internationale Wirtschaftsbeziehungen. Ergänzt werden die vier Handlungsfelder

3 Eine Ausnahme bildet die vergleichende Analyse des Selbstkonzepts privater finanzieller Handlungskompetenz mit dem Selbstkonzept beruflicher Handlungskompetenz. Letzteres wird für die Gruppe der kaufmännisch-verwaltenden Auszubildenden untersucht, um Rückschlüsse auf mögliche Transferleistungen zwischen den Bereichen beruflicher und privater Handlungen zu ziehen.

4 Richtlinien zur ökonomischen Bildung an allgemeinbildenden Schulen in Rheinland-Pfalz. Im Auftrag des Ministeriums für Bildung, Frauen und Jugend Rheinland-Pfalz erarbeitet. Bildungsserver Rheinland Pfalz.

durch das Inhaltsfeld „Berufsorientierung“. Die Handlungsfelder beschreiben „ökonomisch, beruflich, individuell und gesellschaftlich bedeutsame Handlungssituationen, zu deren Bewältigung befähigt werden soll“ (Richtlinien zur ökonomischen Bildung an allgemeinbildenden Schulen in Rheinland-Pfalz 2011, S. 3). Als grundlegende anzustrebende Qualifikation sieht die Richtlinie insbesondere die „Fähigkeit zu Selbst- und Mitbestimmung und zu Verantwortungsbereitschaft in ökonomischen Fragen“. Für das Handlungsfeld „Privater Haushalt“ werden die Lehrziele anhand der Anforderungen formuliert, die die Schülerinnen und Schüler zur Bewältigung der Haushalts- und Lebensführung benötigen. Hierzu sei „der Umgang mit Geld und Kredit sowie die Entwicklung eines verantwortungsbewussten Konsumstils Aufgabe von Schule und Unterricht“. Dazu gehören (Richtlinien zur ökonomischen Bildung an allgemeinbildenden Schulen in Rheinland-Pfalz 2011, S. 6):

- Die Anforderungen in Haushalt, Familie und Erwerbsarbeit koordinieren.
- Einkommensquellen unterscheiden.
- Das eigene Einkommen planvoll verwenden.
- Strategien des Sparens entwickeln.
- Voraussetzungen und Folgen von Privatkrediten kennen und Schuldenfallen vermeiden.
- Einfluss von Werbung, Bezugsgruppen, Meinungsführern, der Familie, der Jugendkultur auf den Verbraucher analysieren.
- Einen verantwortungsvollen Konsumstil entwickeln.
- Verbraucherverträge abschließen und deren rechtliche Konsequenzen abschätzen.
- Verbraucherrechte kennen und durchsetzen.
- Soziale Sicherungssysteme kennen und individuelle Vorsorgestrategien entwickeln.

Weitere inhaltliche Präzisierungen, z. B. was unter den Anforderungen in Haushalt, Familie und Erwerbsarbeit zu verstehen ist oder wie eine planvolle Verwendung des Einkommens aussehen kann, werden nicht angeboten. Für die Zwecke der Förderung finanzieller Urteilsfähigkeit ist die Entwicklung dieser Richtlinien sicherlich ein erster Schritt. Dennoch bleiben zwei wesentliche Probleme ungelöst: Erstens ist die Umsetzung der Richtlinien an weniger strenge Regularien gebunden, als es die Vorgabe konkreter Inhalte mittels Lehrplänen verlangen würde. Die strukturellen Rahmenbedingungen an Schulen mit ihrer zeitlichen und personellen Knappheit an Ressourcen dürften zudem die intensive Auseinandersetzung mit über Richtlinien empfohlenen Inhalten erschweren. Zweitens orientieren sich die Inhalte des dargestellten Handlungsfeldes „Privater Haushalt" ausschließlich an kognitiven und metakognitiven Zielen. Die Bedeutsamkeit sozialer Eingebundenheit oder selbstregulativer Handlungen mit dem Ziel des Kompetenzerlebens im ökonomischen Kontext wird innerhalb der Richtlinien nicht berücksichtigt.

Auch der Gemeinschaftsausschuss der deutschen gewerblichen Wirtschaft hat jüngst in einem Gutachten über die Lage der ökonomischen Allgemeinbildung referiert und ist zu dem Ergebnis gekommen, dass dringender Handlungsbedarf in Bezug auf die Einbindung ökonomischer Inhalte in die Allgemeinbildung besteht (Retzmann, Seeber, Remmele & Jongebloed 2009/2010). Mit der Forderung eines eigenständigen Schulfachs „Wirtschaft" für die allgemeinbildenden Schulen steht der Gemeinschaftsausschuss nicht alleine da. Die Ansätze werden von weiteren Studien und Interessensgruppen geteilt. Ökonomische Bildung soll das Ziel verfolgen, es „Individuen zu ermöglichen, wirtschaftlich geprägte Lebenssituationen zu bewältigen" (Albers 1995, S. 2 zit. nach Rataj 2007, S. 43). Inhaltlich sollte die ökonomische Bildung auf die Rolle und die Bedeutung der Haushalte und Familien als verantwortliche Akteure in Wirtschaft und Gesellschaft, auf Fragen der ökonomischen, ökologischen und sozialen Dimensionen des täglichen Konsums, auf die Grundlagen über die Funktionsweisen globaler Finanz- und Konsumgütermärkte, auf das Wissen über das Verhältnis von Kosten und Preisen sowie auf die finanzielle Allgemeinbildung, d.h. die Versorgung der Individuen mit den notwendigen, an der Lebenswelt orientierten Informationen zur Bewältigung finanzieller Entscheidungen ausgerichtet sein (Müller & Mackert 2003, S. 25). Sicherlich ist auch die Bedeutung des Haushalts als volkswirtschaftlicher Faktor zu ergänzen.

Obwohl sich die jüngsten Gutachten zum Status Quo der ökonomischen Bildung an allgemeinbildenden Schulen an den bestehenden Debatten um Kompetenzentwicklung und Bildungsstandards sowie Standards der Lehrerbildung orientieren, scheinen die Forderungen in fachwissenschaftlicher, fachdidaktischer, methodischer und pragmatischer Hinsicht deutliche Defizite aufzuweisen (Hedtke, Famulla, Fischer, Weber & Zurstrassen 2010, S. 1). Als eine geteilte Schwäche wird die Fixierung auf volkswirtschaftliche Zusammenhänge ohne hinreichende Einbettung aktueller, politisch und kulturell relevanter Themen identifiziert. Damit entstehe eine inhaltliche Entfremdung von der Lebens- und

Erfahrungswelt der Schülerinnen und Schüler (Hedtke, Famulla, Fischer, Weber & Zurstrassen 2010, S. 1). Gleichermaßen wird kritisiert, dass die Forderungen zur Etablierung einer wirtschaftlichen Bildung an allgemeinbildenden Schulen nicht am modernen Verständnis von Lernen orientiert seien, sondern ausschließlich die Vermittlung von Wissen fokussieren. Die innere Entwicklung des Individuums werde dabei zu stark vernachlässigt (Hedtke, Famulla, Fischer, Weber & Zurstrassen 2010, S. 5)[5]. Der Vorstellung, die Bewältigung ökonomischer Herausforderungen könne durch ein ausreichendes Kompendium von finanziellem Wissen sichergestellt werden, liegt ein eindimensionales, auf Informationsverarbeitungsprozesse ausgelegtes Verständnis über die Entwicklung von Strategien zum Umgang mit Geld zugrunde. Dieses eindimensionale Verständnis wird in der vorliegenden Arbeit nicht geteilt. In Orientierung an Erkenntnissen aus der Kompetenzforschung, die den Begriff der Handlungskompetenz mit und ohne Domänenbezug einer Definition zuzuführen versuchen, ist davon auszugehen, dass eine eindimensionale, rein durch kognitive Fähigkeiten bestimmte Erklärung von Handlungskompetenz nicht ausreicht. Vielmehr wird davon ausgegangen, dass die Ausprägung von Handlungskompetenz innerhalb einer spezifischen Domäne determiniert wird durch kognitive, metakognitive, motivational-volitionale und ggf. emotionale Faktoren. Um Kompetenzen zu beschreiben, sollen zudem in Anlehnung an Weinert (2001, S. 27) im Bereich der Persönlichkeitsmerkmale auch soziale und motivationale sowie volitionale Fähigkeiten berücksichtigt werden[6]. Ähnliche Argumentationslinien finden sich bei Rosenberger (2005, S. 265), der die Ausprägung von Konsumkompetenz als spezifische Facette finanzieller Handlungskompetenz über die kognitive Strukturiertheit des Individuums sowie dessen motivationaler Orientierung erklärt (Rosenberger 2005, S. 265-266). Achtenhagen und Winther (2008, S. 124) weisen

5 Auf eine ausführliche Kritik an dem Gutachten des Gemeinschaftsausschusses der deutschen gewerblichen Wirtschaft für eine Ausweitung der ökonomischen Bildung an allgemeinbildenden Schulen sei an dieser Stelle verwiesen: Hedtke, R., Famulla, G. E., Fischer, A., Weber, B. & Zurstrassen, B. (2010). Für eine bessere ökonomische Bildung! Kurzexpertise zum Gutachten „Ökonomische Bildung an allgemeinbildenden Schulen. Bildungsstandards und Standards für die Lehrerausbildung“ im Auftrag des Gemeinschaftsausschusses der deutschen gewerblichen Wirtschaft vom November 2010. Iböb. Initiative für eine bessere ökonomische Bildung. Bielefeld, im Dezember 2010.

6 Die Kompetenzdefinition nach Weinert (2001) dient als Referenzdefinition innerhalb der PISA Studien durch die OECD sowie für die Entwicklung von Bildungsstandards durch die KMK (vgl. KMK 2005, S. 16; Klieme et al. 2007, S. 65-67; Freitag 2009, S. 164-165).

ebenfalls darauf hin, dass berufliche Kompetenzen über interne Bedingungen der individuellen Expertise ermittelt werden. Dazu zählen sie deklaratives Wissen, allgemeine Prozeduren, Metakognition, strategisches Wissen, Werte, Einstellungen, Motivation, Selbstwirksamkeit, Selbstbeherrschung, Angstgefühl und die „Big Five[7]" des Persönlichkeitsinventars (Achtenhagen & Winther 2008, S. 124). Das fachliche (deklarative) Wissen zu einem bestimmten Feld liefert demnach einen wesentlichen Beitrag zum kompetenten Handeln, kann jedoch nicht als universelle Antwort auf Kompetenzdefizite gelten, insbesondere dann nicht, wenn das Handlungsfeld komplex ist und es kaum situative Grenzen gibt. Die Domäne ist nach Achtenhagen und Winther (2008, S. 121) annähernd mit dem „Handlungs- und Wissensspektrum eines Ausbildungsberufs" zu beschreiben bzw. als „Ziel- und Inhaltsbereich eines Unterrichtsfachs bzw. des berufsspezifischen Unterrichts an kaufmännischen Schulen". Die Autoren versuchen, das Konzept der Domäne mit Inhalt zu füllen, so dass es für wirtschaftspädagogische Fragestellungen Anwendung finden kann. Für die berufliche Bildung ist bedeutsam, dass sich die Domäne im Wesentlichen aus Aufgaben und Problemen beruflicher Situationen konstituiert und mehr als das Verhalten in eng begrenzten beruflichen Situationen beschreibt (Achtenhagen & Winther 2008, S. 121).

Zusammenfassend kann konstatiert werden, dass es lohnt, die ökonomische bzw. finanzielle Urteilsfähigkeit junger Menschen in den Blick zu nehmen und finanzielles Handeln nicht als eindimensionale Größe zu verstehen, die allein auf Basis kognitiver Prozesse entsteht und damit auch allein durch die Steuerung ebensolcher befördert werden kann. Messtheoretisch muss dabei im Voraus geklärt werden, welches beobachtbare Merkmal als Indikator ökonomischer Urteilsfähigkeit angenommen werden kann. Für die vorliegende Arbeit wird hierzu die Selbstregulation im Umgang mit Geld in den Blick genommen. In Anlehnung an die Aussagen von Achtenhagen und Winther (2008, S. 124), nach denen die Selbstwirksamkeit ein zentraler Faktor gelingender Handlungen bildet und die Messung von Kompetenzen metakognitive und motivational-volitionale Fak-

---

7 Die Idee der „Big Five" basiert auf der Annahme, dass sich die Einschätzung von Personen über persönlichkeitsbeschreibende Begriffe auf fünf bipolare Dimensionen reduzieren lässt. Zu diesen fünf Dimensionen zählen Neurotizismus, Extraversion, Offenheit für Erfahrungen, Verträglichkeit und Gewissenhaftigkeit (vgl. Gerlitz & Schupp 2005, S. 2; Rammstedt, Koch, Borg & Reitz 2004, S. 7)

toren einschließen muss, erscheint das Konstrukt der Selbstregulation für den vorliegenden Zusammenhang als geeignet.

Das Problemfeld wird ergänzt durch weitere makroökonomische Argumente, die die These eines höheren Unterstützungsbedarfs junger Menschen in finanzwirtschaftlichen Situationen untermauern. Die Komplexität der Finanzmärkte ist geprägt durch ein immer breiteres Angebot an Anlageformen mit variierendem Risikoanteil. Häufig fehlt es den Anlegern[8] am notwendigen Wissen und Verständnis, die Qualität der Beratungen, die sie über neue und komplexe Finanzprodukte erhalten, angemessen zu beurteilen. Weitestgehend wird auf die Kompetenz und das Wohlwollen der Berater vertraut (Bucher-Koenen & Lusardi 2011, S. 3). Mit diesen marktwirtschaftlich schnellen Veränderungen der menschlichen Umweltparameter entsteht auch ein Äquilibrationsbedarf, d.h. der Wunsch des Individuums, die fehlende Balance zwischen den wahrgenommenen Umweltbedingungen und den subjektiven Fähigkeiten *selbstreguliert* herzustellen (Piaget 1976, S. 11). Von Individuen wird ohnehin in wachsendem Maße gefordert, *Eigen*verantwortlichkeit für die Sicherung der Lebensbedingungen und –ziele unter der Restriktion steigender monetärer Risiken zu übernehmen. Der Mensch ist in etlichen Bereichen des täglichen Handelns mit wirtschaftlichen Fragestellungen konfrontiert. Die Herausforderung, zukunftssichernde finanzielle Entscheidungen zu treffen, verlangt von dem Einzelnen eine auf Nachhaltigkeit ausgelegte Sicherung und Steuerung der eigenen Existenz. Die individuelle Befähigung zur Bewältigung finanzieller Entscheidungen kann aber nicht als genuine Disposition verstanden werden. Stattdessen bedarf es vielmehr einer aktiven Beförderung der jungen Menschen, um die innere Entwicklung der notwendigen Fähigkeiten anzustoßen und damit die Erschließung einer selbstbestimmten Lebensführung sicher zu stellen. Der prinzipielle Anspruch auf eine Beförderung junger Menschen zur erfolgreichen Bewältigung sich wandelnder Lebensumstände und Übergangsprozesse bilden den tragenden Pfeiler für die Fokussierung der Thematik *selbstreguliertes Geldmanagement bei jungen Erwachsenen in der beruflichen Erstausbildung.*

---

8 Studien zum Anlegerverhalten können darüber hinaus zeigen, dass die Teilnahme am Aktienmarkt mit dem Bildungsgrad zusammenhängt (Bucher-Koenen & Ziegelmeyer 2011, S. 5).

Der selbstregulierte Umgang mit Geld kann in dieser theoretischen Orientierung als Zielvariable verstanden werden, denn selbstreguliertes und selbstmotiviertes Handeln ist einem Handeln auf Basis externaler Kontrolle oder extrinsischer Motivation vorzuziehen (Vallerand & Ratelle 2002, S. 42). Im Kern steht die Frage nach denjenigen Größen, die dazu in der Lage sind, die Ausprägung der Selbstregulation in finanziellen Situationen zu erklären. Es wird angenommen, dass hier ein multidimensionales Erklärungsmodell zugrunde liegt, welches kognitive, personale und soziale Ebenen einschließt. Empirisch wird die Frage nach der Dimensionalität über eine Befragung bei Jugendlichen und jungen Erwachsenen innerhalb der beruflichen Erstausbildung in der Altersspanne zwischen 15 und 26 Jahren analysiert. Strukturell werden drei Gruppen unterschiedlicher beruflicher Orientierungen befragt. Die Ausbildungs- und Berufswahl setzt zunächst das Abwägen endogener Wirkfaktoren wie Interessen, Fähigkeiten und Neigungen voraus (Blasche, Drescher & Schoof 1985). Der gewählte Ausbildungsberuf kann daher als Indikator für die ökonomische Inklination[9] der Auszubildenden sowie als Kennzeichen für die zu erwartende Intensität ökonomisch orientierter Vermittlungsprozesse (IfB[10]) interpretiert werden. Unterschiede in beiden Merkmalen werden tendenziell zwischen Auszubildenden im Berufsfeld Banken, Auszubildenden im Berufsfeld Industrie sowie Auszubildenden in den Berufsfeldern Mechatronik und Fachinformatik greifbar. Bankkaufleute und Industriekaufleute bewegen sich im dualen System innerhalb der kaufmännisch-verwaltenden Berufe. Sie erfahren ökonomische Fragestellungen über den privaten Bereich hinaus im Unterricht und innerhalb ihrer beruflichen Entwicklung. Mechatroniker und Fachinformatiker/innen erhalten nur am Rande formalisierte ökonomische Bildung und lernen überwiegend durch private Erfahrungen. Entsprechend kann davon ausgegangen werden, dass mit der Berufswahl Bankkaufmann/-frau eine hohe ökonomische Inklination verbunden ist und ein intensiver finanzökonomischer Input zu erwarten ist. Mit der Wahl des Berufes Industriekaufmann/-frau sowie mit der Wahl eines gewerblich-technischen Berufs sind mittlere bis geringe ökonomische Neigungen verbunden, die auf Curricula mit mittlerer bis geringer finanzwirtschaftlicher Fokussie-

9 Unter Inklination wird bildungssprachlich eine persönliche Neigung, eine Affinität oder ein Interesse zu/an einer spezifischen Domäne verstanden (Duden 2011).

10 Im weiteren Verlauf der Arbeit wird für dieses Merkmal die Abkürzung IfB verwendet. Sie steht für Intensität formal-ökonomischer Bildung.

rung treffen. Die Analyse der Lernfelder aus den ausbildungsbezogenen Rahmenlehrplänen und Ausbildungsordnungen liefert Aufschluss über den formalökonomischen Input.

Tab. 1: *Lernfelder der projektbezogenen Ausbildungsberufe nach dem Rahmenlehrplan Rheinland-Pfalz*[11]

Berufsfeld	Ausbildungsberuf
Wirtschaft und Verwaltung	**Bankkaufmann**[12]
Betriebs- und Volkswirtschaftslehre · Privates und betriebliches Handeln am rechtlichen Bezugsrahmen ausrichten · Modelle für Marktentscheidungen nutzen · Einflüsse der Wirtschaftspolitik beurteilen *Bankbetriebslehre* · Konten führen · Geld- und Vermögensanlagen anbieten · Besondere Finanzinstrumente anbieten und über Steuern informieren · Auslandsgeschäfte abwickeln · Privatkredite bearbeiten · Baufinanzierungen und Firmenkredite bearbeiten *Rechnungswesen* · Unternehmensleistungen erfassen und dokumentieren · Dokumentierte Unternehmensleistungen auswerten · Kosten- und Erlöse ermitteln und beeinflussen	
Berufsfeld	**Ausbildungsberuf**
Wirtschaft und Verwaltung	**Industriekaufmann**
· In Ausbildung und Beruf orientieren · Marktorientierte Geschäftsprozesse eines Industriebetriebes erfassen · Werteströme erfassen und dokumentieren · Wertschöpfungsprozesse analysieren und beurteilen · Leistungserstellungsprozesse planen, steuern und kontrollieren · Beschaffungsprozesse planen, steuern und kontrollieren · Personalwirtschaftliche Aufgaben wahrnehmen · Jahresabschluss analysieren und bewerten · Das Unternehmen im gesamt- und weltwirtschaftlichen Zusammenhang einordnen	

11 http://bbs.bildung-rp.de/lehrplaene/berufsschule/ ausbildungsberufe.html.

12 Im gesamten Verlauf der Arbeit wird für die Bezeichnung der Ausbildungsberufe nur die grammatikalisch männliche Form genannt, um den Lesefluss zu unterstützen. Sämtliche Aussagen beziehen sich gleichermaßen auf männliche und weibliche Auszubildende.

· Absatzprozesse planen, steuern und kontrollieren · Investitions- und Finanzierungsprozesse planen · Unternehmensstrategien, -projekte umsetzen	
Berufsfeld	**Ausbildungsberuf**
Gewerbe und Technik	**Fachinformatiker, System- und Anwendungsentwicklung**
· Der Betrieb und sein Umfeld · Geschäftsprozesse und betriebliche Organisation · Informationsquellen und Arbeitsmethoden · Einfache IT-Systeme · Fachliches Englisch · Entwickeln und Bereitstellen von Anwendungssystemen · Vernetzte IT-Systeme · Markt- und Kundenbeziehungen · Öffentliche Netze, Dienste · Betreuen von IT-Systemen · Rechnungswesen und Controlling	
Berufsfeld	**Ausbildungsberuf**
Gewerbe und Technik	**Mechatroniker**
· Analysieren von Funktionszusammenhängen in mechatronischen Systemen · Herstellen mechanischer Teilsysteme · Installieren elektrischer Betriebsmittel unter Beachtung sicherheitstechnischer Aspekte · Untersuchen der Energie- und Informationseinflüsse in elektrischen, pneumatischen und hydraulischen Baugruppen · Kommunizieren mit Hilfe von Datenverarbeitungssystemen · Planen und Organisieren von Arbeitsabläufen · Realisieren von einfachen mechatronischen Komponenten · Design und Erstellen mechatronischer Systeme · Untersuchen des Informationsflusses in komplexen mechatronischen Systemen · Planen der Montage und Demontage · Inbetriebnahme, Fehlersuche und Instandsetzung · Vorbeugende Instandhaltung · Übergabe von mechatronischen Systemen an Kunden	

Es gilt zu prüfen, ob sich die Unterschiede in der Intensität der Begegnung mit ökonomischen Inhalten im Verlauf der Ausbildung in der Selbstregulation im Umgang mit Geld widerspiegeln. Der Blick auf die Lernfelder der Ausbildungsberufe macht deutlich, dass für die Gruppe der Bankauszubildenden Inhalte mit Bezug zu privaten Finanzgeschäften vermittelt werden, während für die

Gruppe der Industriekaufleute mehrheitlich betriebswirtschaftlich-organisationale Themen im Mittelpunkt stehen. Im Ausbildungsberuf Bankkaufmann wird explizit auf *privates* finanzielles Handeln verwiesen. Der betriebswirtschaftliche Aspekt bildet hier nur einen Teil der Ausbildung. Dieser steht in der Ausbildung zum Industriekaufmann stärker im Zentrum. Im gewerblich-technischen Bereich fällt auf, dass der Beruf des Fachinformatikers zumindest einen wirtschaftlich orientierten Aspekt (Rechnungswesen und Controlling) explizit benennt, während für den Beruf des Mechatronikers keine betriebswirtschaftlichen Inhalte erkennbar sind. Ein Blick in die Ausbildungsordnungen der drei Berufsgruppen liefert ein ähnliches Bild (s. Anhang A.1 bis Anhang A.3). Lediglich in den durch die KMK publizierten Elementen zum Wirtschafts- und Sozialkundeunterricht an Berufsschulen, die für alle drei Ausbildungsrichtungen wirksam werden, finden sich Bezüge zu finanzwirtschaftlichen Themen, wobei die Einbettung und die zeitliche Zuordnung zu den Fächern des Berufsschulunterrichts den Ländern vorbehalten bleibt (Beschlusssammlung der KMK, Beschluss Nr. 329). Hier werden Themen wie Vorsorge, nachhaltige Planung, Haushaltsplan und Überschuldung angesprochen. Im Lehrplan für Sozialkunde und Wirtschaftslehre an den berufsbildenden Schulen in Rheinland-Pfalz werden diese Themen entsprechend aufgegriffen (Ministerium für Bildung, Frauen und Jugend 2005, S. 12-19). Hier wird auch explizit auf die Kompetenz zur „Verwirklichung persönlicher Ansprüche vor dem Hintergrund der eigenen finanziellen Verhältnisse“ verwiesen, wobei dieses Ziel nur für den Bereich der kaufmännisch-verwaltenden Berufe hergestellt wird (Ministerium für Bildung, Frauen und Jugend 2005, S. 11). Dafür erhalten Schülerinnen und Schüler aus dem gewerblich-technischen Bereich Wirtschaftslehre, die zu der Kompetenz „Konsequenzen entwickeln aus der Diskrepanz zwischen dem marktwirtschaftlichen Angebot und den persönlichen Realisierungsmöglichkeiten“ führen soll, was inhaltlich recht nah an der Zielsetzung für die kaufmännisch verwaltenden Berufe liegt. Dennoch kann festgehalten werden, dass die Auseinandersetzung mit Situationen und Fragestellungen aus dem finanzwirtschaftlichen Bereich zumindest für die gewerblich-technischen Ausbildungsgänge auf einem rudimentären Niveau zu verorten ist.

Neben dem Ausbildungsberuf als Indikator der ökonomischen Affinität und der curricularen Intensität finanzwirtschaftlicher Inhalte kann auch die Ausbildungszeit einen Effekt auf die Selbstregulation im Umgang mit Geld ausüben und zwar durch Erfahrungen aus dem beruflichen und privaten Bereich. Der Effekt der Ausbildung wird über den Vergleich der Gruppen im quasi-experimentellen Design (erstes und letztes Ausbildungsjahr) kontrolliert. Ein quasi-experimenteller Versuchsplan liegt vor, wenn bestimmte Elemente der Untersuchung zuvor durch die Forscherperson festgelegt werden, aber nicht alle Merkmale unter den Bedingungen eines klassischen Experiments vollständig kontrolliert werden können (Hertel, Klug & Schmitz 2010, S. 49). Für die vorliegende Untersuchung sind gezielt systematische Zugriffe auf berufsbildende Schulen gewählt worden. So wurden an allen Schulen Parallelklassen von Anfängern und Absolventen gebildet und befragt. Dieses Vorgehen stellt sicher, dass sich die zu vergleichenden Gruppen in wesentlichen Aspekten der Eingangsvoraussetzungen an die Schule, der Unternehmenskultur aus dem regionalen Umfeld sowie der Unterrichtsgestaltung nicht wesentlich unterscheiden. Zudem sind Schulen ausgewählt worden, die hinsichtlich ihrer kaufmännischen und gewerblichen Ausbildung in besonderem Maße etabliert sind, so dass ähnlich konstituierte Selektionsmechanismen angenommen werden können.

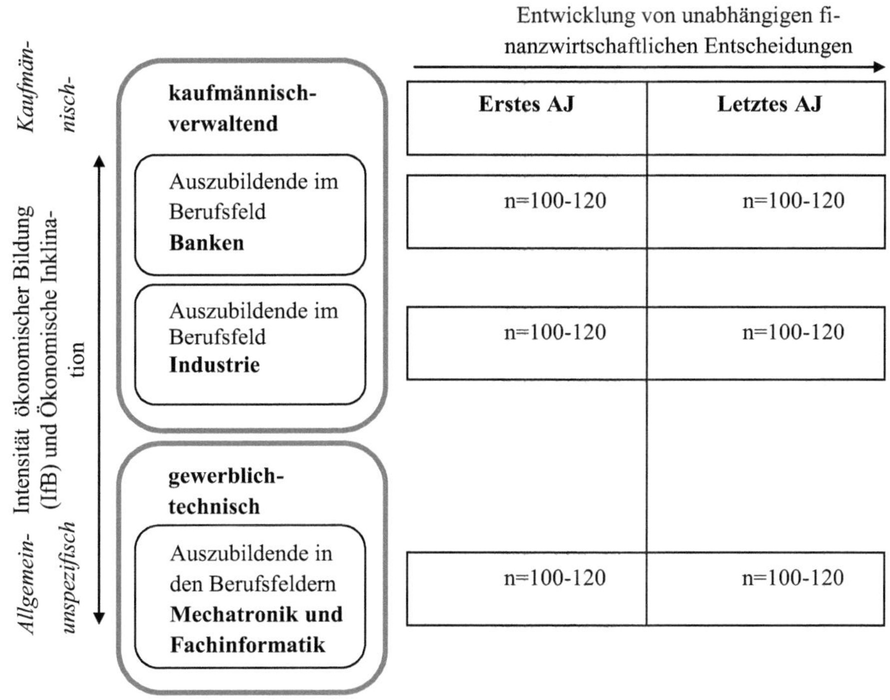

Abb. 1: *Untersuchungsdesign*

Aus der dargestellten Systematik ergeben sich die zentralen varianzbildenden Kriterien der Untersuchung, aus denen sich zwei leitende Unterschiedshypothesen für die Untersuchung ableiten lassen.

(1) Es gibt einen Unterschied in der Ausprägung der Selbstregulation im Umgang mit Geld in Abhängigkeit von der Berufswahl (und der damit verbundenen Vermittlungsintensität ökonomischer Inhalte sowie der ökonomischen Inklination).
(2) Es gibt einen Unterschied in der Ausprägung der Selbstregulation im Umgang mit Geld in Abhängigkeit von dem Ausbildungszeitpunkt (und dem damit verbundenen Stand der Entwicklung unabhängiger finanzieller Entscheidungen).

Beide Hypothesen dienen der Beurteilung der Leistungsfähigkeit allgemeinbildender und beruflicher Schulen zur Ausbildung der Selbstregulationsfähigkeit im Umgang mit Geld in einer inhaltlichen und einer zeitlichen Perspektive. Während für Hypothese (1) die drei Gruppen unabhängig vom Ausbildungszeitpunkt analysiert werden, werden für die Hypothese (2) Ausbildungsanfänger und Auszubildende kurz vor Beendigung ihrer Ausbildung verglichen. Zusätzlich zur Frage nach der Leistungsfähigkeit beruflicher Schulen in Hinblick auf die Beförderung der Selbstregulation junger Menschen im Umgang mit Geld, soll mit der vorliegenden Arbeit auch der empirische Nachweis über ein multidimensionales Verständnis zur Selbstregulation im Umgang mit Geld geführt werden, welches Dimensionen kognitiver, motivational-volitionaler und sozialer Art einschließt. Hierzu wird die dritte Kernhypothese der vorliegenden Untersuchung vorgestellt:

(3) Es gibt einen Zusammenhang zwischen der Selbstregulation im Umgang mit Geld und der Ausprägung der Merkmale ökonomisches Wissen, Selbstkonzept zur finanziellen Handlungskompetenz sowie wahrgenommene finanzielle Unterstützung.

Zur Herleitung des theoretischen Messmodells wird in *Kapitel 2* zunächst die wirtschaftliche Situation der Jugendlichen und jungen Erwachsenen beschrieben. Neben einer entwicklungspsychologischen Einordnung der Thematik erfolgt die Explikation der für die Annäherung an das Problemfeld zentralen monetären Handlungsfelder junger Menschen. Diese umfassen den gesamten Bereich der Mittelherkunft und Mittelverwendung. Spezifische Besonderheiten der Bezugsgruppe *Jugendliche und junge Erwachsene* werden in die Beschreibung der Felder eingewoben. Die Felder lassen sich global unter den Begriffen Einnahmen, Konsum, Sparen sowie Schulden und Armut gliedern (Kapitel 2.2). Bereits in der theoretischen Auseinandersetzung mit diesen Handlungsfeldern wird deutlich, dass Strategien finanziellen Handelns durch vielfältige Einflüsse bestimmt werden. Hierin finden sich erste Anzeichen für eine entsprechende Mehrdimensionalität der Regulation finanzieller Prozesse. Auf die Lage junger Schuldner in Deutschland wird gesondert eingegangen (Kapitel 2.2.4.2). Bestehende Ansätze zur Vermittlung finanzieller Fähigkeiten bilden den Kern des *dritten Kapitels*. Es wird zudem ein Blick auf die internationale Forschungslage unter Fokussierung des Financial Literacy-Ansatzes geworfen. Die Entwicklungen hin zu einem Ansatz, der sich von dem Begriff der *„Literacy"* hin zu einem Begriff der *„Capability"* bewegt, stehen in Analogie zu den Überlegungen des vorgestellten Projekts und werden in Kapitel 3.2 dargestellt. Das Kapitel schließt mit einer Diskussion zum Begriff der Finanzkompetenz in Kapitel 3.3. Die theoretische Herleitung des realisierten Messmodells erfolgt in *Kapitel 4*. Die angenommenen Parameter zur Strategiebildung in Entscheidungssituationen unter finanziellem Aspekt werden theoretisch beschrieben und in Bezug zu den Fragestellungen der Arbeit gebracht. Als unabhängige Variablen werden auf kognitiver Ebene das ökonomische Wissen, auf personaler Ebene das Selbstkonzept finanzieller Handlungskompetenz in privaten und beruflichen finanziellen Situationen sowie auf sozialer Ebene die wahrgenommene finanzielle Unterstützung aus dem sozialen Netzwerk analysiert. Die Untersuchung des Selbstkonzepts finanzieller Handlungskompetenz ermöglicht messtheoretisch eine Untersuchung auf der Basis individueller Aussagen und steht zudem in enger Relation zu den übrigen Merkmalen des Modells, die ebenfalls überwiegend auf Selbsteinschätzungen beruhen. Die Analyse der beruflichen Selbstkompetenz erfolgt für die Ausbildungsberufe, deren berufliches Wirken durch den Umgang mit Geld determiniert wird. Hierüber wird es möglich, Rückschlüsse auf einen denkbaren Transfer von beruflichen auf private Fähigkeiten zu bilden. Die Selbstregulation in finanziellen Situationen als treibende Kraft zum erfolgreichen Umgang mit Geld geht als abhängige Variable in das Messmodell ein. Im Anschluss an die Herleitung des theoretischen Messmodells erfolgt in *Kapitel 5* die Beschreibung der empirischen Studie beginnend mit einer Darstellung der verwendeten Instrumentarien und den dazugehörigen Skalen. In *Kapitel 6* folgt die Beurteilung der Studie anhand der wissenschaftlichen Gütekriterien Objektivität, Reliabilität und Validität. Mit *Kapitel 7* schließt die Beschreibung der untersuchten Stichprobe nach soziodemografischen Merkmalen an (Kapitel 7.1.1). In Kapitel 7.1.2 wird das quasi-experimentelle Design hinsichtlich der zu kontrollierenden externen Einflussgrößen vorgestellt. Der gezielte Zugriff auf die untersuchten Ausbildungsgruppen wird an dieser Stelle diskutiert. Es wird weiterhin untersucht, ob für alle interessierenden Variablen die Voraussetzungen für die Anwendung parametrischer Testverfahren gegeben sind (Kapitel 7.2 und 7.2). *Kapitel 8* fokussiert im Anschluss die unabhängigen Variablen. Über Mittelwertvergleiche und schließende Testverfahren werden die Unterschiedshypothesen für die unabhängigen Variablen geprüft. Im Zentrum steht dabei die Beurteilung der varianzbildenden Kriterien der Ausbildungsrichtung als Kennzeichen der Intensität der Auseinandersetzung mit finanzwirtschaftlichen Themen und der ökonomischen Inklination sowie des Ausbildungszeitpunktes als Indikator für den Grad der formal-finanzwirtschaftlichen Qualifikation als Voraussetzung für die Genese unabhängiger Finanzentscheidungen. Es wird zudem gesondert das Verhältnis zwischen dem Selbstkonzept beruflicher finanzieller Handlungskompetenz und dem Selbstkonzept privater finanzieller Handlungskompetenz bei Auszubildenden mit hohem finanzwirtschaftlichem Bezug untersucht. Hierbei steht die Frage nach dem Transfer formal erlernten Wissens auf private Situationen im Zentrum. Auszubildende im Berufsfeld Banken beraten Kunden hinsichtlich ihrer privaten Entscheidungen. Inwieweit aus solchen Zusammenhängen erlerntes Wissen auf den eigenen privaten Bereich übertragen wird, soll in Kapitel 8.2 geklärt werden. Die Zusammenhangshypothesen, die sich auf die Multidimensionalität der Selbstregulation in finanziellen Situationen richten, werden in *Kapitel 9* dargestellt und überprüft. Hierzu gehört die Analyse der Zusammenhänge zwischen den untersuchten Prädiktoren und der abhängigen Variable mittels regressionsanalytischer Verfahren. Die Arbeit schließt mit einer Zusammenfassung der zielleitenden Fragen, der gewonnenen Ergebnisse und den daraus resultierenden Schlüssen und liefert einen Ausblick auf entstandene und noch offene Forschungslücken in *Kapitel 10*.

2 Die finanzielle Situation der jungen Erwachsenen

2.1 Entwicklungspsychologische Orientierung

Um eine angemessene Beschreibung der Voraussetzungen zu einer selbstbestimmten Lebensführung junger Menschen zu erreichen, ist es nicht ausreichend, lediglich die intrapersonalen Gelingensbedingungen zu betrachten. Es muss gleichermaßen berücksichtigt werden, dass junge Menschen durch die Interaktion mit Eltern, Lehrern und Peers stets mit einem wenigstens indirekten externen bzw. erzieherischen Einfluss konfrontiert sind, der für die Gesamtentwicklung entscheidende Impulse liefert. Entwicklung ist demnach ein Ergebnis des Wechselspiels von durch innen und durch außen motivierten Lernprozessen. Zur Steuerung und Bewältigung dieser Wechselwirkungen werden sog. Äquilibrationsprozesse wirksam. In der Entwicklungspsychologie nach Piaget (1976) werden Äquilibrationsprozesse zu den wesentlichen innerlich ablaufenden Entwicklungsmechanismen gezählt. Sie können als Adaption an die dynamische Umwelt verstanden werden. Die Entwicklungspsychologie liefert hierzu theoretische Erklärungen, die helfen, die Interdependenzen zwischen der (jugendlichen) Entwicklung und der sich verändernden Umwelt zu verstehen. Sie können gleichermaßen dazu beitragen, die Erfolgsfaktoren einer selbstbestimmten Lebensführung junger Menschen, die auch den verantwortungsvollen Umgang mit Geld beinhaltet, psychologisch-theoretisch zu erfassen. Im systemtheoretischen Ansatz wird stets die wechselseitige Beziehung zwischen Subjekt und Umwelt in das Zentrum der Überlegungen gestellt. Die Entwicklung Jugendlicher wird als Synthese anlagebedingter und umweltbedingter Einflüsse verstanden. Den umfangreichsten systemtheoretischen Ansatz bietet hierzu das sozialökologische Modell Bronfenbrenners (1989). Entwicklung wird in diesem Sinne verstanden als die „dauerhafte Veränderung der Art und Weise, wie die Person die Umwelt wahrnimmt und sich mit ihr auseinandersetzt“ (Bronfenbrenner 1989, S. 19). Allein die *Wahrnehmung* der Umwelt steuert die persönliche Entwicklung, nicht etwa deren objektive Realität (vgl. Bronfenbrenner 1989, S. 20; Grundmann & Kunze 2008, S. 173). Zur Beschreibung der subjektiven Umwelt wählt Bronfenbrenner (1989) eine Kategorisierung in mehrere Systemebenen. Die das Individuum umschließenden und damit tendenziell beeinflussenden Systeme sind in der folgenden Abbildung dargestellt.

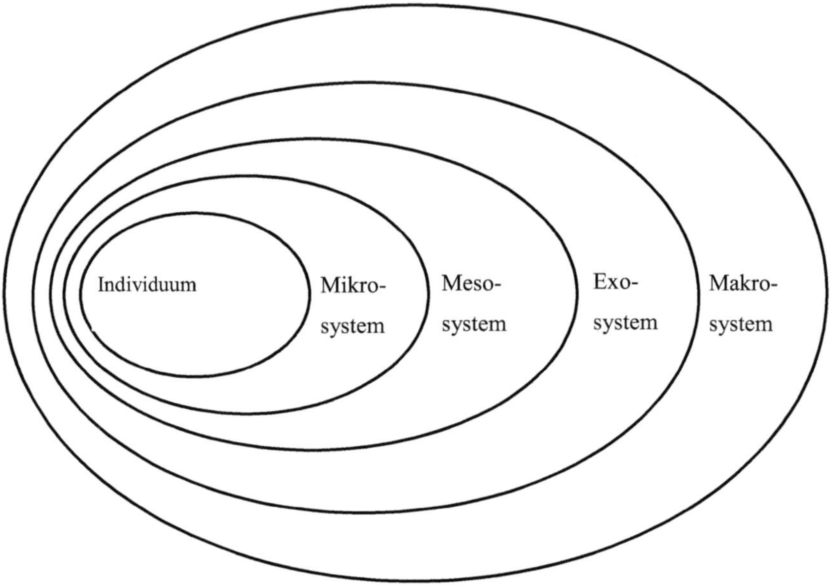

Abb. 2: Sozialökologisches Modell der Sozialisation nach Bronfenbrenner (vgl. Zimmermann 2006, S. 46; Grundmann & Lüscher 2000, S. 28)

Bevor der Bezug zu finanzwirtschaftlichen Entscheidungen und die Bedeutung des sozioökologischen Modells für die Entwicklung des Geldhandelns diskutiert werden, wird das Modell in der Theorie erläutert. Das Mikrosystem beschreibt nach Bronfenbrenner (1989, S. 38) „ein Muster von Tätigkeiten und Aktivitäten, Rollen und zwischenmenschlichen Beziehungen, die die in Entwicklung begriffene Person in einem gegebenen Lebensbereich mit den ihm eigentümlichen physischen und materiellen Merkmalen erlebt. Ein Lebensbereich ist ein Ort, an dem Menschen leicht direkte Interaktion mit anderen aufnehmen können". Lebensbereiche (*settings*) sind z. B. die Familie oder das Klassenzimmer. Die von der Person *wahrgenommenen* Eigenschaften der Umwelt sind für das Mikrosystem entscheidend. Weiterhin ist die von der Person in dem Setting eingenommene Rolle von Bedeutung. "Eine Rolle ist ein Satz von Aktivitäten und Beziehungen, die von einer Person in einer bestimmten Gesellschaftsstellung und von anderen ihr gegenüber erwartet werden" (Bronfenbrenner 1989, S. 97). Die Verbindungen zwischen den Mikrosystemen entstehen durch die biografische Dynamik von Einzelpersonen, die in der Regel Übergänge in verschiedene Lebensbereiche bewältigen müssen. Eine wesentliche Annahme zur Beschreibung der Umwelt ist, dass diese „mehr umfasst als die augenblickliche, direkt auf die sich entwickelnde Person einwirkende Situation mit Objekten, auf die sie reagiert, und Leuten, mit denen sie interagiert“ (Bronfenbrenner 1989, S. 23). Daneben besitzen die Wechselbeziehungen zwischen den Personen aus dem sozialen Netzwerk Relevanz. Die Gesamtheit aus allen Wechselbeziehungen wird bei Bronfenbrenner (1989, S. 23) als Mikrosystem bezeichnet. Verbindungen zwischen Lebensbereichen, an denen die sich entwickelnde Person selbst beteiligt ist, fasst Bronfenbrenner (1989, S. 24) unter dem Begriff des Mesosystems zusammen. Das Exosystem beschreibt „einen Lebensbereich oder mehrere Lebensbereiche, an denen die sich entwickelnde Person nicht selbst beteiligt ist, in denen aber Ereignisse stattfinden, die beeinflussen, was in ihrem Lebensbereich geschieht, oder die davon beeinflusst werden" (Bronfenbrenner 1989, S. 42). So sind z. B. die Schulverwaltung, Medien oder Gesundheitsbehörden dem Exosystem des lernenden Individuums zuzuordnen. Der Begriff des Makrosystems schließlich bezieht sich auf „die grundsätzliche formale und inhaltliche Ähnlichkeit der Systeme niedrigerer Ordnung (...), die in der Subkultur oder der ganzen Kultur bestehen oder bestehen könnten, einschließlich der ihnen zugrunde liegenden Weltanschauungen und Ideologien" (Bronfenbrenner 1989, S. 42). Zu der Makroebene zählen die politische und ökonomische sowie die gesellschaftliche Ordnung des Systems, innerhalb dessen sich das Individuum entwickelt. Bronfenbrenners Modell enthält als zusätzliche Systemebene das „Chronosystem“. Diese Systemebene erklärt den Einfluss zeitlicher Umstände, innerhalb derer ein Individuum aufwächst (z. B. unter den Bedingungen eines Krieges). Der Einfluss des Chronosystems kann in zeitlich weit gefassten Langzeitstudien belegt werden. In Bezug auf den Umgang mit Geld sind Einflüsse des Chronosystems durchaus annehmbar, insbesondere in Zeiten der Knappheit von Ressourcen. Für den vorliegenden Forschungsansatz, der sich auf Jugendliche bezieht, die sich aktuell in der beruflichen Erstausbildung befinden, wird dieser Einfluss aufgrund des gewählten Untersuchungsdesigns nicht weiter bestimmt.

Entwicklung wird darüber erklärt, dass es im Leben einer Person immer wieder zu ökologischen Übergängen kommt, d.h. zu einem Wechsel der durch die Person eingenommenen Rolle oder zu einem Wechsel des Lebensbereichs (Bronfenbrenner 1989, S. 43). Für die Entwicklung einer finanziellen Urteilsfähigkeit werden unter diesem Verständnis mehrere Wechselprozesse greifbar.

Einerseits geht der Beginn der finanziellen Autonomie einher mit dem Eintritt in die berufliche Ausbildung. Das System der Berufsausbildung gehört damit zum Mesosystem, die Schulklasse zum Mikrosystem des Individuums. Hinsichtlich der eingenommenen Rolle findet ein Wechsel vom Unterstützungsnehmer zum zunehmend am Finanzmarkt autonom handelnden Subjekt statt. Zudem werden Interaktionen zwischen mehreren Umweltsystemen bedeutsam. Im Zentrum des Modells steht das *Individuum*. Motive von Finanzentscheidungen sind sowohl auf psychologische Bedingungen des Individuums als auch auf die Wechselwirkung mit dem jeweiligen *setting*, also der persönlichen Lebenssituation, zurückzuführen. Dies wird z. B. im Konsum deutlich. So beschreiben Frey, von Rosenstiel und Hoyos (2005, S. 183) den *kompensatorischen* Konsum als die Neigung, negative Emotionen oder belastete Lebenssituationen über den Kauf materieller Gegenstände oder die Nutzung von Dienstleistungen zu bewältigen. Bei der Bewertung und Beurteilung der Angemessenheit von Finanzentscheidungen sind daher die Lebensbereiche bzw. settings der handelnden Person mit zu berücksichtigen. Sie außer Acht zu lassen, führt zwangsläufig zu einem verfälschten Bild. Im Gegensatz zum kompensatorischen Konsum bedarf ein *rationaler* Umgang mit Geld der Auseinandersetzung mit qualitativen Aspekten eines Guts oder einer Leistung. Damit verbunden ist die Fähigkeit zum Vergleich von Äquivalenzprodukten anhand vorhandener Informationen wie Preisen oder Leistungsmerkmalen. Hierzu gehören auch interaktionale Fähigkeiten, z. B. bei der Informationsbeschaffung oder der Entwicklung von Finanzierungsstrategien sowie die Fähigkeit zur Reflexion über den für das Individuum zu erwartenden Nutzen. Hierzu müssen die eigenen finanziellen Verhältnisse bekannt sein, so dass Produkte oder Dienstleistungen entsprechend ausgewählt werden können. Als Situationsbedingung rationalen Geldhandelns nennt Lange (2004, S. 118-119) zudem die Einbindung in soziale Strukturen oder die elterlichen Erziehungsstile. Lerntheoretisch ist ebenfalls davon auszugehen, dass Jugendliche ihren Umgang mit Geld maßgeblich über das Lernen am Modell entwickeln. So beurteilt Wiswede (1995, S. 74) die Theorie des Modell-Lernens nach Bandura (1997) als geeigneten Ansatz zur Erklärung der Konsumentensozialisation. Modelle können hierbei zum Beispiel die Eltern, Peers oder mediale Leitbilder sein, also der Mikro- oder der Exoebene des Bronfenbrenner Modells (1989) entstammen. Mit dem Lernen am Modell sind jedoch zwei Probleme verbunden. Misskonzeptionen in den Verhaltensmustern der Modelle können durch das Individuum unreflektiert übernommen werden. Außerdem kann insbesondere dann, wenn ein sozialer Vergleich stattfindet, die Orientierung an einem Modell dazu führen, einen Lebensstil über die eigenen Verhältnisse hinaus führen zu wollen. Der Weg in prekäre Lebenslagen ist damit geebnet. Der Institution Schule wird aus diesem Grund häufig die Aufgabe des Vermittlers angemessener ökonomischer Fähigkeiten angetragen. Hierzu sollen entsprechende curriculare Vorgaben durch die Schulverwaltung und das Kultusministerium koordiniert werden. Dies wiederum sind Aufgaben, die dem Exosystem des Individuums zuzuordnen sind. Einen Einfluss auf das individuelle Geldhandeln üben zudem kulturelle und gesellschaftliche Rahmenbedingungen, wie Werthaltungen oder soziale Verpflichtungen aus. So zeigen Ergebnisse aus der Werteforschung, dass „der Wandel unserer Gesellschaft zur Konsum- und Erlebnisgesellschaft in den letzten zwei Jahrzehnten bei jungen Leuten zum einen den Hedonismus, zum anderen auch einen Konsumismus gefördert hat, also eine Neigung, wählerisch aus einer Vielfalt gegebener Angebote das Gewünschte auszusuchen" (Gensicke 2010, S. 24). Solche Prozesse spielen sich auf der Makroebene des entwicklungspsychologischen Ansatzes nach Bronfenbrenner (1989) ab.

Es wird deutlich, dass das sozio-ökologische Modell nach Bronfenbrenner (1989) aus entwicklungspsychologischer Sicht einen geeigneten theoretischen Bezugsrahmen für die Thematik juveniler Genese finanzieller Selbständigkeit bildet. Für die Jugendlichen und jungen Erwachsenen müssen dabei einige besondere Randbedingungen berücksichtigt werden. Im Kontext jugendlichen Geldhandelns wird argumentiert, dass finanzielle Entscheidungen unter einem vom Homo Oeconomicus zu unterscheidenden Paradigma verstanden werden müssen. Vielfach stehen bei jungen Menschen nicht rationale Entscheidungen zur kurz- oder langfristigen Nutzenmaximierung im Vordergrund, sondern soziale Vergleichsfunktionen. Dementsprechend kommt hier stärker die Perspektive des Homo Sociologicus zum Tragen (Furnham & Argyle 1998, S. 65). Dahrendorf (1968) beschreibt den Homo Sociologicus als Menschenbild, das sich in Kontrast zu dem bekannten Homo Oeconomicus, dem rationalen Nutzenmaximierer entwickelt hat[13]. Der Homo Sociologicus stellt den Menschen in seinen sozialen Rollen in den Mittelpunkt. Demnach gestaltet sich soziales Handeln in Abhängigkeit von der eingenommenen Rolle und es gilt, die Strukturen ebendieser zu erfassen (Dahrendorf 1968, S. 20). Die *soziale Rolle* wird anhand dreier wesentlicher Merkmale definiert: „Soziale Rollen sind (...)

---

13 Daneben bespricht Dahrendorf (1968, S. 16) zwei weitere Menschenbilder: den Psychological Man sowie den Homo Politicus.

vom Einzelnen prinzipiell unabhängige Komplexe von Verhaltensvorschriften. Ihr besonderer Inhalt wird nicht von irgendeinem Einzelnen, sondern von der Gesellschaft bestimmt und verändert. Die in Rollen gebündelten Verhaltenserwartungen begegnen dem Einzelnen mit einer gewissen Verbindlichkeit des Anspruches, so daß er sich ihnen nicht ohne Schaden entziehen kann" (Dahrendorf 1968, S. 35-36). Zur Beschreibung des jugendlichen Umgangs mit Geld erscheint unter der Argumentation des interaktionalen Charakters von Geldhandlungen und der sozialen Vergleichsfunktion von Geld und materiellen Werten das soziologische Paradigma des Homo Sociologicus zielführender. Soziale Unterschiede werden bereits für das Kind greifbar, wenn es in die Phase einer systemischen Eingliederung eintritt (z. B. im Klassenverbund) und dadurch Mechanismen des sozialen Vergleichs einsetzen (Furnham & Argyle 1998, S. 78-79). Die Entwicklung eines jungen Menschen zum ökonomischen Denken konstituiert sich durch eine Vielzahl weiterer Faktoren. Hierzu zählen externe Stimuli wie das sozio-ökonomische Umfeld, persönliche Erfahrungen mit Geld, formale Vermittlung und elterliche Vorbilder[14] (Furnham & Argyle 1998, S. 75). Dahrendorf (1968, S. 17) führt schließlich an, dass es bislang keiner Wissenschaft alleine gelungen sei, ein vollständiges Menschenbild zu zeichnen. „Selbst der uneingeschränkte Optimist wird sich nicht anheischig machen, mit Hilfe der Soziologie das Rätsel des Menschen endgültig lösen zu können" (Dahrendorf 1968, S. 17). Über eine einzelne wissenschaftliche Disziplin ist der Mensch nicht vollständig greifbar, daher kann es immer nur um den Versuch gehen, Facetten des menschlichen Handelns möglichst realitätsnah zu beschreiben und zwar aus der Perspektive einer spezifischen Wissenschaft. Die Geldsozialisation kann entwicklungs- und systemtheoretisch verortet werden. Sie ist das Ergebnis der Auseinandersetzung des Individuums mit seiner Umwelt. Der Umgang mit Geld äußert sich innerhalb der dargestellten Systemebenen nach Bronfenbrenner (1989) auf zwei Seiten: der Mittelherkunft sowie der Mittelverwendung. Beide

---

14 Die externen Einflussfaktoren können sich in ihrem Auftreten überschneiden. So zeigt eine Studie unter polnischen Bürgerinnen und Bürgern aus dem Jahr 1990, dass in manchen Themengebieten die jüngeren Befragten ein deutlich höheres Wissen zeigten, als die Älteren. Die Forscher führen dieses Ergebnis darauf zurück, dass diese Gruppe unter den Bedingungen einer ökonomischen Krise in Polen aufgewachsen ist und über diese Erfahrungen mentale Modelle zu z. B. Inflation oder Preisanstieg entwickeln konnten (Furnham & Argyle 1998, S. 75).

Seiten werden im folgenden Teilkapitel unter Berücksichtigung der Besonderheiten jugendlichen Geldhandelns diskutiert.

2.2 Mittelherkunft und Mittelverwendung

2.2.1 Allgemeine Befunde zur Mittelherkunft und Mittelverwendung

Interessante Befunde zur Mittelherkunft und Mittelverwendung bei Jugendlichen finden sich in einer in Österreich durchgeführten Studie[15] unter 3491 Schülerinnen und Schülern. Untersucht wurde neben dem Umgang mit Geld auch deren Schuldensituation in Zusammenarbeit mit der Schuldnerberatungsstelle Oberösterreich. Die Studie zeigt, dass 1/5 der Klientel der Schuldnerberatungsstellen unter 25 Jahren alt ist und bei mehr als einem Viertel dieser jungen Klienten die finanziellen Probleme bereits vor dem 18. Lebensjahr begonnen haben. Die Geldsozialisation läuft in den meisten Fällen ohne formale Leitlinien ab. Das elterliche Vorbild, der Lebens- und Erziehungsstil der Herkunftsfamilie prägen das Konsumverhalten junger Menschen primär und nachhaltig. Der Schulunterricht dagegen spielt bislang keine sehr herausragende Rolle (Gabanyi, Hemedinger & Lehner 2007, S. 4). Mehr als zwei Drittel der Jugendlichen äußern, dass der sorgsame Umgang mit Geld im Unterricht nie thematisiert wurde oder sie sich nicht mehr an wesentliche Inhalte erinnern können (Gabanyi, Hemedinger & Lehner 2007, S. 5). Die Eltern fungieren somit als bedeutsamste Instanz der Konsumentenerziehung. Die Vermittlungsprozesse im Elternhaus verlaufen in einem Spannungsfeld von aktiver Beteiligung der Kinder in die finanziellen Entscheidungen des Haushaltes bis hin zu einem völligen Ausschluss zu den Fragen der Haushaltsfinanzen. Gemeinhin wird versucht, die Kinder über das Instrument „Taschengeld“ an die Funktionen von Geld heranzuführen. Im Fokus dieser Methode steht der Aspekt, dass Geld ein knappes Gut ist. Bei den Jugendlichen zwischen 15 und 18 Jahren müssen knapp 40% mit den Mitteln auskommen, die sie über festes Taschengeld[16] und Nebenjobs zur Verfügung

---

15 Schuldnerberatungsstelle Oberösterreich gemeinsam mit der Fachhochschule Oberösterreich und der Raiffeisenbank (Gabanyi, Hemedinger & Lehner 2007).

16 Neben dem Taschengeld bilden auch Geldgeschenke zu Geburtstagen oder Weihnachten einen Anteil des den Jugendlichen zur Verfügung stehenden Geldes. Für 95% der Befragten ist es normal, zum Geburtstag oder zu Weihnachten Geldgeschenke zu erhal-

haben. Die Mehrheit der Jugendlichen bekommt jedoch zusätzliches Geld von den Eltern und nur ein Viertel von ihnen muss dieses zurückzahlen. Viele „lernen“ somit schon in ihrer Jugend, mehr Geld auszugeben, als eigentlich verfügbar ist.

Jugendliche entwickeln mehrheitlich dann Probleme im Umgang mit Geld, wenn Geld in der Familie keine wesentliche Rolle spielt, darüber nicht gesprochen wird und die Jugendlichen nicht in monetäre Entscheidungen einbezogen werden (Gabanyi, Hemedinger & Lehner 2007, S. 8). Bronfenbrenner (1989, S. 257) führt auf, dass eine positive Förderung der Entwicklung des Kindes nur dann stattfinden kann, „wenn es von klein auf an verantwortlichen, aufgabenorientierten Tätigkeiten beteiligt ist, durch die es außerhalb des Elternhauses mit anderen Erwachsenen in Berührung kommt“. Bedeutsam ist hier insbesondere die frühe Teilhabe an elterlichen Entscheidungen. Weitere Befunde zu den Genesefaktoren problembehafteten Geldhandelns beziehen sich auf den sozialen Status der Befragten. Eine schwierige wirtschaftliche Situation junger Menschen steht häufig in einer Wechselbeziehung mit der sozialen Herkunft. Mehr als die Hälfte der in Österreich befragten verschuldeten Jugendlichen geben an, dass ihre Eltern sehr sparsam haushalten mussten, um über die Runden zu kommen. Nur 22% der jungen Verschuldeten hatten im Rückblick das Gefühl, im Vergleich zu Freunden reichlich Geld bekommen zu haben. Dagegen geben 92% der nicht verschuldeten Jugendlichen an, sie seien zu einem sorgfältigen Umgang mit Geld erzogen worden. Bei den jungen Klienten und Klientinnen der Schuldnerberatung handelt es sich größtenteils um junge Menschen, die in bescheidenen wirtschaftlichen Verhältnissen leben (Gabanyi, Hemedinger & Lehner 2007, S. 16). Wird davon ausgegangen, dass Jugendliche primär durch ihre Familie in ihrem Umgang mit Geld geprägt sind, sei es durch indirekte Konsumerziehung über den familiären Lebensstil oder die direkte Konsumerziehung durch aktive erzieherische Maßnahmen der Eltern, ist der sozialen Herkunft der jungen Menschen besondere Berücksichtigung bei der Beurteilung des juvenilen Umgangs mit Geld entgegen zu bringen. Hierzu müssen auch Vorstellungen zu den Handlungsfeldern, innerhalb derer Geld bei jungen Menschen eine Rolle spielt, generiert werden. Es ist zweckdienlich, eine Strukturierung der Handlungsfelder anhand der globalen Kategorien „Mittelherkunft“ und „Mittelver-

---

ten. Die Summe der Geldgeschenke bewegt sich meist zwischen 100 und 200 Euro (Gabanyi, Hemedinger & Lehner 2007, S. 8).

wendung“ zu entwickeln. Im Überblick lässt sich diese Struktur wie folgt darstellen.

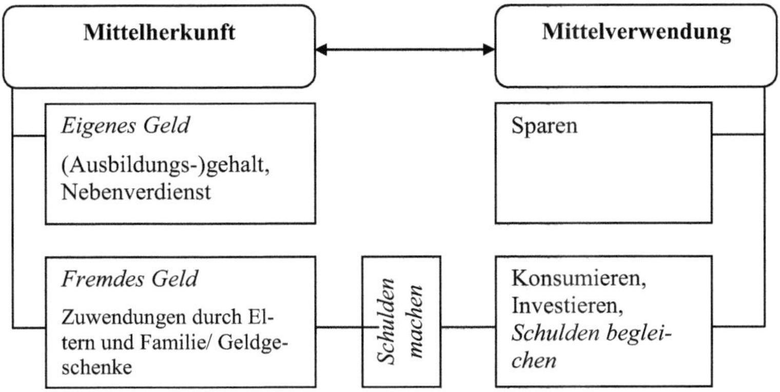

Abb. 3: *Mittelherkunft und Mittelverwendung bei Jugendlichen und jungen Erwachsenen (eigene Darstellung)*

Auf Seiten der Mittelherkunft kann unterschieden werden, ob das zur Verfügung stehende Geld aus eigener Arbeitskraft oder aus fremder Arbeitskraft generiert wurde. Studien zur Verwendung eigener und fremder Mittel deuten darauf hin, dass es zu unterschiedlichen Informationsverarbeitungsprozessen in Abhängigkeit davon kommt, ob eigenes Geld oder geschenktes Geld ausgegeben wird (Streuli, Steiner, Mattes & Shenton 2008). Auf Seiten der Mittelverwendung wird volkswirtschaftlich zwischen Sparen und Konsumieren unterschieden. Zur Ausgabenseite gehören auch Investitionen mit dem Ziel einer langfristigen Rendite. Eine bipolare Stellung nimmt die Thematik Schulden ein. Prinzipiell werden Schulden gemacht, um Ausgaben zu finanzieren. Schulden sind fremdes Geld. Sie sind daher nicht eindeutig der Mittelherkunft oder der Mittelverwendung zuzuordnen. Dass der Aspekt des Schuldenmachens separat aufgeführt wird, liegt an der Kategorisierung der Mittelherkunft und Mittelverwendung nicht nach volkswirtschaftlichen, sondern nach psychologischen Kriterien[17]. Denn es ist davon auszugehen, dass im Zuge einer Verschuldung andere Handlungsstrategien aktiviert werden, als beim Konsum über selbst erwirtschaftete Mittel.

---

17 Im volkswirtschaftlichen Verständnis wird nur zwischen Konsum und Sparen unterschieden. Schulden machen zählt dann zum Konsum.

2.2.2 Mittelherkunft

2.2.2.1 (Ausbildungs-)Vergütung und Nebenverdienst

Nach Informationen der Shell Jugendstudie 2010 befinden sich etwa 29% der Jugendlichen und jungen Erwachsenen unter 25[18] Jahren in der beruflichen Ausbildung. 37% gelten als Berufstätige, während ca. 19% studieren und 15% arbeitslos sind (Albert, Hurrelmann & Quenzel 2010). Getrennt nach dem Erwerbsstatus erhalten Auszubildende nach Lange (2004, S. 68) im Durchschnitt 560 Euro im Monat. Studierende und Arbeitslose (!) liegen mit 542 Euro und 539 Euro nur knapp dahinter. Es muss in diesem Zusammenhang sicherlich die Frage nach der Angemessenheit der Entlohnung junger Auszubildender gestellt werden. Ein Bericht des Bundesinstituts für berufliche Bildung hat jüngst die Bedeutsamkeit des Geldes für junge Auszubildende beschrieben (Beicht & Krewerth 2010). Demnach ist es für die Mehrheit der Auszubildenden in Deutschland sehr wichtig, mit einem angemessenen Gehalt für ihre Arbeit entlohnt zu werden. Gründe hierfür werden in dem vergleichsweise höheren Einstiegsalter und den damit verbundenen finanziellen Bedürfnissen im Zuge einer wachsenden Unabhängigkeit gesehen. Während im Jahr 1993 noch die Hälfte aller neuen Auszubildenden unter 18 Jahren alt war und noch im elterlichen Haushalt lebte, sind es heute nur noch rund 30%. Das durchschnittliche Alter der Ausbildungsanfänger liegt aktuell bei 19,4 Jahren (Beicht & Krewerth 2010, S. 1-2). Den steigenden Lebens- und Konsumbedürfnissen steht ein durchschnittlicher monatlicher Verdienst von knapp 500 Euro im 2. Ausbildungsjahr[19] gegenüber. Es verwundert daher nicht, dass rund 82% der Auszubildenden in Kleinstbetrieben und 31% der Auszubildenden in größeren Unternehmen angeben, unzufrieden mit ihrer Vergütung zu sein (Beicht & Krewerth 2010, S. 5). Diesem Umstand entsprechend suchen sich viele junge Auszubildende einen Nebenverdienst, um die Ausbildungsvergütung aufzustocken und ihre Bedürfnisse befriedigen zu können bzw. z.T. auch, um die Kosten der Grundversorgung zu decken. Rund 27% aller Auszubildenden im 2. Lehrjahr sind im Jahr 2010 einer

---

18 Bezogen auf die Probanden, die nicht mehr den Status „Schüler/in“ innehaben. Befragt wurden 2604 Jugendliche und junge Erwachsene zwischen 12 und 25 Jahren (Albert, Hurrelmann & Quenzel 2010).

19 Dies bezieht sich nur auf betriebliche Ausbildungsverhältnisse. Ausgenommen sind überbetriebliche Ausbildungen oder z. B. vollschulische Ausbildungsverhältnisse.

Nebenbeschäftigung nachgegangen (Beicht & Krewerth 2010, S. 9). Damit einher geht eine unmittelbar höhere Belastung der jungen Menschen, was die zeitlichen und körperlichen Ressourcen betrifft. Die zusätzlichen Verpflichtungen wirken sich im schlimmsten Fall negativ auf den Ausbildungserfolg aus. Dem Befund einer wachsenden Quote von Nebenverdienstlern gegenüber steht die ansteigende Verschuldungsquote bei jungen Menschen. Beide Strategien, Zusatzverdienst sowie Verschuldung, dienen der Allokation zusätzlicher finanzieller Mittel und damit letztlich dem Motiv der Bedürfnisbefriedigung bzw. Kostendeckung.

2.2.2.2 Taschengeld und Geldgeschenke

Mit dem Eintritt in die Schullaufbahn erhalten die meisten Kinder regelmäßiges und unregelmäßiges Taschengeld (Sardei-Biermann & Kanalas 2006, S. 63). Für die unter 18 Jährigen stellen die Zuwendungen von Eltern oder Verwandten die wichtigste Einnahmequelle dar. Mit ansteigendem Alter entwickelt sich die finanzielle Unterstützung durch die Eltern rückläufig. Von den 18-24- Jährigen erhalten noch 30% Taschengeld (Sardei-Biermann & Kanalas 2006, S. 83-84). Die Rücknahme elterlicher Unterstützung hängt maßgeblich vom Erwerbsstatus der Jugendlichen ab. Während Studierende in der Regel noch bis zum Ende des Studiums finanzielle Unterstützung erhalten, müssen insbesondere berufstätige Jugendliche tendenziell alleine mit ihrem verdienten Geld auskommen (Bundesverband deutscher Banken 2009, S. 16). Es kann davon ausgegangen werden, dass das Alter mit der beruflichen Eigenständigkeit korreliert und die elterliche Unterstützung in dem Maße abnimmt, wie die Einbindung in berufliche Strukturen zunimmt. Neben dem regelmäßigen und unregelmäßigen Taschengeld müssen auch Geldgeschenke zu den „Einnahmequellen" der Jugendlichen und jungen Erwachsenen gezählt werden. Diese nehmen tendenziell mit zunehmendem Alter auch in der Höhe und der Frequenz zu. Empfehlungen der Jugendämter für die Höhe des Taschengeldes für Kinder und Jugendliche gestalten sich entsprechend der Tabelle 2:

Tab. 2: Taschengeldtabelle 2011(www.jugendamt.nuernberg.de/downloads/taschen-geld.pdf)

Alter	Betrag	Zahlweise

2 - 5 Jahre	0,5 Euro	wöchentlich
6 - 7 Jahre	1,5 - 2,0 Euro	wöchentlich
8 - 9 Jahre	2,0 - 2,5 Euro	wöchentlich
10 - 11 Jahre	13,0 - 15,0 Euro	monatlich
12 - 13 Jahre	18,0 - 20,0 Euro	monatlich
14 - 15 Jahre	23,0 - 26,0 Euro	monatlich
16 - 17 Jahre	32,0 - 42,0 Euro	monatlich
18 Jahre	62,0 Euro	monatlich

Jugendliche und junge Erwachsene verfügen über verschiedene Wege zur Allokation liquider Mittel. Im Wesentlichen wird der selbständige Umgang mit Geld, der durch eine Rücknahme elterlicher Unterstützung gekennzeichnet ist, mit dem Eintritt in die Beruflichkeit eingeleitet. Zur vollständigen Beschreibung der monetären Handlungsfelder junger Menschen reicht es nicht, nur die Seite der Mittelherkunft zu betrachten. Vielmehr muss auch berücksichtigt werden, zu welchem Zweck die jungen Menschen ihr Geld ausgeben. Daher wird im folgenden Kapitel die Seite der Mittelverwendung beschrieben.

2.2.3 Mittelverwendung

2.2.3.1 Konsum

Für die Verwendung der finanziellen Ressourcen aus eigenen und fremden Mitteln ergeben sich volkswirtschaftlich zwei Optionen. Sie können entweder zur Befriedigung aktueller Bedürfnisse ausgegeben werden oder zur Befriedigung von Bedürfnissen der Zukunft gespart werden. Für Jugendliche dienen Schulden mehrheitlich konsumorientierten Motiven (Streuli, Steiner, Mattes & Shenton 2008, S. 36-39). Aus diesem Grund sind die Erkenntnisse der Konsumforschung für das Verständnis der Genese früher Schulden von elementarer Bedeutung. Konsum kann allgemein definiert werden als „die Befriedigung von Bedürfnissen mittels Einkommen, Erspartem oder Krediten durch Güter und Dienstleistungen (unterschiedlicher Formen, Qualität, Quantität), die bestimmte Kosten (in Form von zu zahlenden Preisen oder Gebühren) verursachen“ (Lange 2001, S. 183). Wird bei der Behandlung der Thematik „Konsum“ von einem rational agierenden Subjekt ausgegangen, so wird unterstellt, dass das Ziel jeglichen Konsums die Optimierung der Bedürfnisbefriedigung, also das Erzielen eines größtmöglichen Nutzens bei möglichst minimalem Einsatz (von Geldmitteln) ist (vgl. Jonas, Maier & Frey 2007, S. 96; Lange 2004, S. 114). Lange (2001, S. 183) kategorisiert den Konsum anhand einer materiellen und einer monetären Ebene, wie in der folgenden Abbildung verdeutlicht.

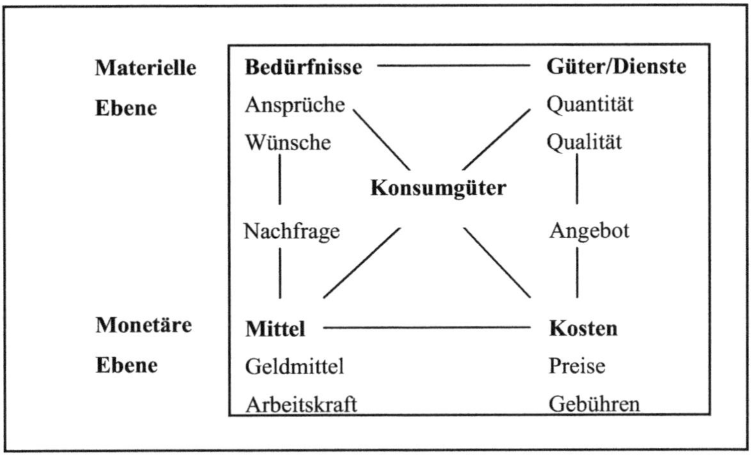

Abb. 4: „Magisches Viereck" des Konsumverhaltens (Lange 2001, S. 183)

Das Modell unterscheidet zwischen der materiellen und der monetären Ebene. Die mental repräsentierten materiellen Bedürfnisse dienen als Motive zur Auswahl bestimmter Güter und Dienstleistungen, die nach Quantität und Qualität beurteilt werden. Auf der monetären Ebene werden finanzielle Größen wie die zum Konsum notwendigen Mittel und die entstehenden Kosten manifest. Ergänzend zu diesem Modell gilt zu beachten, dass monetär zu befriedigende Bedürfnisse nicht nur materieller Art sind. Diesen Hinweis liefert bereits Maslow (1999) mit seiner bekannten Bedürfnispyramide. Er nennt z. B. den Arbeitsplatz als ein wesentliches Sicherheitsbedürfnis. Ebenso existieren physiologische Grundbedürfnisse z. B. nach Schlaf oder soziale Bedürfnisse nach Anerkennung und Gruppenzugehörigkeit. Derartige Bedürfnisse werden z.T. auch über den Einsatz monetärer Mittel befriedigt. Das dargestellte magische Viereck nach Lange (2001) besitzt daher nur in einem sehr engen Interpretationsrahmen Gültigkeit. Weiterhin werden intrapersonale, verhaltenssteuernde Prozesse in diesem Modell nicht formalisiert. Zur psychologisch orientierten Erklärung von Konsumverhalten bedarf es daher eines Ansatzes, der die inneren Abläufe des

Individuums zu berücksichtigen vermag. Einen möglichen Zugang bietet die psychologische *Coping*[20]-Forschung.

In der Coping- Forschung existieren Untersuchungen zur Bedeutung von Konsumorientierung als Strategie der Belastungsbewältigung. Hier wird Konsum nicht nur in seiner Funktion als Instrument zur Befriedigung materieller Bedürfnisse betrachtet. Unter *Belastungen* werden zunächst Einwirkungen auf den Menschen verstanden, „die als physische oder psychische Beanspruchung die psychophysiologischen Leistungsvoraussetzungen mit einer Beeinträchtigung des Befindens mindern" (Rosenberger 2005, S. 175-176). Mittels *kompensatorischem* oder *demonstrativem* Konsum versucht das Individuum, diese Beeinträchtigungen auszuhebeln. Kompensatorischer Konsum beschreibt das Verhalten, durch den Konsum von Gütern oder Dienstleistungen von Problemen abzulenken, die in ganz unterschiedlichen Lebenssituationen aufgekommen sein können (Fries, Göbel & Lange 2006, S. 167). Demonstrativer Konsum dient dagegen primär der Aufbesserung des Status mit dem Ziel, Anerkennung und Prestige aus dem sozialen Umfeld zu erhalten (Fries, Göbel & Lange 2006, S. 161). Kompensatorischer und demonstrativer Konsum werden unter dem Aspekt des *Coping* als Strategien zur Bewältigung von individuellen Belastungen verstanden[21]. Die Wirkung aus der durch Konsum erzeugten Minderung der Diskrepanz von unbefriedigten Bedürfnissen und befriedigten Bedürfnissen bildet auch einen der wesentlichen Erklärungsansätze für Kaufsucht (Rosenberger 2005, S. 208). Es bleibt bislang offen, ob es einen signifikanten Zusammenhang zwischen dem Eintreten finanzieller Schwierigkeiten – im äußersten Fall der Verbraucherinsolvenz - und der Anwendung solcher kompensatorischer oder demonstrativer Strategien gibt. Ein Blick in die Befundlage zeigt aber, dass nur wenige Jugendliche Strategien der Kompensation oder Demonstration in ihrem Konsumverhalten verfolgen. Dagegen kann den meisten Jugendlichen ein eher rationales Konsummuster attestiert werden (vgl. Lange 2004, S. 116; Gabanyi, Hemdinger & Lehner 2007, S. 60).

---

20 Der Begriff Coping beschreibt die bewusste, intrapsychische oder nach außen gerichtete Auseinandersetzung mit belastenden Ereignissen (Rosenberger 2005, S. 185-186). Detaillierte Ausführungen zum Coping folgen in Kapitel 3.1.

21 Daneben erfüllt Konsumorientierung weitere Funktionen, darunter Lebensführung, Identitätsstiftung, Selbstwertbehauptung, Individualität, Erlebnisempfinden, Ersatzbefriedigung, Symbolfunktion (vgl. im Detail Rosenberger 2005, S. 211-213).

Dieser Befund wird zusätzlich durch Zahlen[22] gestützt, die die durchschnittlichen monatlichen Einnahmen und Ausgaben der Jugendlichen und jungen Erwachsenen beschreiben. Es zeigt sich, dass die Probanden im Durchschnitt mehr Geld im Monat einnehmen als sie ausgeben. Das Verhältnis von Einnahmen und zum Konsum verwendeten Ausgaben unter Berücksichtigung entstehender Restbeträge wird in Tabelle 3 gezeigt.

Tab. 3: Ausgaben und Einkünfte der 15- bis 24-Jährigen (Lange 2004, S. 81)

Erwerbsstatus	**Durchschnittliche monatliche Ausgaben**	**Durchschnittliche monatliche Einnahmen**	**Restbetrag**
Schüler	117 Euro	146 Euro	+ 29 Euro
Studenten	442 Euro	542 Euro	+ 100 Euro
Auszubildende	432 Euro	560 Euro	+ 128 Euro
Berufstätige	714 Euro	1122 Euro	+ 408 Euro
Insgesamt	**344 Euro**	**450 Euro**	**+ 106 Euro**

Auf den ersten Blick kann das Verhältnis zwischen Einnahmen und Ausgaben bei Jugendlichen und jungen Erwachsenen nicht als problematisch eingestuft werden. Im Durchschnitt übersteigen die Ausgaben die Einnahmen nicht. Tendenziell besitzen die Jugendlichen und jungen Erwachsenen einen gewissen Spielraum, um überschüssige Finanzen zu sparen. Zwar weisen die meisten Jugendlichen ein eher rationales Konsumverhalten auf, jedoch ist unangemessenes Konsumverhalten aus Sicht der Beratungsstellen eine der Hauptursachen bei den unter 25- Jährigen für das Eintreten einer Verschuldungssituation (vgl. Knobloch, Reifner & Laatz 2009, S. 23; Knobloch & Reifner 2010, S. 62). Daneben

22 Grundlage ist eine empirische Untersuchung der Einkommens-, Konsum- und Verschuldungsmuster einer Stichprobe von 845 nach dem Quotenverfahren ausgewählten Jugendlichen und jungen Erwachsenen im Alter zwischen 15 und 24 Jahren in Deutschland im Jahr 2002 (Lange 2004).

muss klar zum Ausdruck gebracht werden, dass eine private Ver- bzw. Überschuldung nicht singulär auf ein Fehlverhalten bei den Kreditnehmern zu beziehen ist. Lösungen, die sich ausschließlich auf diese Facette beziehen, greifen zu kurz.

2.2.3.2 Sparen

Im Zuge einer Begleitung junger Menschen zur Herausbildung autonomer und handlungsfähiger Persönlichkeiten ist der Blick auf einen vernunftvollen Umgang mit Geld zu richten. Ein auf Nachhaltigkeit und eine selbstbestimmte Lebensführung ausgerichteter Umgang mit Geld impliziert auch die Fähigkeit zum Konsumverzicht. Lange (2004, S. 81) stellt fest, dass Schüler und Studierende rund 80% und Auszubildende noch 77% ihres Einkommens zeitnah wieder ausgeben[23]. Gleichzeitig geben mehr als 40% der Jugendlichen an, überhaupt nicht zu sparen. Andere Ergebnisse zeigen sich bei der MetallRente Studie aus dem Jahr 2010 (Hurrelmann & Karch, 2010). Hier geben 51% der befragten Jugendlichen zwischen 17 und 27 Jahren[24] an, regelmäßig einen bestimmten Geldbetrag zu sparen. Weitere 31% geben an, zumindest unregelmäßig Geld zur Seite zu legen (Gensicke 2010, S. 120). Nur 16% geben an, überhaupt nicht zu sparen. Speziell für die Gruppe der Auszubildenden ergibt sich in der aktuelleren Studie sogar eine Quote von 54% der befragten Auszubildenden, die regelmäßig sparen. Nun kann dieser Unterschied durch zeitliche Entwicklungen zwischen 2002[25] und 2010 erklärt werden. Die Wirtschafts- und Finanzkrise etwa fällt in

23 Die wesentlichen Kostenpositionen sind Lokalbesuche, Handykosten und Kosten für Kleidung. Bereits bei den 12-14 Jährigen besitzen 91% ein eigenes Handy. Bei den 15-18- Jährigen gibt nur 1% an, kein Handy zu besitzen. Für mehr als die Hälfte der jugendlichen Handybesitzer (60%) stellt es offenbar kein Problem dar, dass ein angemeldetes Vertragshandy mit monatlichen Fixkosten verbunden ist. 45% haben ein Wertkartenhandy (PrePaid). Bei mehr als der Hälfte der jugendlichen (53%) 15-18-Jährigen geht die Höhe der Handykosten nicht über 20 Euro hinaus. Weitere 27% haben monatlich 21 bis 40 Euro zu begleichen. Beinahe 10% der Jugendlichen haben Handykosten, die sich zwischen 41 und 60 Euro bewegen, wobei dies zu drei Vierteln Lehrlinge sind. 3% der Jugendlichen wissen gar nicht, wie hoch ihre Handyrechnungen ausfallen (Gabanyi, Hemedinger & Lehner 2007, S. 11).

24 n= 2500 Jugendliche und junge Erwachsene zwischen 17 und 27 Jahren (Hurrelmann, Karch & Gensicke 2010, S. 21).

25 Die Studie bezieht sich auf Daten, die im Jahr 2002 erhoben wurden. Veröffentlicht wurde die Studie allerdings erst in 2004.

diesen Zeitraum. Es kann vermutet werden, dass die Erfahrungen aus der Finanzkrise das Bewusstsein für die Bedeutsamkeit von Rücklagenbildung geschärft hat und daher aktuell (trotz niedriger Zinsniveaus) mehr gespart wird. Diese Vermutungen können aber an dieser Stelle nur auf der Ebene von Spekulation angestellt werden, da empirische Zugänge fehlen. Bei den Nicht-Sparern kann für die Mehrheit der Befragten (64%) festgehalten werden, dass die Tatsache des Nicht-Sparens an fehlenden finanziellen Spielräumen liegt. Nur 16% geben an, aus hedonistischen Gründen kein Geld zurück zu legen (Gensicke 2010, S. 122). Die Sparaktivitäten der Jugendlichen und jungen Erwachsenen richten sich in der Mehrheit auf Konsumwünsche in Form größerer Anschaffungen (65%). Noch 61% geben an, sich über ihre ersparten finanziellen Puffer gegen unvorhersehbare Ereignisse abzusichern. 55% sparen für das Alter. Solche Befunde lassen die Vermutung zu, dass die Bedeutsamkeit finanzieller Rücklagen mit der Funktion der sozialen Absicherung in den Köpfen der jungen Menschen repräsentiert ist. Furnham und Argyle (1998, S. 76) stellen heraus, dass Sparen insbesondere für jüngere Altersgruppen weniger als ökonomisches Instrument denn als moralisch wertvoll erachtetes Handeln betrachtet wird. Die Einsicht in die Funktionalität von Sparen wächst erst mit zunehmendem Alter und steigendem Einkommen (Furnham & Argyle 1998, S. 76). Lange und Fries (2006, S. 77) kommen hinsichtlich des Sparverhaltens zu dem Ergebnis, dass diejenigen Jugendlichen und jungen Erwachsenen, die sparen, über ein durchschnittliches Sparguthaben von 1000 Euro verfügen und die Sparneigung mit zunehmendem Alter ansteigt.

2.2.4 Schulden und Armut

2.2.4.1 Schuldverpflichtungen bis zur Privatinsolvenz

Als Nebenschauplatz monetären Handelns wird das Produzieren von Schulden betrachtet. Schulden nehmen eine mittlere Stellung zwischen Einnahmen und Ausgaben ein. Ökonomisch betrachtet sind sie ein Mittel zur Allokation zusätzlicher finanzieller Ressourcen in Form liquider Mittel. Sie dienen dem Zweck, Konsum- und Investitionswünsche zu finanzieren oder anderweitige Schulden zu begleichen. Schulden machen bedeutet eine Erhöhung der liquiden Mittel, die dann in Ausgaben münden. Einen ausführlichen Einblick in die Schuldensituation der deutschen Bevölkerung liefert der von der Schufa Holding AG jährlich veröffentlichte Schufa Kreditkompass[26]. Der aktuelle Schufa-Gesamtdatenbestand enthält etwa 433 Millionen Informationen von ca. 65 Millionen volljährigen, natürlichen Personen in Deutschland. Differenziert nach Altersgruppen, Kreisen und Bundesländern ermöglichen die für den Kreditkompass anonymisierten Daten statistische Auswertungen über die Höhe der Ratenkredite, über Kreditausfälle sowie über die von Vertragspartnern gemeldeten Zahlungsausfälle (Schufa Holding AG 2010).

Zum Verständnis der Daten ist es notwendig, die Begrifflichkeiten „Verschuldung" und „Überschuldung" abzugrenzen. Von Verschuldung wird im Allgemeinen gesprochen, wenn sich eine Person in eine Situation begibt, in der von ihr eine Rückzahlung erwartet wird (vgl. Schufa Holding AG 2006, S. 173; Lange 2004, S. 147). Es können fünf mögliche Motivationen für das Eingehen einer Schuldverpflichtung unterschieden werden (Walbrühl 2006, S. 15-16):

- Investitionsabsichten
- Konsumgründe
- Spieltriebe und Süchte
- Unwissenheit (mangelnde ökonomische Bildung führt zu Fehlbeurteilungen von Finanzdienstleistungen)
- Verpflichtungen (z. B. Unterhaltspflichten, Bürgschaften, bestehende Kredite)

26 Vor 2009 wurde der Kreditkompass unter dem Namen „Schuldenkompass" veröffentlicht.

Problematisch wird eine Verschuldungssituation erst dann, wenn der Schuldner nach Abzug aller Mittel, die er für seine Lebensführung benötigt, nicht mehr in der Lage ist, die finanziellen Verbindlichkeiten, die mit einem Kredit anfallen, zu tilgen. Unter diesen Umständen befindet sich der Schuldner auf dem Weg in eine Überschuldung. Überschuldung wird prozessual definiert.

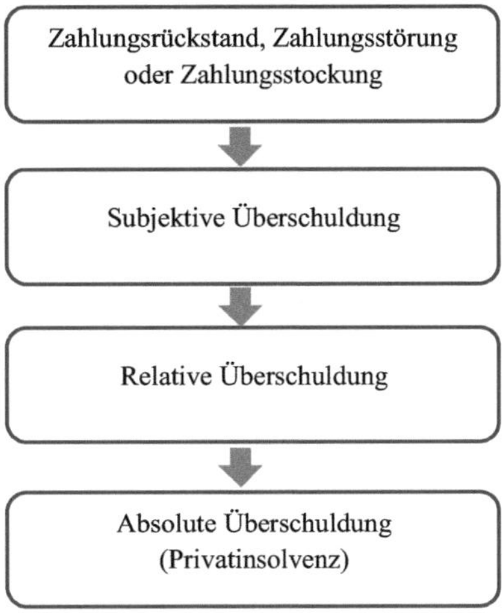

Abb. 5: Prozess der Überschuldung (eigene Darstellung)

Der Prozess der Überschuldung wird mit dem Auftreten von Zahlungsrückständen, Zahlungsstörungen oder einer Zahlungsstockung eingeleitet. Können diese nicht bewältigt werden, tritt die Phase der subjektiven Überschuldung ein. Subjektive Überschuldung liegt dann vor, „wenn die Zahlungsverpflichtungen aus Krediten als zu hoch empfunden werden. Die Personen fühlen sich psychisch und finanziell überfordert, Schulden zurückzuzahlen“ (Schufa Holding AG 2006, S. 18). Gelingt auch hier keine angemessene Bewältigung, erreicht der Schuldner die Phase der relativen Überschuldung. Von relativer Überschuldung wird gesprochen, wenn trotz eingeschränktem Lebensstil der Einkommensrest nach Abzug der Lebenshaltungskosten nicht ausreicht, um die Schulden fristgerecht zu tilgen. Die absolute Überschuldung (Privatinsolvenz) liegt schließlich vor, wenn Einkommen und Vermögen des Schuldners nicht ausreichen, um laufende Verbindlichkeiten zu decken (vgl. Schufa Holding AG 2006, S. 135; Schufa Holding AG 2007, S. 26).

Die Privat- oder Verbraucherinsolvenz wurde im Jahr 1999 eingeführt. Private Schuldner haben seitdem die Möglichkeit, sich mit der Durchführung eines Insolvenzverfahrens nach einer mindestens 6 Jahre andauernden *Wohlverhaltensphase* zu entschulden (Hergenröder & Kokott 2009, S. 29). Die Restschuldbefreiung ist an die Redlichkeit des Schuldners gebunden. Der Schuldner muss aktiv während der Insolvenzphase an der Befriedigung der Gläubigerinteressen mitwirken, indem er sein pfändbares Einkommen zur Verfügung stellt und durch Arbeit versucht, neues pfändbares Kapital zu generieren (Hergenröder & Kokott 2009, S. 29). Die Insolvenzordnung (InsO) stellt für viele Schuldner den letzten Ausweg dar. Das Verfahren der Verbraucherinsolvenz dient letztlich der Entschuldung und der damit verbundenen Option auf wirtschaftliche und soziale Reinklusion des Schuldners. Die Mehrheit der Schuldner präferiert die eigenständige Tilgung der Schulden vor dem Eintritt in die Privatinsolvenz (Schufa Holding AG 2007, S. 127).

Zur Erklärung steigender Überschuldungszahlen richtet sich der Blick zunächst auf solche Ursachen, die aus der Entwicklung oder Veränderung von wirtschaftlichen Randbedingungen entstehen. Diese Ursachen beziehen sich auf die *externalen Rahmenbedingungen* finanzwirtschaftlicher Entscheidungen. Der kommunikationstechnologische Fortschritt hat dazu geführt, Handlungen des alltäglichen Umgangs mit Geld von einem haptischen und sichtbaren Anlass zu einer entmaterialisierten und somit unsichtbaren Transaktion zu überführen. Der Zahlungsverkehr wird vermehrt durch den Einsatz von EC- oder Kreditkarten auf Ebene des Buchgeldes gesteuert. Dies erfordert eine mentale Buchführung von Einnahmen und Ausgaben, die sich durch das höhere Abstraktionsniveau komplexer darstellt, als es beim klassischen Austausch von Bargeld der Fall war. Daneben gibt es weitere, auf die gesellschaftliche und wirtschaftliche Dynamik zurückzuführende Ursachen, die insbesondere den Arbeitsmarkt und die steigende Arbeitslosigkeit betreffen. Zu den *internalen Rahmenbedingungen* finanzieller Entscheidungen zählen die persönlichen Lebensereignisse, die unabhängig von wirtschaftlichen Entwicklungen eintreten können. Hierzu gehören insbesondere mangelnde Kenntnisse in der Haushaltsführung oder das Auftreten plötzlicher Kosten durch kritische Lebensereignisse wie Scheidung oder Krankheit. Einen Überblick über mögliche externale und internale Auslöser von Überschuldung liefert die Bundesregierung in ihrem 3. Armuts- und Reichtumsbericht.

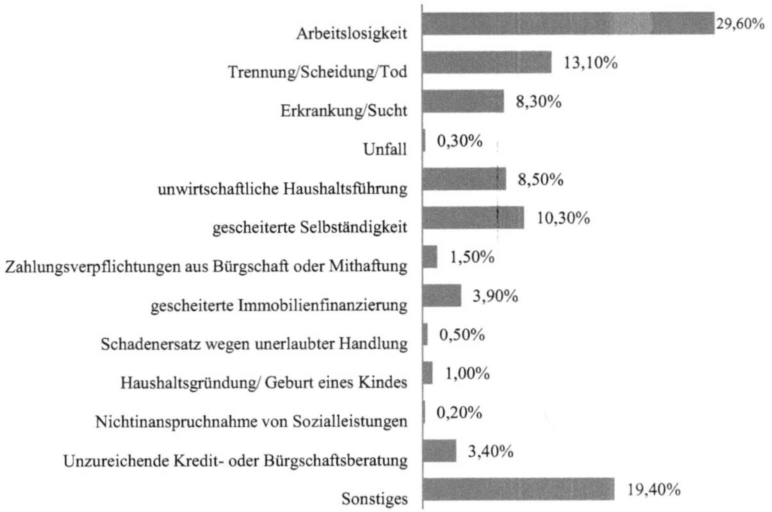

Abb. 6: Auslöser von Überschuldung (Datenbasis Überschuldungsstatistik des Statistischen Bundesamtes).

Abbildung 6 zeigt die wesentlichen Auslöser von Überschuldung. Die Arbeitslosigkeit bildet mit etwa 30% den statistisch häufigsten Einzelauslöser von Überschuldung. Kritische Lebensereignisse wie Trennung, Krankheit oder Tod spielen ebenfalls eine erhebliche Rolle. Die Faktoren unwirtschaftliche Haushaltsführung, gescheiterte Selbständigkeit, Zahlungsverpflichtungen aus Bürgschaft oder Mithaftung, gescheiterte Immobilienfinanzierung, Nichtinanspruchnahme von Sozialleistungen und unzureichende Kredit- oder Bürgschaftsberatung machen deutlich, in wie vielen Bereichen eine mangelnde Finanzbildung zumindest indirekt wirksam wird und Überschuldung provozieren kann. Hinsichtlich der Altersstruktur stellt das statistische Bundesamt (2008) fest, dass überwiegend Erwachsene in der Phase der Haushalts- und Familiengründung Beratungsbedarf anmelden.

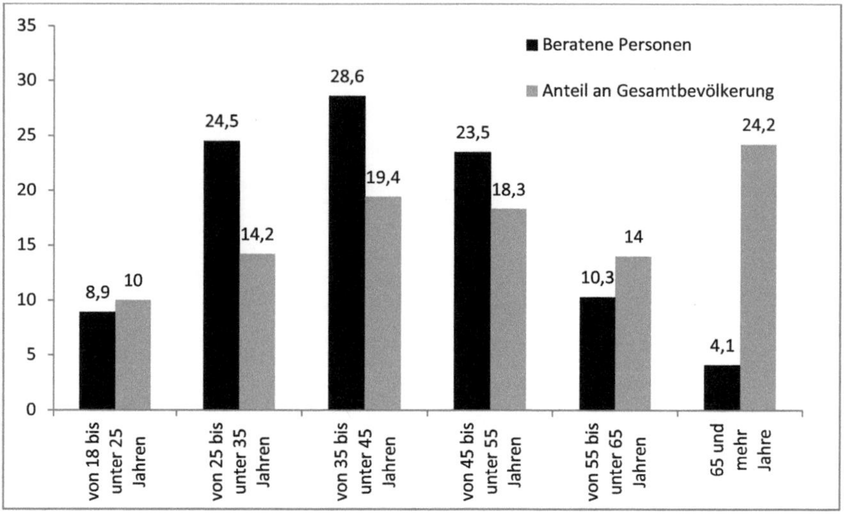

Abb. 7: *Beratene Personen und Gesamtbevölkerung 2007 nach Altersklassen (Quelle: Statistisches Bundesamt 2008. Datenbasis: Mikrozensus/ Statistik zur Überschuldung privater Haushalte).*

Die Abbildung 7 zeigt den Anteil beratener Personen nach Altersklassen. Den Hauptanteil an beratenen Personen bildet die Alterskohorte von 25 bis unter 55 Jahren. In diese Altersspanne fallen in der Regel Investitionsschulden durch risikoträchtige Anschaffungen wie z. B. Immobilien. In der Altersklasse von 18 bis 25 Jahren lassen sich mit etwa 9% entsprechend weniger Personen beraten. Dort spielen eher Konsumschulden eine vordergründige Rolle (Korczak 2005). Der Schuldenbarometer 2009 stellt dagegen fest, dass vermehrt junge Menschen von einer zunehmenden Schuldenlast tangiert sind. Auf alle Altersgruppen gerechnet kann für das Jahr 2009 ein Zuwachs der angemeldeten Privatinsolvenzen um etwa 9% im Vergleich zu 2008 festgestellt werden. Hauptverantwortlich für diesen Gesamtanstieg ist die Gruppe der jungen Erwachsenen zwischen 18 bis 25 Jahren. In dieser spezifischen Alterskohorte sind rund 35% mehr Privatinsolvenzen angemeldet worden, als im Vorjahr[27] (Bürgel 2010, S. 6). Statistisch erfasst werden jedoch nur diejenigen Personen, die in einem zentralen Schuldnerregister geführt werden oder eine Schuldnerberatungsstelle freiwillig oder als

27 Absolute Werte: 5.233 Fälle in 2008 und 7.038 Fälle in 2009 (Bürgel 2010, S.6).

Auflage aus einer sog. Eingliederungsvereinbarung[28] aufsuchen. Es ist daher mit einer nicht zu unterschätzenden Dunkelziffer von verschuldeten Personen zu rechnen, die als überschuldungsgefährdet einzustufen und im Zuge von Beratungen bislang noch nicht in Erscheinung getreten sind. Gleichwohl gilt es, die Menge der jungen Menschen nicht außer Acht zu lassen, die noch im elterlichen Haushalt leben und darüber zumindest indirekt von Schulden betroffen sein können. Hier besteht insbesondere die Gefahr der Übernahme schuldenaffiner Handlungsmuster über das Lernen am Modell. Reifner (2004, S. 4) bestätigt überdies deutliche Wissensdefizite im Bereich von Finanzdienstleistungen v.a. in den unteren Einkommensschichten. Diese Vermutung wird durch die Ergebnisse eines früheren Schufa Kreditkompass‘ (2004) untermauert. Hier wird festgestellt, dass sich das Zahlungswissen proportional zum Bildungsgrad und Einkommen verhält und ein geringeres Zahlungswissen mit einer höheren Schuldenneigung korrespondiert (Walbrühl 2006, S. 17).

An das Risiko der Ver- und Überschuldung sind gleichermaßen Fragen nach den sozialen und gesundheitlichen Folgen gebunden, weswegen dieser Forschungsbereich eine hohe interdisziplinäre Tragkraft besitzt. Eine klare Zuordnung zu einer wissenschaftlichen Disziplin ist für die Thematik „Umgang mit Geld“ nur schwer möglich. Mit der vorliegenden Arbeit wird daher ein interdisziplinäres Thema behandelt, welches unter dem Fokus wirtschaftspädagogischer Fragestellungen steht.

2.2.4.2 Juvenile Ver- und Überschuldung in Deutschland

Befunde über juvenile Verschuldung deuten darauf hin, dass es nicht allen jungen Menschen gelingt, einen angemessenen und auf Nachhaltigkeit ausgelegten Umgang mit Geld zu entwickeln. Zum Status Quo früher Schulden existiert eine Vielzahl von Studien unterschiedlichster Träger und Interessensgruppen. Die folgenden Ausführungen liefern einen Überblick über die Lage der jungen Schuldner in Deutschland. Demnach nehmen die Jugendlichen und jungen Erwachsenen einen Anteil von 13% am Gesamtanteil aller Verschuldeten[29] ein (Schufa Schuldenkompass 2007, S. 48). Für die volljährigen jungen Erwachsenen zeigt sich, dass bereits 12% bei den 20-21 Jährigen und 22% bei den 22-24

28 §15, SGBII

29 Im Zeitraum von 2004 bis einschließlich 2007.

Jährigen verschuldet sind. 7% der 18-24 Jährigen gelten sogar als überschuldet (Korczak 2006, S. 164). Zudem ist der Anstieg an gemeldeten Privatinsolvenzen im ersten Halbjahr 2010 in der Hauptsache auf die Gruppe der unter 25-Jährigen zurückzuführen, die mit ca. 47% Zunahme an neu gemeldeten Privatinsolvenzen den Hauptanteil für sich verbuchen (Bürgel 2010). Bei den Erläuterungen zur juvenilen Verschuldung gilt zu beachten, dass der Begriff *Jugendverschuldung* wissenschaftlich bislang nicht eindeutig definiert ist. Es existierten keine festen Altersgrenzen, innerhalb derer der Begriff „Jugendverschuldung" Gültigkeit besitzt. Zum anderen gelten zumindest für Jugendliche unter 18 Jahren besondere Randbedingungen, wenn es um Verschuldung geht (Reifner 2006, S.6). Da diese Gruppe die volle Geschäftsfähigkeit noch nicht erreicht hat, treten deren Schulden überwiegend im privaten Umfeld auf. Umso schwieriger ist es, diese einer empirischen Erfassung zugänglich zu machen. Laut einer Studie aus Österreich zur jugendlichen Verschuldung nehmen die meisten jungen Schuldner zunächst ihr unmittelbares privates Umfeld als Gläubiger in Anspruch. Etwa 43% der Jugendlichen sind bei ihren Eltern, etwa 40% bei ihren Freunden verpflichtet (Gabanyi, Hemedinger & Lehner 2007, S. 54). Dieser Anteil jugendlicher Schuldner tritt im Rahmen der Darstellung empirischer Ergebnisse von Wirtschaftsauskunfteien gar nicht erst in Erscheinung. Es kann daher angenommen werden, dass der tatsächliche Anteil verschuldeter Jugendlicher und junger Erwachsener oberhalb der genannten Werte liegt. Korczak (2006, S. 164) erkennt als die drei wesentlichen Gründe für Jugendverschuldung die Anschaffung teurer Güter wie z. B. PKW oder Unterhaltungsmedien (67%), eine unzulängliche Wirtschaftsplanung (36%) sowie die Erhöhung der fixen Lebenshaltungskosten, z. B. durch den Bezug einer eigenen Wohnung (22%). Diesen Befund bestätigt Lange (2004, S. 157) in seiner Untersuchung zum Jugendkonsum. Im Ergebnis zeigt sich, dass 18% der Jugendlichen zwischen 15 und 24 Jahren als verschuldet gelten. 7% der Befragten können außerdem als überschuldet[30] gelten (Lange 2004, S. 150). Mehrheitlich machen die Jugendlichen und jungen Erwachsenen die Schulden bei ihren Eltern und Freunden. Im Durchschnitt liegt der Schuldenbetrag bei 900 Euro. Negative Schufa-Einträge sind bei der Gruppe der 18-24 Jährigen am häufigsten durch Mobiltelefonschulden verursacht (Korczak

30 Hier setzt Lange (2004) seine speziell für die Bezugsgruppe entwickelte Definition von Überschuldung an, d.h. die Höhe der Schulden übersteigt die Höhe der monatlichen Einkünfte.

2006, S. 165). Was die Höhe der Schulden Jugendlicher und junger Erwachsener betrifft, so pendeln die Angaben der einschlägigen Studien zwischen durchschnittlich 3728 Euro und 8411 Euro (vgl. Statistisches Bundesamt 2011; Knobloch & Reifner 2010, S. 61; Schufa Kreditkompass 2011, S.59).

Die Befunde zu den Defiziten in der Regulation finanzieller Entscheidungen der jungen Menschen werden durch Studien gestützt, die speziell das Konsumverhalten[31] Jugendlicher und junger Erwachsener betreffen (s. Kapitel 2.2.3.1). Auf die Frage nach den (psychologischen) Ursachen früher Schulden finden sich dort überwiegend Zuschreibungen in eine spezifische Richtung. Den jungen Menschen fehle es am notwendigen Wissen, in angemessener Form mit ihren Finanzen zu haushalten (vgl. BMAS 2008; Gabanyi, Hemedinger & Lehner 2007; Krumpolt 2008). Auf Basis dieser Befunde erfährt das Thema „Finanzielle Bildung" in jüngster Zeit eine zunehmende Popularität. So stellt Piorkowsky (2008, S.4) fest, dass es erhebliche Wissens- und Handlungsdefizite im Umgang mit Geld und Gütern bei Menschen aus allen Bildungsschichten gibt. Finanzielle Bildung sei bislang insbesondere in den allgemeinbildenden Schulen nicht hinreichend verankert. Sie werde stattdessen häufig als integraler Bestandteil politikwissenschaftlicher und sozialwissenschaftlicher Unterrichtsinhalte thematisiert und sei zudem stark an den traditionellen Grundlagen der hochschulischen Betriebswirtschafts- und Volkswirtschaftslehre ausgerichtet (Piorkowsky 2008, S. 4). Ein Fokus der Bildungsangebote auf ökonomische Fragestellungen aus dem privaten Alltag fehlt bislang schulformübergreifend.

2.2.4.3 Armut

Mit dem Begriff der Schulden eng verbunden ist der Begriff *Armut*. Der Zustand der Armut ist in seinem populären Verständnis gekoppelt an die Frage nach dem individuellen Einkommen. Arm ist eine Person dann, wenn sie „über ein geringeres Einkommen verfügt, als zur Deckung eines minimalen Lebensstandards notwendig ist" (Andreß, Krüger & Sedlacek 2004, S. 4). Eine Überschuldungssituation kann die Gefahr einer eintretenden Armut steigern, insbesondere dann, wenn zur Überschuldung ein geringes Einkommen hinzutritt. Mit Armut verbunden ist gleichermaßen die Ausgrenzung aus der gesellschaftlichen Teilhabe.

---

31 Konsum bezeichnet die Befriedigung von Bedürfnissen anhand von Geldmitteln durch Güter oder Dienstleistungen, die bestimmte Kosten verursachen (Lange 2004, S. 114).

Es gibt *teilweise* und *zeitweise* Ausgrenzungen sowie fließende Übergänge zwischen Armut und Nicht-Armut. Dies spricht für einen graduellen und dynamischen Armutsbegriff. Auch wenn sich die Mobilität der Armutsbevölkerung in den letzten Jahren verringert hat und es mehr kleinere als größere Aufstiege gibt, ist Armut kein sich durchweg selbst verstärkender Prozess ohne Ausweg. Die meisten Armen, auch Langzeitarme, bewältigen ihre Lage aktiv, haben eine Ausstiegsperspektive und bleiben handlungsfähig. Insoweit bleibt die „Anschlussfähigkeit" an Nicht-Armut, Normalbiographie und normale Lebensführung auch bei längerfristiger Armut gewahrt (Andreß, Krüger & Sedlacek 2004, S. 3).

Armut kann auch anhand der Möglichkeiten zur sozialen Teilhabe erklärt werden. Der 3. Armuts- und Reichtumsbericht der Bundesregierung (BMAS 2008) setzt sich zum Ziel, soziale Teilhabe für alle Bevölkerungsschichten zu fördern. Armut wird hier als signifikanter Mangel an Teilhabe- und Verwirklichungschancen verstanden (Sen 2000). In diesem Zusammenhang steht nicht das Ausmaß der Nutzung monetärer und personaler Ressourcen, sondern das Vorhandensein von Verwirklichungschancen im Zentrum. Es wird neben der reinen Mittelverwendung auch die familiale Unterstützung mit einbezogen (Volkert et al. 2003, S. 59).

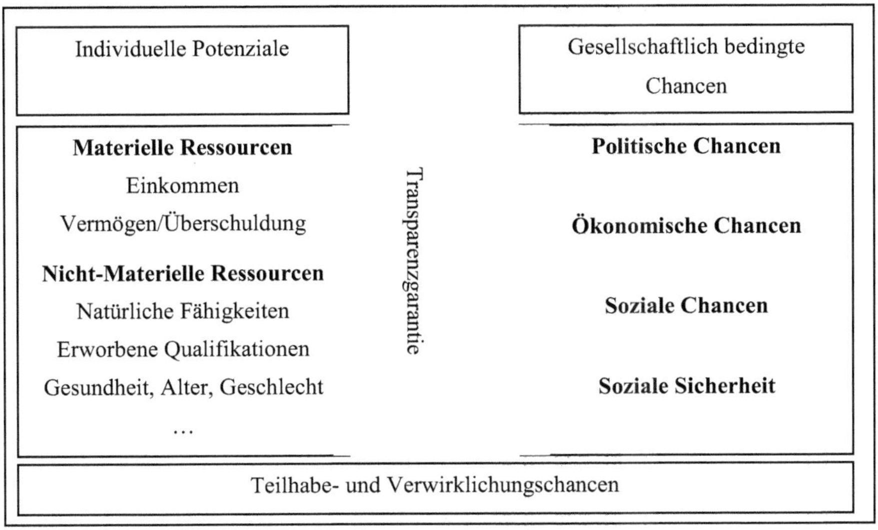

Abb. 8: Bereiche sozialer Teilhabe (in Anlehnung an Volkert et al. 2003, S. 62)

Die Option auf soziale Teilhabe und Verwirklichung generiert sich demzufolge aus den Wechselwirkungen zwischen individuellen Potenzialen und gesellschaftlich bedingten Chancen. Die Transparenzgarantie regelt die Nachvollziehbarkeit und Umsetzbarkeit der gesellschaftlichen Möglichkeiten durch das Individuum. Diese dürfen nicht nur formal bestehen. Armut ist demzufolge dann gegeben, wenn das Individuum nicht über angemessene materielle oder immaterielle Ressourcen verfügt und von der Nutzung gesellschaftlicher Chancen ausgeschlossen ist (Volkert et al. 2003, S. 66-67). Armut kann folglich nicht allein durch Einkommensanalysen erklärt werden, sondern schließt Defizite in den individuellen und sozialen Chancen mit ein. Neben der Analyse vorhandener materieller Ressourcen ist der Blick daher auf die individuellen Fähigkeiten sowie die sozialen Faktoren zu richten, wenn es um die Entwicklung von Maßnahmen zur nachhaltigen Eindämmung von Armut geht.

Im 3. Armuts- und Reichtumsbericht werden Ideen zur Förderung sozialer Teilhabe und individueller Verwirklichungschancen diskutiert. Der so entstandene „Maßnahmenkatalog" zentriert als eine der vielen Konsequenzen von Armut die Isolation des Einzelnen aus dem sozialen Netz. Soziale Isolation führt zu psychosozialer Destabilisierung und wirkt als negativer Prohibitor, der den Austritt aus der Armutsspirale zusätzlich erschwert. Mit sozialer Isolation sind in den meisten Fällen der Verlust des Arbeitsplatzes sowie ein Schwund an sozialem Kapital verbunden. Dies liegt daran, dass Schuldner nur ungern über ihre finanzielle Situation reden und die Teilnahme am sozialen Leben mit Kosten verbunden ist, die von den Schuldnern nicht ohne weiteres getragen werden können (Dessart & Kuylen 1986, S. 328). Bourdieu (1983, S. 188) definiert soziales Kapital als die „Gesamtheit der aktuellen und potenziellen Ressourcen, die mit der Teilhabe am Netz sozialer Beziehungen gegenseitigen Kennens und Anerkennens verbunden sein können". Diese Ressourcen können als materielle oder immaterielle Quelle zur Handlungsregulation herangezogen werden und spielen insofern auch immer bei der Entwicklung von Problemlösestrategien eine große Rolle. Individuen, die auf ausgeprägte und stabile soziale Netze zugreifen können, haben andere und ggf. vielfältigere Handlungsoptionen als Menschen, die der sozialen Isolation ausgesetzt sind. Dies wirkt sich negativ auf die Chancen zur sozialen Teilhabe und zur individuellen Verwirklichung aus. Überschuldung führt somit sowohl zu einer ökonomischen als auch zu einer psychosozialen Destabilisierung der Betroffenen (Knobloch, Reifner & Laatz 2009, S.15). Im Sinne einer gerechten Politik gilt es daher, diese Nachteile zu überbrücken und Wege zu finden, um soziale Teilhabe und individuelle Verwirklichung schichtenübergreifend zu fördern. Der Maßnahmenkatalog der Bundesregierung konzentriert sich auf Stützangebote aus den Bereichen Bildung, Weiterbildung, Betreuung und Beratung. Die Bundesregierung nennt als eines ihrer höchsten Ziele die Befreiung des Einzelnen aus der Abhängigkeit von staatlichen Transferzahlungen (BMAS 2008, S. I). Dies soll langfristig dazu beitragen, die betroffenen Bürgerinnen und Bürger aus der Armut zu führen. Die Ausführungen zu Schulden und Armut deuten darauf hin, dass es beim Umgang mit Geld um komplexe Vorgänge geht, die durch mannigfaltige Einflüsse bestimmt werden. Soziale Facetten sind stets ein Aspekt von Schulden und Armut. Strategien, die den Umgang mit Geld betreffen, gründen auf Motiven, die kognitiv-rational oder affektiv-emotional sein können oder aus der Interaktion mit sozialen Partnern entstehen. Alleine die Vermittlung formalen Wissens zu fokussieren kommt einer Vernachlässigung der emotionalen und sozialen Motive im Umgang mit Geld gleich. Es ist anzunehmen, dass eine vollständige Beschreibung der Faktoren zum selbstregulierten Umgang mit Geld über eine rein kognitive Dimension hinausgeht. Bislang fehlt hierzu die notwendige empirische Basis.

3 Finanzielle Bildung im nationalen und internationalen Diskurs

3.1 Finanzielle Allgemeinbildung

Finanzielle Allgemeinbildung zielt auf die kritische und bedarfsgerechte *Vermittlung von Wissen* zur Bewältigung finanzieller Entscheidungen ab. Zur Förderung finanzieller Allgemeinbildung werden Maßnahmen in Form von Programmen und Projekten angeboten, die in die schulischen Curricula eingebaut werden können[32] (vgl. Knobloch, Reifner 2010; Leinert 2004). Die Mehrheit dieser Programme zur Vermittlung finanzieller Allgemeinbildung fokussiert im Kern die Bedeutsamkeit kognitiver Prozesse. Motivationale und soziale Faktoren der Handlungsregulation werden in der Tendenz außen vor gelassen. Implizit ist damit die Idee verbunden, unangemessenes finanzielles Handeln[33] allein durch Wissensvermittlungsprozesse vermeiden zu können. Wissen kann zwar als ein wesentliches Element von Handlungsstrategien verstanden werden, jedoch bildet Wissen alleine keine hinreichende Basis zur Erklärung unangemessener Entscheidungen im finanziellen Gebaren, die z. B. anhand unkontrollierter Anhäufungen von Konsumschulden sichtbar werden. Entsprechend mehrdimensional modellieren Dessart und Kuylen (1986) die Entstehung von Schulden, obgleich beide Autoren die Relevanz des Wissens betonen. Neben rein kognitiven Faktoren werden soziale, psychologische sowie institutionelle Einflüsse diskutiert (Dessart & Kuylen 1986, S. 323). Die Kriterien einer Bank zur Kreditvergabe gehören bspw. zu den institutionellen Faktoren. Sozioökonomische Faktoren sind das Einkommen, die Rolle der Familie oder die Dauer der Beschäfti-

32 Bereits etabliert sind Unterrichtsmodule in den USA, die mit unterschiedlichen Schwerpunkten aufwarten können. Hier sind zu nennen: Money Smart Curriculum (U.S. Financial Literacy and Education Commission, 2010), Money Talks: Should I be listening?(Varcoe et al. 2005), High School Financial Planning Program (Danes, Huddleson-Casas & Boyce 1998).

33 Gemeint ist hier z. B. die unkontrollierte Anhäufung von Schulden, die auf der Basis fehlerhafter Einschätzungen entstehen, d.h. z. B. ungedeckte Kredite oder Konsumschulden, die Anschaffungen ermöglichen, die über die realistischen finanziellen Möglichkeiten der Schuldner hinausgehen. Hiervon ausgenommen sind alle Schuldenformen, die aus planvollen ökonomischen Überlegungen heraus entstehen, z. B. Kredite für Immobilien zum Vermögensaufbau, die mit dem verfügbaren Einkommen gedeckt sind.

gung. Psychologische oder Persönlichkeitsfaktoren betreffen z. B. individuelle Kontrollüberzeugungen oder Selbstwirksamkeitserwartungen[34] (vgl. Dessart & Kuylen 1986, S. 322-323; Walbrühl 2006, S. 20). Im Kontext von Schuldenproduktion und -tilgung werde auf alle Dimensionen zugegriffen. Furnham und Argyle (1998, S. 63) argumentieren, dass es für die Entwicklung von Lehrzielen zu ökonomischen Prinzipien unumgänglich sei, die Wahrnehmung junger Menschen zu ökonomischen Sachverhalten, deren Einstellung zu Geld und deren Konsumgewohnheiten mit zu berücksichtigen. Aus den Erkenntnissen der Bewältigungsforschung ist außerdem bekannt, dass autonomes Handeln die Entwicklung geeigneter Bewältigungskompetenzen voraussetzt, die wiederum durch eine Reihe von Prädiktoren befördert werden können (vgl. Loevinger 1976; Hy & Loevinger 1996):

- Positives Selbstbild
- Internale Kontrollüberzeugungen
- Vielfältige Interessen
- Konstruktive Problemlösefähigkeiten
- Materielle Ressourcen
- Soziale Kompetenzen

Ökonomische bzw. finanzielle Bildung mit dem Ziel, junge Menschen zur Mündigkeit in finanziellen Angelegenheiten zu erziehen, sollte demnach stets als ein Bündel aus verschiedenen Fähigkeiten verstanden werden, das sich aus mehreren Ebenen speist: einer kognitiven Ebene (Wissen), einer motivational-volitionalen Ebene (Interessen, Wünsche und Bereitschaften), einer sozialen Ebene (soziale Kompetenzen und soziale Einbindung) sowie einer personalen Ebene (Überzeugungen, Selbstwirksamkeitserwartungen, Selbstbestimmung und Selbstkonzept). In der Auseinandersetzung mit dem Bewältigungsbegriff gilt zu beachten, dass sich das Konzept historisch gesehen mit der *Beseitigung* stressbelasteter Situationen beschäftigt (Schumacher & Reschke 1994, S. 2). Durch die Vielzahl der Arbeiten, die den *Bewältigungsbegriff* in den Fokus stellen ist je-

---

34 Einige Autoren verwenden die Begriffe „Kontrollüberzeugungen" und „Selbstwirksamkeitserwartungen synonym (Lasogga & Gasch 2008, S.146). Andere Autoren sehen eine Trennbarkeit der Begriffe in dem Beitrag des Individuums zur Regulation eines Ereignisses. Es ist demnach ein Unterschied, ob ein Mensch glaubt, ein Ereignis könne kontrolliert werden (Kontrollüberzeugung) oder ob ein Mensch glaubt, er selbst könne das Ereignis steuern (Selbstwirksamkeitserwartung).

doch eine Unschärfe hinsichtlich dessen Fassbarkeit entstanden. Erst mit der Entwicklung des *Coping*-Konzepts entstand eine Segmentierung der Aufgaben nach Belastungs- und Entwicklungsbewältigung. In der Coping-Forschung wird Bewältigung als Prozess betrachtet, der auf der Basis eines Ungleichgewichts zwischen situativer Anforderung und individueller Kapazität eingeleitet wird (Schumacher & Reschke 1994, S. 2). Daneben ist ein Verständnis von Bewältigung entstanden, welches auf einer prinzipiellen Ebene die individuelle Auseinandersetzung mit Anforderungen betrachtet, ohne per se ein Missverhältnis zwischen Kapazität und Anforderungsniveau zu unterstellen (Schumacher & Reschke 1994, S. 5). Lazarus und Folkmann (1984, S. 141, zit. nach Schumacher & Reschke 1994, S. 5) definieren dementsprechend Bewältigung als „sich ständig verändernde kognitive und verhaltensmäßige Bemühungen bzw. Anstrengungen (efforts), mit spezifischen externen und/oder internen Anforderungen, die die Ressourcen einer Person beanspruchen oder übersteigen, fertig zu werden“. Bewältigung wird als handlungsregulierend und prozesshaft-dynamisch betrachtet. Gleichermaßen wird konstatiert, dass der Bewältigungsbegriff an sich keinen Hinweis auf den Erfolg einer Handlung beinhaltet, wenngleich im alltäglichen Sprachgebrauch der Begriff positiv konnotiert ist. Nicht erfolgreiches Handeln wird dem Bewältigungsbegriff gleichermaßen subsummiert (Schumacher & Reschke 1994, S. 6). Insofern empfiehlt es sich je nach Fragestellung, dem Bewältigungskonzept zusätzliche Adjektive, wie „angemessen“, „gelingend“ oder „erfolgreich“ hinzuzufügen. Solche erfolgreichen Bewältigungsversuche sind ihrerseits durch zwei Kriterien gekennzeichnet. Zum einen handelt es sich um eine aktive Auseinandersetzung mit einer Anforderungssituation, die auch Interaktionen mit dem sozialen Umfeld auslöst. Zum anderen werden Bewältigungsmechanismen flexibel eingesetzt, d.h. auf Basis einer vorhergehenden Bewertung der jeweiligen Anforderungssituation (vgl. Heim 1988, S. 10; Schumacher & Reschke 1994, S. 7). Hieraus ergibt sich die Konsequenz, dass Bewältigung nicht nur personale, sondern auch soziale Ressourcen gebraucht. Nach Schumacher und Reschke (1994, S. 8) ist hierfür die wahrgenommene soziale Unterstützung aus dem sozialen Netzwerk von großer Bedeutung.

Werden die förderlichen Bedingungen für Bewältigung auf einer theoretischen Basis betrachtet, so wird deutlich, dass insbesondere internale Faktoren wie ein positives Selbstbild oder individuelle Selbstwirksamkeitserwartungen eine entscheidende Rolle spielen. Dies kann analog für die Bewältigungsaufgaben innerhalb der spezifischen Domäne ökonomischer Entscheidungen gelten. Insofern erscheint es wiederum wenig zielführend, Wissen alleine als regulierende Kraft ökonomischen Handelns zu interpretieren.

Vielfach versuchen Studien zur Beschreibung von Bewältigungsprozessen überdies, das individuelle Bewältigungsverhalten in eine Typologie einzuordnen, die sich an den folgenden Formen orientiert (Rahn 2005, S. 93):

- Aktive Bewältigung unter Nutzung sozialer Ressourcen
- Internale Bewältigungsstrategien
- Problemvermeidungsstrategien

An diesen Typen wird abermals die Bedeutsamkeit sozialer und internaler Faktoren deutlich. Für die Phase der Adoleszenz müssen in der Forschung zum Bewältigungshandeln zudem viele Besonderheiten berücksichtigt werden (Rahn 2005, S. 91). Bewältigung richtet sich in dieser Lebensphase nicht nur auf stressbelastete oder krisenhafte Situationen, sondern auch auf anstehende Entwicklungsaufgaben (Rahn 2005, S. 92). Zu diesen spezifischen Entwicklungsaufgaben gehört das Erreichen finanzieller Autonomie. Damit verbunden sind vor allem individuelle Herausforderungen, die die berufliche Ausbildung sowie ein nachhaltiges, d.h. zur Bewältigung zukünftiger monetärer Anforderungen angemessenes finanzielles Handeln betreffen. Es wird deutlich, dass zu einer autonomen Lebensbewältigung eine entsprechende Handlungsfähigkeit in finanziellen Entscheidungen erwartet werden kann und muss. Wird monetäres Handeln als mehrdimensional begründet verstanden, können rein auf den Aufbau von finanzwirtschaftlichem Wissen ausgerichtete Vermittlungsversuche nicht ausreichend sein, um finanzielle Handlungskompetenz zu fördern. Umfassendere Ansätze zur Förderung von Finanzkompetenz finden sich ggf. im internationalen Forschungszusammenhang. Hier lohnt es, einen Blick auf die bereits langjährig etablierte Forschung zur *Financial Literacy* zu werfen.

3.2 Financial Literacy, Financial Capability und Financial Behavior

Die Problematik defizitären finanziellen Wissens findet im englischsprachigen Raum ihren Niederschlag in den Forschungsbemühungen zur *Financial Illiteracy*. Die Forschungen in diesem Bereich gewinnen angesichts der Finanz- und Wirtschaftskrise besondere Brisanz (Behrmann et al. 2010). Die Definitionen zur Financial Literacy gestalten sich gleichwohl uneinheitlich. Zuweilen werden monetäre Handlungsfelder[35] typisiert, wobei mit Financial Literacy die Anforderung an Individuen verbunden ist, in diesen Handlungsfeldern geeignete Strategien zu entwickeln. Mason und Wilson (2000, S. 31) definieren Financial Literacy als „Befähigung, notwendige Informationen zur Entwicklung finanzieller Entscheidungsstrategien zu beschaffen, diese zu verstehen und zu bewerten". Entscheidungen sollen stets unter Abwägung der möglichen Konsequenzen getroffen werden (Mason & Wilson 2000, S. 31). Mit der Ausdehnung auf die pädagogischen Konzepte des Verstehens und Bewertens gehen Mason und Wilson (2000) über eine rein kognitiv-fachorientierte Sichtweise von Literacy[36] hinaus. In vielen Forschungszusammenhängen wird der Begriff breit definiert und schließt komplexe Verstehens- und Transferprozesse in spezifischen Situationen ein. Vitt (2000) definiert Financial Literacy als die Fähigkeit, die individuelle Finanzsituation zu kennen, zu analysieren und darüber kommunizieren zu können. Dies schließt die Fähigkeiten mit ein, finanzielle Entscheidungen abzuwägen, über finanzielle Themen souverän diskutieren, zukunftsorientiert zu planen und mit alltäglichen finanziellen Entscheidungen selbstgesteuert und kompetent umgehen zu können. Pang (2009, S. 3) erweitert dieses auf private Zusammenhänge ausgelegte Verständnis um die Einsicht in makroökonomische Entscheidungen der Weltwirtschaft. Das Individuum sollte nach seiner Auffassung lernen, ökonomische Daten zu verstehen und interpretieren zu können sowie finanzielle Sachverhalte auf der Basis relevanter ökonomischer Konzepte und Prinzipien zu analysieren. Studien in den USA, in Asien und Europa – auch in Deutschland - zeigen bislang eine gering ausgeprägte finanzielle Allgemeinbildung (Bundesverband deutscher Banken 2009). Pang (2009, S. 3) fordert daher

35 Die am häufigsten genannten Handlungsfelder sind die Gebiete Sparen, Schulden, Investitionen (Stäheli & Zobl 2008)

36 Literacy entspricht in seiner ursprünglichen Bedeutung dem Begriff der Alphabetisierung (Kalman 2008, S. 523).

eine Implementierung von Financial Literacy Standards in schulischen Curricula. Er definiert hierzu ein zentrales Set ökonomischer Konzepte, die als Kernkonzepte für finanzwirtschaftliche Entscheidungen dienen und insofern die Basis der Vermittlung finanzieller Inhalte bilden sollen. Diese zentralen Themen sind:

- Sparen, Konsumieren und Investieren
- Risiko, Rendite und Liquidität
- Opportunitätskosten
- Inflation und Deflation
- Barwert und Abschreibung

Ford und Jones (2006, S. 248-249) definieren hierzu alternative Inhaltsbereiche. Zu dem Bereich *Basic Financial Understanding* zählen sie das Verständnis über Zahlungsmethoden, Kredite und Zinsen. Der Bereich *Financial Services* umfasst Fragen der Altersvorsorge[37] sowie das Verständnis von Finanzdienstleistungen wie z. B. Versicherungen oder Sparformen. *Managing Financial Affairs* betrifft die Abwicklung und Optimierung von Bankgeschäften. Hierzu zählen Tätigkeiten wie die Kontrolle von Überweisungen, der Vergleich von Zinsen zur Maximierung des Zinsertrags oder die Fähigkeit zur einfachen Gegenüberstellung von Ausgaben und Einnahmen. *Attitudes To Money* bezieht sich auf die persönliche Einstellung zu finanziellen Themen wie Sparen oder Schulden. Laut Ford und Jones (2006, S. 248-249) gilt es, die genannten Inhaltsbereiche bei der Entwicklung von Maßnahmen zur Förderung von Financial Literacy zu berücksichtigen. Allein die Frage nach dem *„Wie?"* bleibt unbeantwortet. Lusardi (2008, S. 20) akzentuiert die Notwendigkeit einer breiten Förderung von Financial Literacy. „In the current economic environment, it is essential to equip costumers with the necessary tools to make informed choices. One of these tools is financial literacy". Die OECD definiert Financial Literacy als „Wissen um die persönlichen finanziellen Angelegenheiten, welches ausreicht, um eine Person zu befähigen, Sparvorhaben einzugehen, Investitionen zu tätigen und Kontostände zu prüfen, ein Haushaltsbudget aufzustellen und zu unterhalten, mit persönlichen Schulden umzugehen, einen Konsumkredit zu verstehen und kapitaldienstmäßig zu bedienen, persönliche Kreditoptionen abzuschätzen und zu ver-

---

37 Auf die Bedeutsamkeit der privaten Altersvorsorge weisen eine Reihe weiterer Autoren hin (vgl. Leinert 2004; Lusardi 2007; Lusardi, Mitchell & Curto 2009).

stehen und letztendlich zu unterscheiden zwischen kurz- und langfristigen Investitionsmöglichkeiten“ (2005, zit. nach Stäheli, Zobl & Hobein 2008, S. III). Es wird auf den ersten Blick deutlich, dass diese summative Definition auf Basis von Beschreibungen multipler monetärer Handlungsfelder kaum dazu beitragen kann, die Erfordernisse eines angemessenen Umgangs mit Geld auf abstrakter Ebene mit wenigen Bezugsdimensionen und ohne Redundanzen zu auf den Punkt zu bringen. Eine differenziertere und strukturierte Annäherung an den Begriff der Financial Literacy liefern Jacob, Hudson und Bush (2000, S. 8). Sie untergliedern Financial Literacy in drei wesentliche Bereiche der Handlungsregulation. Sie betrachten allgemeines ökonomisches Wissen, Wissen über Rechte und Pflichten in finanziellen Situationen sowie das Wissen über die eigenen Finanzen als die maßgeblichen Pfeiler zur Etablierung einer Financial Literacy, die den erfolgreichen Umgang mit Geld verspricht.

Die Forschungen zur Financial Literacy greifen die Notwendigkeit einer breiten Vermittlung von Fähigkeiten zur Bewältigung individueller finanzieller Entscheidungen auf. Sie basieren somit auf analogen Überlegungen wie die Forschungen zur finanziellen Handlungskompetenz. Im Unterschied hierzu konzentrieren sich die Überlegungen zur Financial Literacy vorwiegend auf den Wissenserwerb. Sie bieten im Vergleich mit dem Konzept der finanziellen Allgemeinbildung zwar den Hinweis, dass stärker die persönlichen Fähigkeiten im Zentrum stehen sollten, erreichen aber keinen inhaltlichen Mehrwert. Die Ansätze verbindend kann festgehalten werden, dass es bislang keine einheitliche Definition zur Financial Literacy gibt. Ebenen, die systemtheoretisch voneinander getrennt werden müssten, werden nicht klar voneinander abgegrenzt. So erscheint es zunächst sinnvoll, monetäre Handlungsfelder als Merkmale der Umwelt-Systemebene des Individuums zu beschreiben und diese in Abgrenzung zu den individuellen Fähigkeiten und Fertigkeiten, die auf der Personen-Ebene anzusiedeln sind, zu definieren.

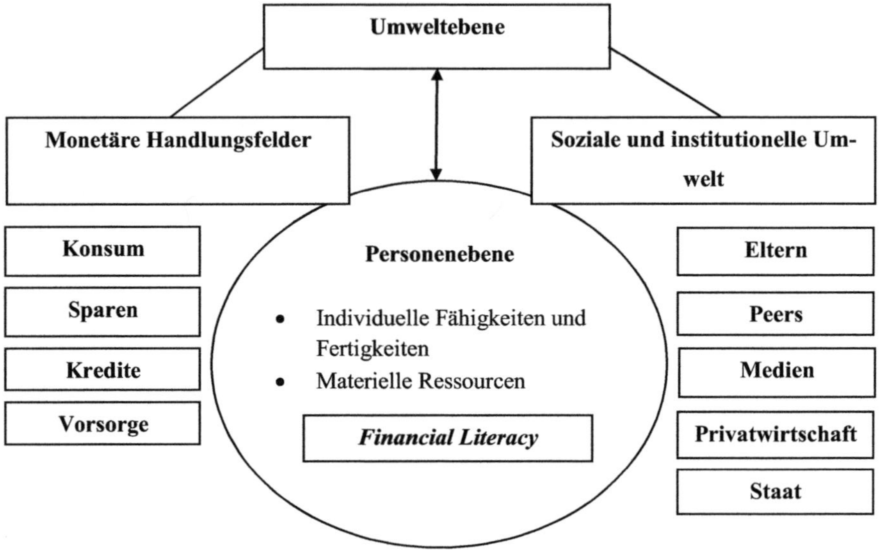

Abb. 9: Ebenen finanzieller Handlungen

Financial Literacy wird demnach als fähigkeitsorientiertes Konstrukt der Personenebene zugeordnet, steht jedoch in Wechselwirkung zu der Umweltebene mit ihren sozialen Akteuren und den monetären Handlungsfeldern, innerhalb derer sich das Individuum in der Anwendung finanzieller Strategien bewegt. Hier wird erneut der Bezug zum entwicklungstheoretischen Modell Bronfenbrenners (1989) deutlich. Das Individuum wird mit seinen individuellen Fähigkeiten und Fertigkeiten in das Zentrum der theoretischen Überlegungen gestellt. Die Umweltebenen beziehen sich auf *settings* (monetäre Handlungsfelder), an denen das Individuum selbst aktiv beteiligt ist (Exoystem) sowie auf soziale settings wie der Familien- oder Freundeskreis (Mikrosystem) oder Bereiche, die die Entwicklung des Individuums ohne dessen aktive Beteiligung beeinflussen, wie z. B. die Medien (Mesosystem). Letztlich spielen übergreifende Felder wie z. B. staatliche Regularien (Makrosystem) eine Rolle.

Aufgrund der bislang fehlenden Schärfe des Financial Literacy-Begriffes gestaltet sich auch dessen Operationalisierung nicht problemlos (Holzmann 2010, S. 2). Schlussendlich festgehalten werden muss die Tatsache, dass eine ausgeprägte Financial Literacy kein Garant für das Treffen der „richtigen" Finanzentscheidungen bildet. Hierzu erscheint das Konzept zu stark an der Bereitstellung von deklarativen Informationen ausgerichtet zu sein. „Financial literacy can only ensure individuals are informed to make decisions, it cannot ensure the *right* decision is actually made“ (Mason & Wilson 2000, S. 32). Auf Basis der weitestgehend auf kognitiven Prozessen beruhenden Definitionen bewegen sich die Forschungen zur Financial Literacy auch überwiegend im Feld der Wissensdiagnostik.

Aufgrund der dargestellten definitorischen und inhaltlichen Lücken kam es in neuerer Zeit zu einer Verschiebung des Zielbegriffs weg von *Financial Literacy* hin zu einem Verständnis um den Begriff der *Financial Capability*. Financial Capability stellt eine Erweiterung des bislang auf kognitive Zielgrößen ausgerichteten Financial Literacy Ansatzes dar. Holzmann (2010, S. 4) bietet zur Beschreibung von Financial Capability folgende Definition an: „A financial capable person is one who has the knowledge, skills and confidence to be aware of financial opportunities, to know where to go for help, to make informed choices, and to make effective action to improve his or her financial well-being while an enabling environment for financial capability building would promote the acquisition of those skills”. Financial Literacy kann als integraler Bestandteil von Financial Capability verstanden werden. Gleichzeitig wird deutlich, dass selbstregulatorische Größen wie *Confidence*, also das Vertrauen in die eigenen Fähigkeiten bzw. die Selbstwirksamkeitserwartung zum Tragen kommen. Ebenso wird die Bedeutung des selbständigen Handelns in der neueren Sichtweise berücksichtigt. Bislang erfährt der erweiterte Begriff der Financial Capability nur eingeschränkte Popularität, weswegen in vielen Zusammenhängen noch von Financial Literacy gesprochen wird. Es kann abschließend festgehalten werden, dass die internationalen Bemühungen um das Thema eine ähnliche Entwicklung erfahren haben, wie die ansässige Forschung zur finanziellen Handlungskompetenz. Die Befunde aus den Studien und Schriften zur Financial Literacy und Financial Capability bestätigen im Wesentlichen die dieser Arbeit zugrunde liegende Annahme, der Umgang mit Geld sei von weit mehr Faktoren determiniert als dem Erwerb und der Anwendung von finanzwirtschaftlichem Wissen. Dies zeigt sich insbesondere durch die langsame Etablierung eines Begriffs der Financial Capability, welcher Aspekte wie Selbstwirksamkeitserwartungen, selbständiges Handeln, aber auch persönliche Einstellungen integriert. Der angenommenen Mehrdimensionalität von Handlungsregulation wird damit Rechnung getragen. Für den hiesigen Zusammenhang, der den Begriff der finanziellen Handlungskompetenz ins Zentrum stellt, ist jedoch ein besonderes Augenmerk auf die Bedeutung des Kompetenzbegriffs zu legen. Aus diesem Grund schließt sich das Folgekapitel mit einer Auseinandersetzung über die Relevanz und die Nützlichkeit des Kompetenzbegriffs im gegebenen Sachverhalt an.

3.3 Finanzielle (Handlungs-)Kompetenz

Der Schufa Schuldenkompass 2008 weist darauf hin, dass Finanzkompetenz nicht nur den Umgang mit Geld bezeichnet. „Im umfassenderen Sinn ist es die Kompetenz zur Gewinnung und nachhaltigen Nutzung finanzieller Mittel und Finanzdienstleistungen. Dies schließt sowohl die Abwägung von Bedürfnissen und Alternativen der Bedürfnisbefriedigung als auch den Blick auf die langfristige Vermögenssicherung ein“ (Schufa Holding AG 2008, S. 38). Finanzkompetenz wird bislang überwiegend auf die *Kenntnis* von Finanzdienstleistungen und -produkten und die damit verbundene (vermutete) Fähigkeit zur Antizipation möglicher Folgen und Risiken bezogen. Die Begriffe „Finanzielle Urteilsfähigkeit“, „Finanzkompetenz“, „finanzielle Handlungskompetenz“ oder „Finanzwissen“ werden nicht selten als synonyme Konstrukte verwendet. Wie in Kapitel 3.2 dargelegt, lässt sich auch der Begriff der „Financial Literacy“ nicht trennscharf abgrenzen. Aus dieser auf kognitive Prozesse reduzierten Vorstellung von erfolgreichem monetärem Handeln resultiert weithin die Empfehlung einer durch Schulen zu leistenden Wissensvermittlung finanzwirtschaftlicher Inhalte. Die erforderlichen finanzwirtschaftlichen Inhalte sollen fest in Lehrplänen verankert werden (Gabanyi, Hemedinger & Lehner 2007, S. 21). Damit verbunden ist die Vorstellung, das Problem der zunehmenden finanziellen Schieflagen insbesondere junger Menschen könne durch eine breit angelegte Offensive auf die defizitären kognitiven Strukturen in Finanzfragen nachhaltig eingedämmt werden.

Die Kongruenz von finanzwirtschaftlichem *Wissen* und Finanz*kompetenz* muss angesichts der aktuellen Befundlage im Feld der Kompetenzforschung angezweifelt werden. Es ist weiterhin zweifelhaft, welchen Beitrag der Begriff der Kompetenz zur theoretischen Erklärung finanzieller Urteilsfähigkeit liefern kann und ob mit ihm nicht zusätzliche Probleme der Operationalisierbarkeit entstehen. In der Tendenz drängt sich der Eindruck auf, dass der Begriff der „Kompetenz“ in Zusammenhang mit finanziellem Handeln bislang mehr aus Gründen der hohen kommunikativen Sättigung und dessen Status als Richtschnur für erfolgreiches Handeln, denn aus Gründen einer systematisch-analytischen Auseinandersetzung mit dem Kompetenzkonstrukt gebraucht wird. Mit der zunehmenden Verbreiterung des Begriffs in immer mehr Disziplinen wird der Anwendungszusammenhang deutlich beliebiger. Die fehlende Schärfe der Begriffsverwendung wird an solchen Definitionen greifbar, die nicht klar zwischen dem Definiens und dem Definiendum zu trennen vermögen. So beschreibt Mantseris (2008, S. 1-2) Finanzkompetenz als „Kompetenz zur Gewinnung und nachhaltigen Nutzung finanzieller Mittel und Finanzdienstleistungen. Dies schließt die Abwägung von Bedürfnissen und Alternativen der Bedürfnisbefriedigung ein und hat stets auch die langfristige Vermögenssicherung im Blick". Was unter *Kompetenz* verstanden werden soll, bleibt unbeantwortet. Klarheit entsteht auch in den weiteren Ausführungen nicht, wenn Mantseris (2008, S. 2) thematisiert, dass Finanzkompetenz „mehr als Wissen um finanzielle Themen oder *gesonderte Kompetenzen* im Umgang mit Finanzdienstleistungen" umfasst. Es sei vielmehr „die Gesamtheit aller Fähigkeiten und deren Kombination zu beachten, die nötig wird, um die finanziellen Aufgaben im Alltag zu bewältigen" (Mantseris 2008, S. 2). Gleichermaßen wird eingeräumt, dass die Objektivierbarkeit von Finanzkompetenz noch aussteht (Mantseris 2008, S. 8).

Unabhängig davon, ob der Kompetenzbegriff für die vorliegende Fragestellung von Nützlichkeit sein kann, liefert die Auseinandersetzung mit den Erkenntnissen der Kompetenzdiagnostik eine Reihe von Hinweisen zur Interpretation der interessierenden Variablen. Insofern lohnt ein theoretischer Dialog aus den Für- und Widerpositionen zu dem Begriff der Kompetenz als Fähigkeitskonstrukt. Dessen Nützlichkeit zur Erklärung der Fähigkeiten junger Menschen bei alltäglichen finanziellen Entscheidungen ist auf Basis der herrschenden Uneinigkeit über das Wesen der Kompetenz zunächst nur schwer zu begründen. Zudem mangelt es an einer Systematisierung und Differenzierung von Kompetenzstufen sowie über die Entwicklung von Kompetenzen im Unterricht (Breuer, Tauschek, Becker, Ettmüller & Etzkorn 2009). Insbesondere im Bereich der beruflichen Bildung kommen weitere Probleme hinzu. So erweist sich die Vielzahl der erlernbaren Berufe mit unterschiedlichsten beruflichen Aufgaben als eine wesentliche Barriere bei dem Versuch, übergeordnete berufliche Domänen und die mit ihnen verbundenen Kompetenzen zu begründen (Rauner 2008, S. 86-87). In den gewerblich-technischen Berufen verschärft sich diese Barriere durch schnelle technologische Entwicklungen, wodurch „für die Entwicklung von Berufsbildern und beruflichen Bildungsgängen von einem ständigen Modernitätsdefizit ausgegangen werden kann" (Rauner 2008, S. 87). Weiterhin werden internationale Bemühungen um einen Kompetenzbegriff, der Gültigkeit im Bereich der beruflichen Bildung besitzt dadurch erschwert, dass berufliche Fähigkeiten und Fertigkeiten in verschiedenen Ländern sehr unterschiedlich vermittelt werden (Rauner 2008, S. 87). Dies gründet sowohl auf inhaltlich unterschiedlichen Schwerpunkten bei der beruflichen Ausbildung als auch auf verschiedenen Systemen der Berufsausbildung im Ländervergleich, die zwischen vollschulischen und vollbetrieblichen Formen sowie Mischformen variieren können. Dennoch gibt es Bemühungen, den Kompetenzbegriff für die berufliche Bildung greifbar zu machen. Die inhaltliche Auseinandersetzung mit diesen Ansätzen liefert den theoretischen Nährboden für die Beurteilung des Begriffs der *finanziellen Handlungskompetenz*, der nicht nur im Rahmen der vorliegenden Arbeit zur Anwendung kommt, sondern mittlerweile in der gesellschaftlichen Diskussion um finanzielle Bildung enorme Popularität erfährt. Im Folgenden werden unterschiedliche Kompetenzdefinitionen aus dem Bereich der wirtschaftspädagogischen und psychologischen Forschung diskutiert. Über die Synthese der verschiedenen Theorien zur Kompetenz wird die Brauchbarkeit des Begriffs für den hiesigen Kontext beurteilt.

Klieme, Maag-Merki und *Hartig* (2007) verstehen unter Kompetenz erfolgreiches Handeln innerhalb eines klar definierbaren Kontextes. „Über Kompetenz in einem bestimmten Bereich zu verfügen, bedeutet in diesem Bereich erfolgreich handeln zu können; Inkompetenz heißt, den Anforderungen in diesem Bereich nicht gewachsen zu sein“ (Klieme, Maag-Merki & Hartig 2007, S. 5). Sie führen an, dass der Begriff der Kompetenz bis heute als pädagogischer Begriff nicht eindeutig definiert ist. Wenn internationale Veröffentlichungen mit einbezogen werden, wird die begriffliche Unschärfe noch deutlicher. Generell kann der Erfolg des Begriffs „Kompetenz“ darauf zurückgeführt werden, dass er einen Gegenpol zur klassischen kognitiven Leistungsdiagnostik bildet, insofern er neben der rein auf Inhalte bezogenen Testung auch die Anforderungen in realen beruflichen Situationen mit einbezieht. Die Messung von Kompetenzen bedarf einer Kontextspezifität (Klieme, Maag-Merki & Hartig 2007, S. 6). Deutlich herausgestellt wird bei Klieme, Maag-Merki und Hartig (2007, S. 9) der Ansatz, dass sich Bildung und Qualifizierung heute nicht mehr an einem festen Kanon *fachlicher* Kenntnisse beschreiben lässt. Wissen muss vielmehr auf neue und unterschiedliche Situationen anwendbar sein. Hierzu müssen Menschen vernetztes Wissen aufbauen und die Fähigkeit zu selbstreguliertem Handeln und insbesondere zum selbständigen Lernen entwickeln. Sie müssen weiterhin Problemlösefähigkeit sowie soziale und kommunikative Fähigkeiten ausbauen. Diese Fähigkeiten werden in verschiedenen Typen von Kompetenzmodellen integrativ verarbeitet (Klieme, Maag-Merki & Hartig 2007, S. 11). Dies sind Kompetenzniveaumodelle einerseits und Kompetenzstrukturmodelle andererseits. Bei Kompetenzstrukturmodellen[38] steht die Frage nach der Bewältigung unterschiedlicher Anforderungen im Vordergrund. Des Weiteren wird untersucht, auf welchen Dimensionen interindividuelle Unterschiede in Kompetenzausprägungen angemessen beschrieben werden können.

Vielen Kompetenzdefinitionen gemein ist die kontextspezifische Interpretation von Kompetenzen. Es wird davon ausgegangen, dass sich Kompetenzen nur in bestimmten Situationen entfalten können. Klieme, Maag-Merki und Hartig (2007, S. 6) stellen hierzu fest, dass die Frage „kompetent wofür?" zentraler Bestandteil von Kompetenzdefinitionen ist. Sie begrenzen den Terminus Kompetenz jedoch durch den Ausschluss motivationaler und volitionaler Tendenzen sowie Einstellungen und Erwartungen. Sie beschränken die Bedeutungsspanne des Kompetenzbegriffs auf ein kognitives Verständnis. Motivationale und affektive Variablen sollen separat erfasst werden und in expliziten empirischen Untersuchungen in Bezug zu den kognitiven Leistungsmerkmalen gesetzt werden. Gleichzeitig sollen „allgemeine kognitive Kompetenzen" abgegrenzt und separat analysiert werden (Klieme, Maag-Merki & 2007, S. 6). Trotz der Abkehr von der inputorientierten Sichtweise auf Bildung und Qualifikation beschränken sich die Autoren auf eine kognitionsorientierte Messung und Beurteilung von Kompetenz.

Erpenbeck und *von Rosenstiel* (2003, S. XII) führen an, Kompetenz habe nur „innerhalb der spezifischen Konstruktion einer Theorie von Kompetenz eine definierte Bedeutung". Sie unterstellen der Verwendung des Kompetenzbegriffs damit eine gewisse Beliebigkeit. Eine systematische Erfassung von Kompetenz erscheint unter dieser Prämisse schwierig. Zwar herrscht bislang keine prinzipielle Einigkeit über das Wesen des Kompetenzbegriffs, jedoch konnten zumindest wesentliche Merkmale des Kompetenzbegriffs einem wissenschaftlichen Konsens zugeführt werden. Hierzu zählen (Kaufhold 2006, S. 21-25):

---

38 Die empirische Untersuchung von Kompetenzstrukturmodellen ist mit faktorenanalytischen Methoden möglich, die in der Persönlichkeitspsychologie traditionell zur Untersuchung der Struktur von Intelligenz oder von generellen Strukturen der Persönlichkeit zum Einsatz kommen. In neuerer Zeit kommen bei der mehrdimensionalen Modellierung von Kompetenzstrukturen auch zunehmend mehrdimensionale IRT-Modelle zum Einsatz (Klieme, Maag-Merki & Hartig 2007, S. 13).

1) Handlungsorientierung
2) Situations- und Kontextbezug
3) Subjektivität/ Subjektgebundenheit
4) Veränderbarkeit von Kompetenz

Es wird deutlich, dass der Versuch einer allgemein gültigen Kompetenzdefinition für den Bereich beruflicher Ausbildung durch die Variabilität beruflicher Inhalte, Situationen und Strukturen hohen Hürden ausgesetzt ist. Damit gestaltet sich auch die Messung von Kompetenzen innerhalb authentischer Situationen im Sinne der Handlungsorientierung schwierig. Zudem bleibt die Frage unbeantwortet, ob es neben den situationsspezifischen und kontextgebundenen Kompetenzen weitere, universellere Formen der Kompetenz, wie z. B. mathematisches Verständnis oder Lesekompetenz, die in verschiedenen Kontexten gleichermaßen wirksam werden, geben kann. Der Kontextbezug wird auch von Winther und Achtenhagen (2010, S. 18) als „die entscheidende Herausforderung für die Entwicklung von Instrumenten in der beruflichen Bildung" betrachtet. Hierzu sei eine berufstypische Aufgabenerstellung notwendig. *Weinert* (2001, S. 27-28) versteht unter Kompetenz „die bei Individuen verfügbaren oder durch sie erlernbaren kognitiven Fähigkeiten und Fertigkeiten, um bestimmte Probleme zu lösen, sowie die damit verbundenen motivationalen, volitionalen und sozialen Bereitschaften und Fähigkeiten, um die Problemlösungen in variablen Situationen erfolgreich und verantwortungsvoll nutzen zu können". Er verbindet Kompetenz nicht nur mit der Verfügbarkeit und Anwendbarkeit von Wissen, sondern auch mit motivationalen, volitionalen und sozialen Aspekten. Denn kompetentes Handeln setzt voraus, dass das Individuum die Bereitschaft und den Willen zeigt, anstehende Aufgaben und Probleme aus eigenem Antrieb zu bewältigen (Breuer et al. 2009, S. 19). Kompetenz ist demnach als System von intrapersonalen Handlungsvoraussetzungen zu verstehen, das sich aus Eigenschaften des Individuums, aus persönlichen Erfahrungen sowie durch Lernen entwickelt (Breuer et al. 2009, S. 19). *Breuer* (2006) beschäftigt sich mit der Frage nach der Abbildbarkeit von (beruflicher) Handlungskompetenz[39]. Hierzu

39 Rauner (2008, S. 92) merkt hierzu an, dass der Begriff der Handlungskompetenz an sich inhaltsleer ist und sich nicht allein durch den Bezug auf einen Beruf mit Inhalt füllen lässt. Zudem erkennt er gerade in dem Bezug auf berufliche Situationen einen Widerspruch zu dem eigentlichen Ziel der Kompetenzentwicklung. Indem berufsspezifische Qualifikationen oder Fähigkeitsstrukturen definiert werden, grenze man den Bereich der Wirksamkeit von Kompetenz per se ein.

werden relevante Definitionen zusammengeführt und beurteilt. Die Ausbildungsordnungen verstehen (berufliche) Handlungskompetenz als die „Befähigung zum qualifizierten Handeln“ (Breuer 2006, S. 197). Dies wird z. B. in §1 der Ausbildungsordnung der in 2005 neu geordneten Elektroberufe deutlich: „Die in der Verordnung genannten Fertigkeiten und Kenntnisse (Qualifikationen) sollen prozessbezogen vermittelt werden. Diese Qualifikationen sollen so vermittelt werden, dass die Auszubildenden zur Ausübung einer qualifizierten beruflichen Tätigkeit (...) befähigt werden, die insbesondere selbständiges Planen, Durchführen und Kontrollieren sowie das Handeln im betrieblichen Gesamtzusammenhang einschließt (AO, zit. nach Breuer 2006, S. 196). Das Handeln selbst orientiert sich an der Vorstellung einer „vollständigen Handlung“, d. h. die Befähigung zum selbständigen planen, durchführen und kontrollieren (Breuer 2006, S. 196). Die berufliche Handlungskompetenz ist im Rahmen der berufsspezifischen Fachqualifikationen in einem Einsatzgebiet durch Qualifikationen zu erweitern und zu vertiefen, die im jeweiligen Geschäftsprozess zur ganzheitlichen Durchführung komplexer Aufgaben befähigt (§4 der AO der in 2005 neu geordneten Elektroberufe).

In §1 werden Kenntnisse und Fertigkeiten angesprochen. In Anlehnung an die Idee der hierarchisch-sequentiellen Regulation des Handelns (Volpert 1989) wird das sequentielle Verständnis der Ausbildungsordnung deutlich. Die Kenntnisse und Fertigkeiten werden als Wissensbasis betrachtet, auf der sich qualifiziertes Handeln aufbaut. Sie werden als Elemente von Handlungsschemata im Vollzug einer Sequenz von Handlungsschritten wirksam. Darin zeigt sich ihre Beherrschung in der Form des Könnens. Das Prinzip der vollständigen Handlung findet auf unterschiedlichen Ebenen zeitgleich statt (Breuer 2006, S. 197):

(1) Mikroebene: Ebene von aktuellen Vollzügen: Kontrolle der richtigen Anwendung der gerade genutzten Fertigkeiten und Kenntnisse.
(2) Mesoebene: angemessene Sequenz der Handlungseinheit.
(3) Makroebene: Ebene des Handlungsauftrags: Kontrolle der übergeordneten Handlungsziele.

Eine gültige Diagnostik beruflicher Handlungskompetenz muss demnach einen prozessbezogenen Zugriff wählen und darf nicht statisch sein. Die *Kultusministerkonferenz (KMK)* definiert trennscharfe Kompetenzdimensionen. Abbildung 10 verdeutlicht die Zusammenhänge nach Ansicht der KMK:

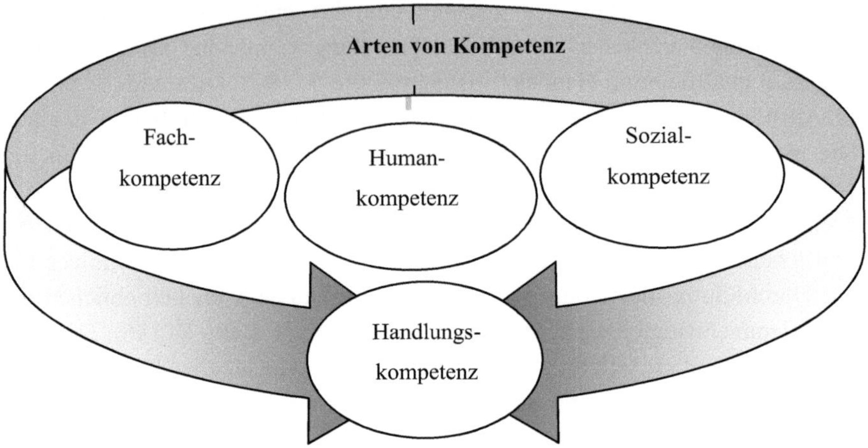

Abb. 10: Arten von Kompetenz nach dem Verständnis der KMK (Quelle: Breuer et al. 2009, S. 24).

1) Selbst-, Personal- bzw. Humankompetenz
   Hierunter wird die Befähigung und Bereitschaft verstanden, eigene Begabungen und Fähigkeiten zu erkennen und zu entfalten, Identität und durchdachte Wertvorstellungen zu entwickeln sowie Lebenspläne zu fassen und zu verfolgen. Sie umfasst Eigenschaften wie Selbständigkeit, Kritikfähigkeit, Konzentrationsfähigkeit, Selbstvertrauen, Zuverlässigkeit, Leistungsbereitschaft sowie Verantwortungsbewusstsein.

2) Sozialkompetenz
   Hierunter wird die Befähigung und Bereitschaft verstanden, soziale Beziehungen aufzubauen und zu gestalten sowie sich mit anderen rational und verantwortungsbewusst auseinander zu setzen und zu verständigen. Sie umfasst Eigenschaften wie Teamfähigkeit, Konfliktfähigkeit, Bereitschaft zu Toleranz und Solidarität, Gemeinschaftssinn, Hilfsbereitschaft oder Kommunikationsfähigkeit.

3) Fachkompetenz
   Hierunter wird die Befähigung und Bereitschaft verstanden, Aufgaben und Probleme mit Hilfe fachlicher Kenntnisse und Fertigkeiten zielorientiert, sachgerecht und selbstständig zu bewältigen sowie das Ergebnis zu beurteilen.

4) Handlungskompetenz

Während dieser Begriff im allgemeinbildenden Bereich derzeit nicht einheitlich verwendet wird, steht er im berufs- und wirtschaftspädagogischen Bereich für das Leitziel beruflicher Bildung schlechthin. Die Kultusministerkonferenz definiert Handlungskompetenz als „die Bereitschaft und Befähigung des Einzelnen, sich in beruflichen, gesellschaftlichen und privaten Situationen sachgerecht durchdacht sowie individuell und sozial verantwortlich zu verhalten" (KMK 2007, S. 10-11). Handlungskompetenz entfaltet sich in den bereits beschriebenen Dimensionen „Fachkompetenz", „Humankompetenz" und „Sozialkompetenz". Im Gegensatz zur obigen Einteilung wird hier die Methodenkompetenz als integraler Bestandteil der drei Hauptkategorien gesehen. Dies gilt ebenso für die kommunikative Kompetenz und die Lernkompetenz:

- Methodenkompetenz: Bereitschaft und Befähigung zu zielgerichtetem, planmäßigem Vorgehen bei der Bearbeitung von Aufgaben und Problemen. Dazu gehört es, gelernte Denkmethoden, Arbeitsverfahren, Lösungs- oder Lernstrategien fachlicher und überfachlicher Natur selbständig anwenden, reflektieren und weiterentwickeln zu können.

- Kommunikative Kompetenz: Bereitschaft und Befähigung, kommunikative Situationen zu verstehen und zu gestalten. Hierzu gehört es, eigene Absichten und Bedürfnisse sowie die der Partner wahrzunehmen, zu verstehen und darzustellen.

- Lernkompetenz: Bereitschaft und Befähigung, Informationen über Sachverhalte und Zusammenhänge selbständig und gemeinsam mit anderen zu verstehen, auszuwerten und in gedankliche Strukturen einzuordnen. Zur Lernkompetenz gehört insbesondere auch die Fähigkeit und Bereitschaft, im Beruf und über den Berufsbereich hinaus Lerntechniken und Lernstrategien zu entwickeln und diese für ein lebenslanges Lernen zu nutzen.

Roth (1971) unterscheidet in seiner Beschreibung der wesentlichen Pfeiler für die Entwicklung von Urteilsfähigkeit bzw. Handlungskompetenz Sach-, Sozial-, und Selbstkompetenz. Die kommunikative Kompetenz ist in Roths Modell immanent (Breuer et al. 2009, S. 33).

Tab.4: Handlungskompetenzraster nach Roth (1971) (Quelle: Breuer et al. 2009, S. 33)

Sachkompetenz	Sozialkompetenz	Selbstkompetenz[40]
Deklaratives Wissen Prozedurales Wissen Problemlösefähigkeit Kreativitätsfähigkeit Sachkritisches Denken	Empathiefähigkeit Solidaritätsfähigkeit Kooperationsfähigkeit Sozialkritisches Denken	Moralische Urteilsfähigkeit Konfliktfähigkeit Ambiguitätsfähigkeit Selbstkritisches Denken
Kommunikative Kompetenz = Basiskompetenz		

Die Relevanz der kommunikativen Kompetenz wird unter dem Aspekt greifbar, dass das Denken und Handeln einer Person stets auf Kommunikation ausgelegt ist. Die Beförderung kommunikativer Kompetenzen streut demnach positiv auf die Sach-, Sozial- und Selbstkompetenz (Breuer et al. 2009, S. 35). Innerhalb des berufsbildenden Unterrichts ist daher auf die Vermittlung kommunikativer Kompetenzen Wert zu legen, um die Urteilsfähigkeit in Situationen des Alltags zu stimulieren. Dies bezieht sich auch auf Entscheidungen und Situationen mit ökonomischem Charakter. *Frey* (2004 zit. in Breuer 2006, S. 200) definiert Kompetenz „als ein Bündel von körperlichen und geistigen Fähigkeiten (...), die jemand benötigt, um anstehende Aufgaben oder Probleme zielorientiert und verantwortungsvoll zu lösen, die Lösungen zu bewerten und das eigene Repertoire an Handlungsmustern weiterzuentwickeln. Hierzu werden von einer Person eine Reihe fachlicher, methodischer, sozialer und personaler Kompetenzen benötigt“. Die Handlungsfähigkeit der Person wird auf eine strukturierte Menge von Befähigungen zurückgeführt. Diese Menge von Befähigungen soll empirisch abgebildet werden, um das Potenzial der Person für zukünftiges Handeln ermitteln zu können.

40 An dieser Stelle sei die Bemerkung erlaubt, dass die Zuordnung der moralischen Urteilsfähigkeit und der Konfliktfähigkeit zu dem Spektrum der Selbstkompetenz nicht zweifelsfrei angenommen werden kann. Moral und Konfliktfähigkeit werden vielmehr in sozialen Bezügen wirksam, so dass auch eine Zuordnung zu dem Bereich der Sozialkompetenz denkbar wäre.

Die Ausführungen zu den verschiedenen Definitionen von Kompetenz zeigen, dass es zwar bislang keinen begrifflichen Konsens gibt, dennoch wesentliche Merkmale des Kompetenzbegriffs in allen Definitionen gleichwertig vertreten sind. Als Synopse aus den Definitionen lässt sich festhalten, dass Kompetenzen über fachliches Wissen hinausgehen und gleichermaßen soziale, personale und motivational-volitionale Bereiche ansprechen. Neben dem fehlenden Konsens über die Bedeutung und die Operationalisierbarkeit von Kompetenz besteht zudem keine Einigkeit über die Frage, ob Kompetenz ein domänenspezifisches oder ein generelles Konstrukt beschreibt, d.h. situations- und kontextunabhängig in Erscheinung tritt und damit auch ohne Verknüpfung an einen Kontext gemessen werden kann. Dies wird aus den Beschreibungen der unterschiedlichen Kompetenzverständnisse deutlich (Klieme, Maag-Merki & Hartig 2007, S. 6; Kaufhold 2006, S. 21-25; Breuer et al. 2009, S. 20).

Ein Kompetenzbegriff, der sich auf eine bestimmte Domäne bezieht, orientiert sich an der Argumentation einer Situations- und Kontextspezifität, innerhalb derer sich (spezifische) Kompetenzen äußern. In Opposition hierzu finden sich Aussagen zu einer allgemeineren Interpretation von Kompetenzen. Hier wird die Ansicht vertreten, dass es kaum zu bewältigen sei, jedwedem Handlungsmuster, das in einer spezifischen Situation entsteht, eine eigenständige Kompetenz zuzuschreiben und hierfür jeweils eigene Messmethoden zu entwickeln. Dementsprechend sei das Ziel anzuvisieren, übergreifende Kompetenzen zu definieren. Winther und Achtenhagen (2010, S. 18) unterscheiden zwischen domänenspezifischen und domänenverbundenen Kompetenzen. Hiermit tragen sie der Überlegung Rechnung, dass es Kompetenzen geben kann, die nicht singulär einer bestimmten Domäne zugeordnet werden können, sondern in verschiedenen Kontexten wirksam werden. Hierzu zählen z. B. Kompetenzen wie die Problemlösekompetenz, numerische Kompetenzen oder Textverständnis. Gleichermaßen spezifizieren sie den Anspruch an eine Handlungsorientierung, indem sie die Erfassung der domänenspezifischen Kompetenzen sowohl auf Verstehensebene als auch auf Handlungsebene in Betracht ziehen.

Mit der Erhöhung des Abstraktionsgrades entsteht auf der Bedeutungsebene eine Annäherung an das -eigentlich durch den Begriff der Kompetenz abgelöste- Verständnis von Schlüsselqualifikationen nach Mertens (1974, S. 36-40). Er definiert Schlüsselqualifikationen als übergeordnete Bildungselemente in Form von Qualifikationen, die dazu dienen, erlerntes Wissen auf neue Situationen zu übertragen und dabei die Arbeits- und Umweltbedingungen im Blick zu halten

(Mertens 1974, S. 36). Er unterscheidet zwischen Basisqualifikationen, die dem vertikalen Transfer innerhalb eines Berufsfeldes dienlich sind (z. B. logisches Denken oder logisches Schließen) von Horizontqualifikationen oder horizonterweiternden Qualifikationen, die er als Informationen über Informationen beschreibt (Wissen, Gewinnung von Wissen und Verstehen von Informationen). Zusätzlich nennt er die sog. Breitenelemente als ubiquitäre Ausbildungselemente (praktisches Wissen für den spezifischen Arbeitsplatz) sowie Vintage-Faktoren, die er als die generationsbedingten Lehrstoffe und Begriffssysteme klassifiziert und die der Überbrückung intergenerativer Differenzen dienen sollen (Mertens 1974, S. 36). Ein Verständnis kontextfreier Kompetenzen kommt dem abstrakten Begriff der Schlüsselqualifikationen nahe. Dies hat zur Folge, dass mit der Idee eines unverbundenen Kompetenzkonstrukts die gleichen Probleme auftreten können, die bereits für die Schlüsselqualifikationen debattiert wurden. So sieht Zabeck (1989, S. 80) das wesentliche Problem bei der Umsetzung der didaktischen Maßnahmen zur Genese von Schlüsselqualifikationen im Bereich der Transferfähigkeit. Unter dem Lichte des didaktischen Reduktionismus verspricht der Ansatz der Schlüsselqualifikationen, den pädagogischen Problemfeldern der Komplexität, der Stofffülle sowie der Unbestimmtheit künftiger Anforderungen Abhilfe zu verschaffen. Zum einen sieht er das Transferpotential von allgemeinen Intelligenzleistungen, wie sie maßgeblich durch die Basis- und die Horizontalqualifikationen beschrieben sind, als begrenzt an (Zabeck 1989, S. 80). Berufliche Qualifikationen entstehen zweitens in der Regel nicht unabhängig von der beruflichen Praxis. Ein situativer Bezug ist damit per se hergestellt. In Entsprechung zum jeweiligen Tätigkeitsfeld ist daher eine eigenständige Didaktik zu entwickeln, die zudem die transferfähigen Inhalte fokussiert. Dies erfordert eine tätigkeitsbezogene Beschreibung übertragbarer Schlüsselqualifikationen. Mit der Formulierung dieser Zielvision ist unmittelbar ein Ziel-Mittel-Dilemma zu Papier gebracht, welches Zabeck (1991, S. 57) wie folgt beschreibt:

- Je allgemeiner/ situationsunspezifischer die Schlüsselqualifikationen definiert werden, desto wahrscheinlicher ist es, dass der Transfer misslingt, sie also die ihnen zugesprochenen Leistungen nicht erfüllen.
- Je enger/ situationsspezifischer die Schlüsselqualifikationen definiert sind, desto weiter entfernen sie sich von ihrer zugesprochenen Funktion, unabhängig von der konkreten Ausprägung zu bewältigender Anforderungen Effizienz zu entfalten.

Ein drittes Problemszenario kann mit der Kompetenzmessung in Verbindung gebracht werden und bezieht sich demnach weniger auf terminologische Fragestellungen. Durch die Entwicklung von Bildungsstandards wird deutlich, dass es eine Umkehr von der tradierten normorientierten Leistungsmessung zur kriteriumsorientierten Leistungsmessung geben muss. Das Problem hierbei besteht allerdings in der Auswahl eines geeigneten Kriteriums und der empirischen Überprüfung der Erreichbarkeit dieses Kriteriums (Rost 2004, S. 663). Als Kriterien sollen Kompetenzstufen definiert werden, die qualitativ unterschiedliche kognitive Anforderungen in Testaufgaben erfassen und die gleichzeitig mit unterschiedlichen Leistungsniveaus korrelieren (Rost 2004, S. 665). Die Kompetenzstufen müssen empirisch als Gruppen bestehend aus Aufgabentypen entlang eines Kontinuums zunehmender Schwierigkeit nachgewiesen werden können. Rost (2004, S. 665) bezeichnet diese Gruppen als „Schwierigkeitscluster". Die Schwierigkeitsunterschiede müssen kenntlich gemacht werden. Im naturwissenschaftlichen Teil der PISA Studie 2000 war es aber nicht möglich, solche Cluster zu isolieren und die Items eindeutig bestimmten Schwierigkeitsstufen zuzuordnen. Als Alternative wurde in der PISA Studie aus 2000 weiterhin geprüft, ob sich homogene Leistungsgruppen über die Beantwortung der Items identifizieren lassen. Doch auch die Verteilung der Personenparameter lieferte keinen eindeutigen Hinweis über die Konstitution der Kompetenzstufen. Rost (2004, S. 665-666) schlägt zur Lösung dieser Problematik vor, die Aufgabenlösungen systematischer zu analysieren und *Teillösungen* in die Bewertung der Kompetenzen mit einzuschließen. Ergänzend hierzu können Kompetenzmodelle spezifiziert werden, indem Aufgaben hinsichtlich des erforderlichen kognitiven Prozesses unterschieden werden, d.h. die Anforderung an die Informationsverarbeitung[41] mit berücksichtigt wird (Rost 2004, S. 667-668). Bis zu einer empirisch validen Messung und Beschreibung von Kompetenzstufen fehlt es bis dato noch an geeigneten Instrumenten.

Die Aufgabe, ein einheitliches Verständnis von Kompetenz zu entwickeln, bleibt bestehen. Aus den dargestellten Definitionen lässt sich die Erkenntnis ziehen, dass zumindest in einem Punkt Einigkeit herrscht: Kompetentes Handeln tangiert eine ganze Reihe von Fähigkeitsbereichen des Individuums. Hierzu ge-

41 Rost (2004, S. 671-672) unterscheidet „harte" analytische Teilkompetenzen wie „Umgang mit Zahlen", „Umgang mit Grafiken", „Mentale Modelle" und „konvergentes Denken" von „weichen" kreativen Kompetenzen wie „Bewerten", „divergentes Denken" und „Sachverhalte verbalisieren".

hören fachliche und soziale Fähigkeiten sowie die Befähigung zu einer adäquaten Selbsteinschätzung in Bezug auf anstehende Herausforderungen. Gleichermaßen ist die selbstorganisierte Weiterentwicklung eigener Fähigkeiten ein zentrales Merkmal von Kompetenz. Die kompetente Steuerung alltäglicher Finanzentscheidungen kann analog auf die genannten Fähigkeitsstrukturen bezogen werden. Hierzu muss geprüft werden, welche Wahrnehmung junge Menschen in Bezug auf ihren Umgang mit Geld besitzen und durch welche Parameter diese Wahrnehmung gesteuert wird. Wird Finanzkompetenz ganz allgemein als angemessener Umgang mit eigenen und fremden finanziellen Mitteln verstanden, dann bleibt die Frage offen, wie sich dieser Umgang beschreiben lässt. Entscheidend ist hierbei, dass die Strategien zur angemessenen Bewältigung finanzieller Entscheidungen hinreichend bekannt sind, verstanden werden und erfolgreich auf alle Situationen, in denen es darum geht, mit Geld umzugehen, transferiert werden. Hierzu gehört auch im Sinne einer vollständigen Handlung, die Rahmenbedingungen der Entscheidung zu analysieren sowie das Ergebnis der Handlung zu kontrollieren und zu reflektieren (Breuer 2006, S. 196). Dem konsensualen Merkmal der Subjektivität von Kompetenzen wird insofern Rechnung getragen, indem das *Selbstkonzept* zur finanziellen Handlungskompetenz fokussiert wird. Eine objektive Messung finanzieller Handlungskompetenz wäre dagegen anhand einer performanzorientierten Analyse zu organisieren[42]. Denn vorhandene Handlungskompetenz äußert sich auf Ebene der Performanz (Breuer et al. 2009, S. 20).

Für die vorliegende Arbeit wird zudem ein deutlicher Bezug zu einer Domäne hergestellt: der Umgang mit Geld. Die Argumentation folgt damit der Position eines erforderlichen Situations- und Kontextbezuges zur Beschreibung von Kompetenzen. „Kompetenz äußert sich also als situations- und kontextbezogenes Handeln, das funktional ausgerichtet ist, um bestimmte Aufgaben und Problemstellungen erfolgreich zu bewältigen. Dadurch erworbene Handlungsschemata und Operationen sind begrenzt verallgemeinerbar, können folglich auch auf andere Situationen und Kontexte übertragen werden“ (Breuer et al. 2009, S. 20). Die Erkenntnisse aus der Kompetenzforschung können helfen, indem sie zeigen, dass kompetentes Handeln in den unterschiedlichsten Kontexten mit ei-

42 Nach Breuer et al. (2009, S. 20) gibt es unterschiedliche Erklärungen zum Verhältnis von Kompetenz und Performanz, die sowohl von völliger Trennbarkeit als auch von völliger Überschneidung zeugen. Breuer et al. (2009, S. 20) wählen den Mittelweg, indem sie beide Konstrukte als Teil-Ganzes-Beziehung verstehen und beschreiben.

ner Vielzahl von Bedingungen verknüpft ist. Dieser Facettenreichtum an Wirkungsbedingungen kann entsprechend für den kompetenten Umgang mit Geld angenommen werden.

4 Geldmanagement

4.1 Die Theorie der Selbstbestimmtheit motivierten Handelns

Selbstbestimmtes Handeln setzt nach Deci und Ryan (1993) die Befriedung dreier wesentlicher Bedürfnisse voraus. Hierzu zählen: Kompetenzerleben, Soziale Eingebundenheit sowie die Erfahrung von Autonomie im Handeln. Kompetenzerleben bezieht sich auf die Einschätzung der eigenen Fähigkeiten und auf den Glauben, mit seinem eigenen Verhalten den vorgegebenen oder selbst gewählten Anforderungen zur Zielerreichung gerecht zu werden (Krapp & Ryan 2002, S. 72). Das Kompetenzerleben ist demnach verwandt mit dem Konzept der Selbstwirksamkeit, welches als motivationale Idee ebenfalls die Überzeugung beschreibt, mit den eigenen vorhandenen Fähigkeiten und Fertigkeiten bestimmte Ziele zu erreichen bzw. Probleme bewältigen zu können. Straka (2009, S. 4) definiert Kompetenzerleben als die Erfahrung einer Person, Arbeitsaufgaben sachverständig und erfolgreich zu erledigen und sich selbst wirksam zu erleben. Die soziale Eingebundenheit als basales menschliches Bedürfnis beschreibt den Wunsch, in einer sozialen Gruppe, z. B. unter Kollegen und Vorgesetzten anerkannt zu sein und menschliche Beziehungen zu unterhalten (Straka 2009, S. 4). Autonomie schließlich beschreibt den Wunsch, sich selbst als Ursache bzw. Verursacher seines Handelns wahrnehmen zu wollen, d.h. sich möglichst wenig „fremdbestimmt" zu fühlen (vgl. Krapp & Ryan 2002, S. 72; Straka 2009, S. 4). Die Bedeutung der sozialen Eingebundenheit wird zudem unter dem Aspekt der Annäherung an neue Interessensgebiete greifbar, die zumeist über soziale Partner initiiert wird. Denn das Bedürfnis nach sozialer Eingebundenheit „sorgt dafür, dass die Verhaltensmuster und Wertbezüge anderer signifikanter Personen in einer Bezugsgruppe beachtet werden und diese Verhaltensprinzipien internalisiert werden (Krapp & Ryan 2002, S. 73). Die Erfüllung der drei *basic human needs* wird als essentielle Voraussetzung zur Entwicklung und Verfolgung von persönlichen Zielen und Interessen sowie als Regulationskriterium von Handlungsmotivation verstanden. Sie üben darüber hinaus einen wichtigen Beitrag auf das Wohlbefinden einer Person aus. Deci und Ryan (1993, S. 223) bezeichnen die Selbstbestimmungstheorie der Motivation auf Basis der stetigen Interaktion zwischen Individuum und Umwelt als *dialektisch*. Gleichermaßen führen sie an, dass die Steuerung des menschlichen Verhaltens im Kontext der

Selbstbestimmungstheorie der Motivation auf dem Konzept der Intentionalität beruht und dass sämtliche Motivation aus dem inneren Wunsch einer Zielerreichung erklärt werden kann (Deci & Ryan 1993, S. 224). Von der Motivation unterschieden werden kann die Volition.

Im *Rubikonmodell der Handlungsphasen*[43] gehören Prozesse des Abwägens vor einer Entscheidung zur Intentionsbildung und damit zur Motivation (vgl. Heckhausen, Gollwitzer & Weinert 1987; Heckhausen & Heckhausen 2006; Winther 2006). Das Rubikonmodell fokussiert den dynamischen Aspekt eines Handlungsverlaufs über die Abwägung zur Zielauswahl, die Planung, die Durchführung und die Bewertung einer Handlung (Heckhausen & Heckhausen 2006, S. 278). Die Übergänge zwischen den einzelnen Phasen werden als diskrete Übergänge beschrieben[44].

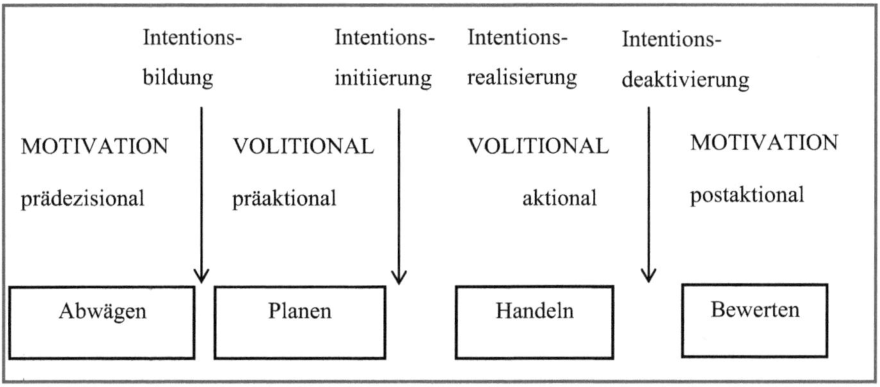

Abb. 11: Rubikonmodell der Handlungsphasen (Heckhausen & Heckhausen 2006, S 278)

---

43 Der Name „Rubikon" stammt von einem Fluss in Italien südlich von Ravenna. Der Fluss war im Jahre 49 v. Chr. die natürliche Grenze zwischen Italien und der römischen Provinz Gallia Cisapina. Die Überschreitung des Flusses durch Gaius Iulius Caesar am 10 Januar 49 v. Chr. kam einer Kriegserklärung gegen Pompejus gleich. Das Überschreiten des „Rubikon" steht demnach symbolisch für das Treffen einer Entscheidung (Kirchler & Rodler 2001, S. 33).

44 Neben der Rubikontheorie von Heckhausen existieren weitere bekannte Theorien der Handlungsregulation, auf die an dieser Stelle verwiesen werden soll: Die Feldtheorie von Kurt Lewin (1982) sowie die ACT-Theorie von John R. Anderson (1996). ACT steht für „Adaptive Control of Thought" (Detje 1999, S. 55).

In der prädezisionalen Phase wägt das Individuum bestehende Bedürfnisse unter dem Kriterium der Umsetzbarkeit ab, bevor es zur Intentionsbildung kommt. Im Mittelpunkt die Entscheidung steht die Überlegung, ob die gewünschten Ziele durch eigene Handlungen erfolgreich erreicht werden können (Heckhausen & Heckhausen 2006, S. 279). Aus dem Wunsch wird durch Intentionsbildung ein konkretes Ziel. In der präaktionalen Phase werden Strategien und Pläne für die Erreichung des Ziels entwickelt, die dann in der aktionalen Phase zur Umsetzung geführt werden. Hierzu sind die Bereitschaft zur Aufrechterhaltung der notwendigen Energien und ein gewisses Maß an Vulnerabilität bei dem Auftreten von unvorhergesehenen Schwierigkeiten notwendig (Heckhausen & Heckhausen 2006, S. 280). In der postaktionalen Phase erfolgt die Bewertung des Handlungsergebnisses. Das Individuum klassifiziert sein Ziel als erreicht oder senkt entsprechend seiner gemachten Erfahrungen das Anspruchsniveau (Heckhausen & Heckhausen 2006, S. 281).

Zusammenfassend lässt sich feststellen, dass selbstbestimmtes bzw. motiviertes Handeln durch die drei *basic human needs* positiv beeinflusst wird. Motivation dient demnach der Erfüllung dieser drei grundlegenden Bedürfnisse (Deci & Ryan 1993, S. 229). Zum Kompetenzerleben gehört die Entfaltung von Selbstwirksamkeit sowie Erfolgserfahrungen auf der Basis von (Fach-)Wissen. Selbstwirksamkeit wird als dynamisches Konzept betrachtet, d.h. aus gemachten Erfahrungen korrigiert und stabilisiert das Individuum seine Selbstwirksamkeit (Winther 2006, S. 22). Autonomie erfährt das Individuum dann, wenn es in hohem Maße selbstreguliert handelt und die Konsequenzen einer Handlung auf sich selbst beziehen kann. Soziale Eingebundenheit schließlich manifestiert sich in dem Ausmaß wahrgenommener sozialer Unterstützung. Das soziale Umfeld liefert zudem die Gelegenheiten zur Befriedigung der drei Grundbedürfnisse (Deci & Ryan 1993, S. 230). Als förderliche Faktoren auf ein selbstbestimmtes Handeln innerhalb finanzwirtschaftlicher Anforderungssituationen werden diese drei Prädiktoren zur Erklärung der Selbstregulation bei finanziellen Entscheidungen herangezogen und in den nachfolgenden Ausführungen fokussiert.

4.2 Das Wissen über finanzwirtschaftliche Themen

Nach Bloom (1973, S. 43) bereitet die Vielfalt von kognitiven Repräsentationen, die unter dem Sammelbegriff *Wissen* geführt werden einige Probleme, wenn es um die Bestimmung und Bewertung vorhandenen Wissens mit wissensdiagnostischen Methoden geht. Anderson und Krathwohl (2001) bieten zum Zwecke einer gültigen und transparenten Wissensdiagnostik eine Orientierung in Form einer zweidimensionalen Taxonomie von Wissenskonzepten an. Sie unterscheiden die beiden Dimensionen „Kognitiver Prozess" und „Wissen" (Anderson & Krathwohl 2001, S. 5). Die folgende Tabelle liefert einen Überblick über die von Anderson und Krathwohl (2001) konstatierte Taxonomie.

Tab. 5: Zweidimensionale Taxonomie des Wissens nach Anderson und Krathwohl (2001, S. 28)

Wissen	Kognitiver Prozess					
	Erinnern	Verstehen	Anwenden	Analysieren	Bewerten	Entwickeln
Faktenwissen						
Konzeptuelles Wissen						
Prozedurales Wissen						
Metakognitives Wissen						

Die vertikale Dimension der Wissensarten führt zunächst das Faktenwissen auf. Dieses wird beschrieben als das Wissen über einzelne, unverbundene Inhalte, z. B. das Wissen über Begriffe. Konzeptuelles Wissen oder Zusammenhangswissen beschreibt das Wissen über Theorien, Modelle und Strukturen und setzt damit die Kenntnis der Zusammenhänge von Begriffen voraus. Prozedurales Wissen beschreibt das Wissen über anzuwendende Strategien zur Problemlösung (*Wissen wie*). Das metakognitive Wissen letztlich ist das Wissen über das Wissen selbst (Anderson & Krathwohl 2001, S. 27). Die kognitiven Prozesse werden von Anderson und Krathwohl (2001, S. 31) noch differenzierter kategorisiert.

- Erinnern (Fakten kennen und wiedergeben)
- Verstehen (Interpretieren, Beispiele geben, klassifizieren, zusammenfassen, Inferenzen bilden, vergleichen, erklären)
- Anwenden (Ausführen[45])
- Analysieren (Differenzieren zwischen relevanten und irrelevanten Informationen unterscheiden können, Organisieren, Hierarchien oder Chronologien bilden können; Attribuieren, Perspektivenübernahme)
- Bewerten (Prüfen, z. B. die Angemessenheit von Schlussfolgerungen, kritische Beurteilung, z. B. von empirischen Methoden)
- Selbständig Entwickeln (Entwickeln, z. B. Vermutungen über mögliche Zusammenhänge, planen, umsetzen)

Die kognitiven Prozesse sind dadurch gekennzeichnet, dass sie dem Subjekt zunehmend komplexere Verarbeitungsmechanismen und -fähigkeiten abverlangen. Analysieren und Bewerten wird als komplexere Fähigkeit interpretiert als Erinnern. Die Wissensdimensionen bauen sich von einem sehr konkreten Wissenskonzept (Faktenwissen) zu einem abstrakten Verständnis von Wissen auf (Metakognitives Wissen) (Anderson & Krathwohl 2001, S. 5). Ziel einer solchen Taxonomie ist es, einen Orientierungsrahmen für die Beurteilung des Schwierigkeits- bzw. Komplexitätsgrades von (beruflichen) Aufgaben der Leistungsmessung auf Ebene kognitiver Prozesse zu schaffen und diese vergleichbar zu machen. Es soll sichergestellt werden, dass Lernsituationen alle Facetten des Wissens und der Informationsverarbeitung beanspruchen. Lernziele sollten demzufolge so formuliert werden, dass sie eine konkrete Einordnung in das vorgeschlagene Raster erlauben (Anderson & Krathwohl 2001, S. 12-23). In der deutschsprachigen Literatur finden sich alternative Vorschläge zur Beschreibung von Wissensarten, die im Wesentlichen mit der vorgeschlagenen Taxonomie von Anderson und Krathwohl (2001) deckungsgleich sind. Aebli (1997, S. 26) beschreibt *deklaratives Wissen* als das Weltwissen über Menschen und Dinge (Wissen, was). Das *prozedurale Wissen* dagegen bezeichnet das Handlungswissen (Wissen, wie). Diesenberg (1989, S. 76) beschreibt Handlungswissen als

45 Anderson und Krathwohl (2001, S. 31) unterscheiden hier zwischen „to execute“ und „to implement“.

einen „zentralen Begriff der pragmatisch-strukturalistischen Kognitionspsychologie". Der Mensch besitzt neben dem Begriffswissen sowohl Handlungs- als auch Wahrnehmungswissen. Handlungswissen wird charakterisiert als dasjenige Wissen, welches aus der Handlung selbst entsteht. Beide Wissensformen, deklaratives und prozedurales Wissen, sind eng miteinander verknüpft. Handlungswissen ist ohne inhaltliches Wissen nicht generierbar. Gleichzeitig kann durch eine Handlung neues Wissen entstehen bzw. vorhandenes Wissen modifiziert werden (Aebli 1997, S. 26). Das *konditionale Wissen* wird verstanden als das Wissen über die Bedingungen, unter denen bestimmte Handlungsschemata und Operationen innerhalb einer spezifischen Situation geeignet sind (Wissen über das Wann) (vgl. Breuer et al. 2009, S. 85; Nüesch 2001, S. 25)[46]. Neben der Wissensstruktur bestimmen weitere innere psychische Bedingungen die Produktion von Handlungen. Die Fähigkeitsstruktur als verhaltensrelevante Eigenschaft liefert die Erklärung für das anwenden *können* von Wissen. Denn die praktische Anwendung von Wissen setzt voraus, dass der Handelnde dazu fähig ist. Dies bezieht sich nicht nur auf die psychomotorischen Fähigkeiten, sondern wiederum auf kognitive Anteile, z. B. beim Vollzug intellektueller Operationen (Breuer et al. 2009, S. 87). Die Motivstruktur bezieht sich auf die Frage nach der *Bereitschaft*, Wissen zielführend anzuwenden (motivationale Komponente) sowie auf den *Willen*, entsprechende Handlungen zu produzieren (volitionale Komponente). Es wird unterschieden, ob sich die Motivation auf eine aktuelle Zielpräferenz oder auf zeitüberdauernde Interessen, Einstellungen und Bedürfnisse richtet (Friedrich & Mandl 1997, S. 241). Breuer et al. (2009, S. 79) bezeichnen das (Lern-)handeln insgesamt als Produkt aus *Wissen x Können x Wollen*. Dementsprechend gilt es, stets die Trias dieser Strukturen im Blick zu halten. Geißel (2008, S. 10) kann für den gewerblich-technischen Bereich belegen, dass der stärkste Prädiktor für das Wissen am Ende des 1. Ausbildungsjahres das Vorwissen darstellt, jedoch weitere Komponenten zur Erklärung des deklarativen und prozeduralen Wissens einen Beitrag leisten. Er untersucht neben der Lese- und Mathematikkompetenz die Wahrnehmung der betrieblichen Ausbil-

46 Daneben gibt es noch eine Reihe weiterer Wissensarten, die sich begrifflich von den hier genannten unterscheiden lassen. So wird z. B. an vielen Stellen von dem sog. heuristischen Wissen, dem epistemologischen Wissen oder dem kontextuellen Wissen gesprochen (Leutner 2006, S. 264).

dungsqualität[47]. Diese wiederum ist beeinflusst durch die Wahrnehmung der sozialen Einbindung im betrieblichen Kontext (Geißel 2008, S. 17). Die Beziehung zwischen Wissen und Handeln wird auch bei Gerstenmaier und Mandl (2000, S. 12) als komplex eingestuft. Wissen führe mit hoher Wahrscheinlichkeit dann zu angemessenen Handlungen, „wenn das Individuum über elaborierte Handlungspläne und Intentionen verfügt, ausreichend motiviert ist und die kontextuellen Bedingungen günstig oder zumindest nicht restriktiv sind. Schwächen sich diese dazwischengeschalteten Bedingungen ab, dann bleibt das Handeln aus (Gerstenmaier & Mandl 2000, S. 12). Für die vorliegende Arbeit erhält der Gegenstandsbereich des Wissens Bedeutsamkeit, wenn es um die Frage der Strategiebildung in finanziellen Entscheidungssituationen geht. In der *Freddie Mc Consumer Credit Survey* wird hierzu ein entsprechender Befund untermauert. Als zentrales Ergebnis der Studie wurde deutlich, dass spezifisches *Detailwissen* über finanzielle Zusammenhänge nur geringen Einfluss auf den Erfolg von Finanzentscheidungen ausübt. Es bedarf hierzu vielmehr einem breiten Finanz*verständnis* (Braunstein & Welch 2002, S. 452).

Es wird deutlich, dass unter Wissen nicht nur die Verfügbarkeit von Fakten und Begriffen, sondern auch deren Anwendung, also die Produktion handlungsrelevanter Optionen verstanden werden muss. Lernende, die über angemessene Qualitäten von Fach-, Sozial-, und Selbstkompetenz verfügen, werden dies über ihr Verhalten kenntlich machen. Dort greift dann die Empirie. Die Analyse der Regulation des eigenen Handelns in Finanzsituationen kann Aufschluss geben über die Fähigkeitsstruktur der befragten Personen im Umgang mit Geld. Daher wird als Indikator für den Umgang mit Geld die Selbstregulation der Jugendlichen und jungen Erwachsenen herangezogen.

---

47 Geißel (2008, S. 17) trennt seine Annahmen in Bezug auf die untersuchten Ausbildungsberufe. Für den Elektrobereich nimmt er an, dass die wahrgenommene Ausbildungsqualität insbesondere im ersten Ausbildungsjahr durch routinemäßige Arbeitsanforderungen und teils unstrukturierte Arbeitsorganisationen bestimmt ist. Entsprechend erwartet er auf Basis greifbarerer inhaltlicher Zusammenhänge einen deutlicheren Einfluss bei der Gruppe der einjährigen Berufsfachschüler in Vollzeitausbildung (Geißel 2008, S. 17). Eine stärkere inhaltliche Struktur bescheinigt er dem Berufsfeld „KFZ-Mechatroniker“ und erwartet ähnliche Ergebnisse bei Schülern der dualen Ausbildung und der Berufsfachschule.

4.3 Die Wahrnehmung finanzieller Unterstützung

Das Merkmal der wahrgenommenen finanziellen Unterstützung aus dem sozialen Umfeld konstruiert sich in Anlehnung an die allgemein wahrgenommene soziale Unterstützung. „Soziale Unterstützung wird als das Ergebnis kognitiv-emotionaler Verarbeitung und Bewertung sozialer Interaktionen betrachtet, durch die Personen Hilfestellungen erleben oder erwarten, um persönliche Ziele zu erreichen oder Aufgaben und Belastungen zu bewältigen" (Fydrich, Sommer & Brähler 2007, S. 7). Entsprechend der sozialen Handlungskontrolle kann angenommen werden, dass soziale Systeme direkt oder indirekt das individuelle Handeln steuern. Eine direkte Einflussnahme erfolgt z. B. über Kommunikation, eine indirekte Einflussnahme über internalisierte soziale Repräsentationen wie Normen und Werte oder soziale Erwartungen (Cranach, Kalbermatten, Indermühle & Gugler 1980, S. 19-23). Bedeutsam ist hierbei die Unterscheidung zwischen *erhaltener* sozialer Unterstützung und *wahrgenommener* sozialer Unterstützung (Knoll & Kienle 2007, S. 58).

In Orientierung an das Rubikonmodell kann die wahrgenommene soziale Unterstützung als handlungsregulierende Größe in die prädezisionale Phase eingeordnet werden, da die Umsetzbarkeit insbesondere persönlicher Entscheidungen häufig durch Faktoren des sozialen Umfelds beeinflusst ist. Das Ausmaß wahrgenommener sozialer Unterstützung[48] kann als Indikator sozialer Kompetenz bewertet werden. Der Begriff der wahrgenommenen sozialen Unterstützung lässt sich zunächst forschungstheoretisch in das Feld der Netzwerk- und Unterstützungsforschung eingliedern (Laireiter 1993, S. 15). Strukturell gehört er in das Begriffstriplet aus sozialer Integration, sozialen Netzwerken und sozialer Unterstützung. Abbildung 12 verdeutlicht die begriffliche Verknüpfung der drei Konstrukte auch auf hierarchischer Ebene.

---

48 Das Konstrukt „wahrgenommene soziale Unterstützung" wird bislang vorwiegend in der Psychologie untersucht. Hier konnten umfangreiche Studien belegen, dass sich die Wahrnehmung einer ausgeprägten sozialen Unterstützung positiv auf das Wohlbefinden und die Gesundheit, sowohl körperlich als auch seelisch, auswirkt (Knoll & Kienle 2007, S. 57).

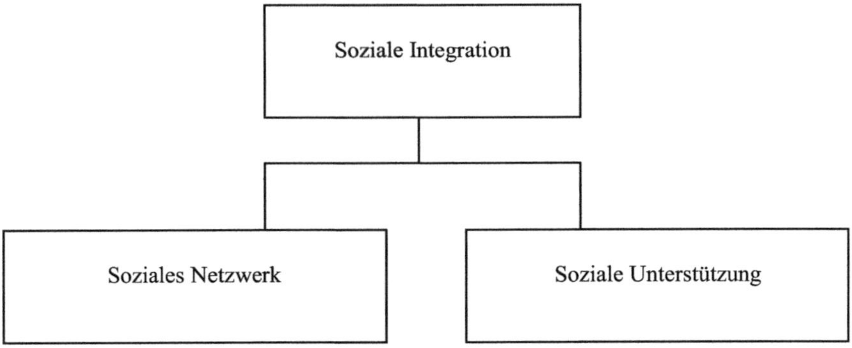

Abb. 12: Begriffstriplet Soziale Integration, soziale Netzwerke, soziale Unterstützung (Eigene Darstellung in Anlehnung an Laireiter 1993, S. 15)

Soziale Integration ist ein Konstrukt, das auf gesellschaftlicher wie auch auf individueller Ebene definiert werden kann. „Auf individueller Ebene beschreibt es die Beziehung eines Individuums zu seiner sozialen Umwelt" (Laireiter 1993, S. 15). In der Regel wird diese Beziehung unter der Fokussierung dreier wesentlicher Merkmale analysiert. Hierzu gehört zum einen die Eingebundenheit in soziale Gruppierungen, z. B. Familien, Cliquen oder Vereine. Zum Zweiten wird der „Besitz" von informellen Kontakten in die Beschreibung sozialer Integration aufgenommen. Zum dritten wird die individuelle Ebene der sozialen Integration über die Verfügbarkeit und den Zugang zu sozialen und interpersonalen Ressourcen definiert (Laireiter 1993, S. 15-16)[49]. Es bleibt festzuhalten, dass es bislang nur wenige Ansätze gibt, soziale Integration in der gegebenen Dimensionalität einer Messbarkeit zuzuführen. Der Begriff ist bislang zu unscharf definiert. Es fehlt an geeigneten Instrumenten, die gruppenübergreifend eingesetzt werden können (Laireiter 1993, S. 16). Soziale Netzwerke und soziale Unterstützung sind artverwandte Konzepte, die sich dadurch unterscheiden lassen, dass mit der Analyse sozialer Netzwerke primär Beziehungsstrukturen erfasst und beschrieben werden können, während die Analyse sozialer Unterstützung Aussagen über die Intensität und die positive Ausgeprägtheit der sozialen Einbindung zulässt. Diese Unterscheidung wird auch unter den Begriffen der

49 Nach Laireiter (1993, S. 16) wird gelegentlich eine vierte Dimension der sozialen Integration berücksichtigt. Diese kann als „Besitz und die Übernahme von Werten, Normen und Rollen einer Gesellschaft durch das Individuum" definiert werden.

ressourcenorientierten Ansätze im Gegensatz zu den *klimaorientierten Ansätzen* geführt (Lairaiter 1993, S. 39). Mit der sozialen Netzwerkanalyse wird ein eher quantitativ-strukturalistischer Ansatz verfolgt. Es werden strukturelle Merkmale der sozialen Umwelt wie z. B. die Anzahl sozialer Partner, Kontakthäufigkeiten oder die Dichte des Netzwerks berechnet, um auf Basis dieser quantitativen Maße Rückschlüsse auf die soziale Eingebundenheit zu ziehen. Eine Aussage über die Qualität von Beziehungen ist mit der sozialen Netzwerkanalyse jedoch nur bedingt möglich. Denn viele Kontakte zu sozialen Akteuren zu besitzen, bedeutet nicht zwangsläufig ein hohes Maß an sozialer Unterstützung zu empfinden. Umgekehrt können einige wenige Kontakte ausreichend sein, um sich ausreichend im sozialen Umfeld aufgenommen und unterstützt zu fühlen. Im Mittelpunkt der vorliegenden Untersuchung steht stärker die Frage nach dem Ausmaß wahrgenommener sozialer Unterstützung in finanziellen Situationen. Über ein qualitatives Maß wird es möglich, die soziale Eingebundenheit einer Person im Sinne des Selbstbestimmungsansatzes zu bewerten. Die wahrgenommene soziale Unterstützung scheint zur Beschreibung der qualitativen Ausprägung von sozialen Interaktionen geeignet zu sein (Knoll & Kienle 2007, S. 58).

Da beide Verfahren für die Erklärung unterschiedlich gearteter Fragestellungen nützlich sind, wird mancherorts ein paralleler Einsatz empfohlen (Nestmann 1988, S. 50-53). Letztlich hängt die Wahl des Verfahrens von der intendierten Fragestellung ab. Es gilt hier im Sinne der Ökonomie von wissenschaftlichen Erhebungen die Vor- und Nachteile eines parallelen oder singulären Einsatzes der Verfahren abzuwägen. Die Analyse sozialer Netzwerke setzt in ihrer klassischen Variante methodisch bei einer Einzelbefragung von Personen an. Bei einer angestrebten Fallzahl von ca. 700 Probanden, erscheint eine Analyse auf Basis von Einzelinterviews nicht durchführbar. Weiterhin sieht sich die soziale Netzwerkanalyse mit einem Validitätsproblem konfrontiert. Beziehungen, die der befragte Proband als solche angibt, existieren letztlich nur in der Wahrnehmung des Befragten. Um valide Aussagen treffen zu können, müssten alle Personen des sozialen Netzwerks ebenfalls befragt werden. Dies treibt den ökonomischen Aufwand zusätzlich in die Höhe. Gleichermaßen gilt zu betonen, dass die Strukturiertheit der sozialen Netzwerke keinen kausalen Schluss auf die soziale Eingebundenheit zulässt. Das Merkmal „wahrgenommene soziale Unterstützung“ kann dies leisten. Diese aus der Sicht des Individuums zu erfragen bietet sich über empirisch erprobte Instrumente an. Der Fragebogen zur sozialen Unterstützung (F-SozU) ist unter diesen Aspekten ausgewählt worden (Fydrich,

Sommer & Brähler 2007). Vorausgesetzt wird, dass der Bezugsbereich von sozialer Unterstützung vorab definiert wird. Laireiter (1993, S. 26-27) empfiehlt hier die Trennung der Bereiche *alltagsbezogener* und *belastungsbezogener* Unterstützungsansprüche. In Bezug auf das alltägliche Finanzhandeln interessiert für das vorliegende Projekt die alltagsbezogene Sichtweise. Weiterhin beschreibt er innerhalb der Alltagsunterstützung zwei wesentliche Support-Ebenen: die Unterstützung auf psychologischer Ebene und auf instrumenteller Ebene. Die Tabelle 6 verdeutlicht diese Einteilung.

Tab. 6: Taxonomie alltagsbezogener sozialer Unterstützung (Laireiter 1993, S. 27)

Alltagsunterstützung	
Psychologische Formen	**Instrumentelle Formen**
1. Bindung: Nähe, Geborgenheit, Vertrauen 2. Selbstwertunterstützung: Selbstwertaufbau und –verstärkung 3. Kontakt: Geselligkeit, Interaktion, Zugehörigkeit zu Netzwerken 4. Emotionale Unterstützung: Aussprache, Ventilation, Aufmunterung 5. Kognitive Unterstützung: Klärung, Problemlösung, Orientierung	1. Information, Ratschläge 2. Finanzielle Hilfen 3. Sachleistungen 4. Praktische Hilfe, Arbeit 5. Interventionen

Als Kennzeichen der Variable „wahrgenommene soziale Unterstützung" unterscheidet Laireiter (1993, S. 28):

a) Die Verfügbarkeit von Unterstützungsressourcen
b) Die unterstützende Qualität sozialer Beziehungen
c) Die in sozialen Interaktionen vermittelte soziale Unterstützung
d) Das Wissen darüber, unterstützt zu werden
e) Die Befriedigung von Unterstützungsbedürfnissen

Die Bedeutsamkeit wahrgenommener finanzieller Unterstützung aus dem sozialen Netzwerk als strategiebildender Parameter im Umgang mit Geld erklärt sich über die Funktion sozialer Beziehungen als Bewältigungsressource. Eine Strukturähnlichkeit des klassischen Bewältigungskonstrukts *„Coping"* mit dem der sozialen Unterstützung belegen auch Veiel und Ihle (1993, S. 55). Gleichermaßen unterscheiden sie beide Begrifflichkeiten über deren aktiven und passiven Beitrag zur Bewältigung von Alltagssituationen. „Coping impliziert einen aktiv auf negative Umwelteinflüsse reagierenden, die äußere Belastung oder sich selbst modifizierenden Organismus. Das Unterstützungskonzept dagegen postuliert positive Umweltfaktoren, die die Auswirkungen von Stressbelastungen neutralisieren und/oder unabhängig von größeren Belastungsmomenten Gesundheit und Wohlbefinden positiv beeinflussen können" (Veiel & Ihle 1993, S. 55). Es wird deutlich, dass es trotz der inhaltlichen Überschneidungen beider Begriffe auch Abgrenzungen gibt. So setzt *Coping* in seinem klassischen Verständnis eine zur Bewältigung anstehende Stresssituation voraus. Soziale Unterstützung dagegen wird unabhängig von Belastungen als positives Moment für die eigene Lebenssituation betrachtet. Eine kategorische Definition beider Begriffe führt nach Veiel und Ihle (1993, S. 56) nur zu partiellen Lösungen und wirft weitere Probleme auf.

Die vorliegende Arbeit konzentriert sich auf den allgemeinen Umgang mit Geld bei Jugendlichen und jungen Erwachsenen. Das Verlustrisiko bei finanziellen Entscheidungen gestaltet sich relativ zu den vorhandenen Mitteln, d.h. für Jugendliche und junge Erwachsene können im Rahmen von Kaufentscheidungen stressbelastete Situationen entstehen. Weiterhin gilt zu bedenken, dass in der Phase des Berufseintritts versicherungsrelevante Entscheidungen zu treffen sind, die ebenfalls Kosten und Stress verursachen können, wenn die betroffene Person Informationen zu Produkten und Dienstleistungen auf der Basis defizitären Wissens nicht richtig einordnen kann. Dagegen sind Situationen zu nennen, wie z. B. habitualisierte Kaufentscheidungen, die weitestgehend ohne Belastungsempfindungen getroffen werden. Der Umgang mit Geld ist in nahezu allen täglichen Situationen zumindest indirekt ein Thema. Kosten können entstehen, ohne dass es dafür zu einem direkt greifbaren *Cash-Flow* kommen muss. Telefonieren, Essen und Stromverbrauch sind nur einige wenige Beispiele, die nicht direkt sichtbare Kosten verursachen Eine Trennbarkeit von stressbelasteten und nicht stressbelasteten Situationen im Umgang mit Geld ist auf Basis der individuellen Ausprägung von Stressempfinden angesichts anstehender Ausgaben oder Kosten schwierig. Es wird vor diesem Hintergrund deutlich, dass ein auf Alltagssituationen gemünzter Ansatz zu Messung von wahrgenommener sozialer Unterstützung als zielführend eingestuft werden kann. Dies impliziert eine Abkehr vom klassischen Stressbewältigungskonzept *Coping*. Der in der vorliegenden empirischen Studie zum Einsatz kommende Fragebogen zur finanziellen Unterstützung bietet ein allgemeines Verfahren zur Messung des interessierenden Merkmals, wobei sich die im Fragebogen erfassten Teilkonstrukte auf relativ enge Situationen beziehen lassen. Die folgende Tabelle liefert einen Überblick über die im F-SozU angelegten Konstrukte[50], die in modifizierter Form den Fragebogen zur wahrgenommenen finanziellen Unterstützung bilden (Fydrich, Sommer & Brähler 2007):

Tab. 7: Skalen des Fragebogens zur sozialen Unterstützung (Fydrich, Sommer & Brähler 2007)

Fragebogen zur sozialen Unterstützung (F-SozU), 54 Items	
Hauptskalen *Wahrgenommene soziale Unterstützung*	Emotionale Unterstützung
	Praktische Unterstützung
	Soziale Integration
	Soziale Belastung
Nebenskalen	Reziprozität
	Verfügbarkeit einer Vertrauensperson
	Zufriedenheit mit sozialer Unterstützung

Der originäre Fragebogen konstituiert sich in seiner Langform aus 54 Items. Für die vorliegende Befragung wurden die Items angepasst, so dass sie einen Bezug zu finanziellen Situationen aufweisen. Damit wird ein eindeutiger Kontext hergestellt, innerhalb dessen sich die Unterstützung manifestiert. In diesem Zusammenhang wurden einige Items des originären Fragebogens ausgeschlossen, so dass sich der Umfang auf 44 modifizierte Items reduziert. Bezüglich der Dimensionalität der Items herrscht weitestgehend Analogie zu dem ursprünglichen Fragebogen. Eine weitere Dimension tritt im Fragebogen zur wahrgenommenen finanziellen Unterstützung hinzu, die sich durch negativ belastete Bezie-

50 Der F-SozU liegt sowohl in einer Langform mit 54 Items, als auch in einer Kurzform mit 22 Items vor. Für die vorliegende Studie wurde die Langform gewählt, da mit ihr insbesondere auch als belastend empfundene Beziehungsqualitäten gemessen und beschrieben werden können.

hungsqualitäten wie Empfindungen des „sich kontrolliert fühlen“ oder der „Einmischung“ kennzeichnen. Die Dimension „Zufriedenheit mit der Vertrauensperson“ entfällt, dafür werden Beziehungen, die sich durch die Betroffenheit von Schulden charakterisieren lassen, gesondert betrachtet.

Tab. 8: Items zur wahrgenommenen finanziellen Unterstützung und Dimensionalitäten

Itemnr.	***Item***	**Dimension**[51]
[v54]	*Ich habe Menschen, die ich um Rat fragen kann, wenn ich finanzielle Sorgen habe.*	SozInt
[v55]	*Es gibt Menschen, bei denen ich mir ohne zu Zögern Geld leihen kann - auch größere Beträge.*	PraktU
[v56]	*Meinen Freunden/Bekannten ist es wichtig, meine Meinung zu Finanzthemen zu erfahren.*	SozInt
[v57]	*Manche meiner Bekannten/Freunde nutzen meine Großzügigkeit aus.*	SozBel (-)
[v58]	*Ich fühle mich von wichtigen Personen abgelehnt.*	SozBel (-)
[v59]	*Die meisten Leute, die ich kenne, haben eine bessere Beziehung zu ihren Freunden als ich.*	SozBel (-)
[v60]	*Viele meiner Freunde/Angehörigen haben eine ähnliche Einstellung zum Geld wie ich.*	SozInt
[v61]	*Es gibt Menschen, denen ich ohne zu Zögern Geld leihe - auch größere Beträge.*	Rez
[v62]	*Ich kenne niemanden, mit dem ich über meine Finanzen sprechen kann.*	VP (-)
[v63]	*Es gibt Menschen, mit denen ich gerne Geld für Freizeit, Shoppen, Kino o.ä. ausgebe.*	SozInt
[v64]	*Es gibt Menschen, denen ich in finanziellen Angelegenheiten nicht vertraue.*	VP (-)
[v65]	*Ich könnte viel freier leben, wenn ich nicht immer auf meine Freunde/Familie Rücksicht nehmen müsste.*	Kon (-)
[v66]	*Ich kenne fast niemanden, mit dem ich gern ausgehe.*	SozBel (-)
[v67]	*Ich habe Freunde/Angehörige, die mich auch einfach mal umarmen.*	EmoU
[v68]	*Wenn ich wirklich mal unter Stress stehe, werden mir auch mal Aufgaben abgenommen.*	PraktU
[v69]	*Ich brauche mehr Menschen, mit denen ich etwas gemeinsam unternehmen kann.*	SozInt (-)
[v70]	*Manchmal habe ich das Gefühl, dass alle etwas an mir auszusetzen haben.*	EmoU (-)

51 SozInt = Soziale Integration, SozBel = Soziale Belastung, EmoU = Emotionale Unterstützung, PraktU = Praktische Unterstützung, Kon = Kontrolle, VP = Verfügbarkeit einer Vertrauensperson, Rez = Reziprozität, Schulden = Beziehungen, die durch Schulden geprägt sind.

[v71]	*Es gibt Menschen, die mir noch mehr als 100 Euro Schulden.*	Schulden
[v72]	*Ich habe Familienangehörige oder enge Freunde, die selbst verschuldet sind.*	Schulden
[v73]	*Wenn ich mal tief bedrückt bin, weiß ich, zu wem ich gehen kann.*	EmoU
[v74]	*Oft treffe ich zufällig Bekannte, mit denen ich erst mal ein Schwätzchen halte.*	SozInt
[v75]	*Ich wünschte, man würde mir nicht in meine finanziellen Angelegenheiten reinreden.*	Kon (-)
[v76]	*Ich fühle mich oft als Außenseiter.*	SozBel (-)
[v77]	*Bei manchen Freunden/Bekannten kann ich auch mal ganz ausgelassen sein.*	EmoU
[v78]	*Es gibt Menschen, denen ich noch mehr als 100 Euro schulde.*	Schulden
[v79]	*Ich habe Familienangehörige oder enge Freunde, die selbst überschuldet sind.*	Schulden
[v80]	*Ich fühle mich in meinem Leben von Freunden/Angehörigen bedrängt und eingeengt.*	Kon (-)
[v81]	*Ich wünsche mir von anderen Menschen mehr Verständnis und Zuwendung.*	EmoU (-)
[v82]	*Es gibt Menschen, bei denen ich vorübergehend wohnen könnte.*	PraktU
[v83]	*Ich werde oft um Rat zu finanziellen Themen gefragt.*	SozInt
[v84]	*Es gibt Menschen, die zu mir halten, auch wenn ich mal in finanziellen Nöten stecke.*	EmoU
[v85]	*Mit meinen Interessen und Hobbys stehe ich ganz alleine da.*	SozInt (-)
[v86]	*Es gibt Menschen, die mir wegen meinem Umgang mit Geld ständig ein schlechtes Gewissen machen.*	Kon (-)
[v87]	*Es gibt eine Gemeinschaft von Menschen (Freundeskreis, Clique), zu der ich mich zugehörig fühle.*	SozInt
[v88]	*Es gibt Menschen, mit denen ich völlig zwanglos über mein Geld sprechen kann.*	VP
[v89]	*Es gibt Menschen, durch die ich mich in meinem finanziellen Verhalten kontrolliert fühle.*	Kon (-)
[v90]	*Es gibt Menschen, von denen ich mich "abgezockt" fühle.*	SozBel (-)
[v91]	*Es gibt Menschen, denen ich alles über meine finanzielle Situation anvertraue.*	VP
[v92]	*Durch meinen Freundes- und Bekanntenkreis erhalte ich oft gute Tipps (z. B. guter Arzt, Veranstaltungen).*	PraktU
[v93]	*Es gibt Menschen, die sich mit wichtigen persönlichen Problemen an mich wenden.*	EmoU
[v94]	*Ich kenne zu wenige Menschen, die ich bei persönlichen Problemen um Rat fragen kann.*	EmoU (-)
[v95]	*Es gibt Menschen, vor denen ich mich schäme, wenn ich*	SozBel (-)

	mal kein Geld habe.	
[v96]	*Über Geld spricht man nicht.*	VP (-)
[v97]	*Wenn ich Schulden mache, kann ich mit niemandem darüber reden.*	VP (-)

Insgesamt werden 8 verschiedene Dimensionen finanzieller Unterstützung (und Belastung) durch den Fragebogen abgebildet. Die belastenden Beziehungen werden entsprechend umkodiert, so dass sich ein Gesamtmaß für die wahrgenommene finanzielle Unterstützung ergibt. Die Dimension „Schulden" bezieht eine gesonderte Stellung. Inwieweit Kreditbeziehungen zwischen der befragten Person und etwaigen Schuldnern oder Gläubigern als belastend empfunden werden, kann ohne weiteres nicht beantwortet werden. Insofern ist es auch nicht möglich, den Beitrag der Ausprägungen dieser Items auf die wahrgenommene finanzielle Unterstützung valide zu beurteilen. Dennoch liefern diese Items Hinweise auf die strukturellen Gegebenheiten des sozialen Umfelds einer Person. Sie werden daher gesondert ausgewertet. Insgesamt ergibt sich damit folgendes Schema für die Variable „wahrgenommene finanzielle Unterstützung":

Tab. 9: Struktur des Fragebogens zur wahrgenommenen finanziellen Unterstützung

Skalen	**Dimension**	**Anzahl Items**
Hauptskala *Wahrgenommene finanzielle Unterstützung*	Emotionale Unterstützung Praktische (finanzielle) Unterstützung Soziale Integration Soziale Belastung Reziprozität Verfügbarkeit einer Vertrauensperson (über Geld reden) Kontrolle/ Einmischen des sozialen Umfeldes von/ in Geldangelegenheiten	(8) (4) (9) (7) (1) (6) (5)
Nebenskala (Strukturmerkmal) *Schulden*	Gläubiger-Schuldner-Beziehung	(4)

Die wahrgenommene finanzielle Unterstützung gilt in der vorliegenden Untersuchung als sozialer Indikator für die Entwicklung von Selbstregulation im Umgang mit Geld. Wie bereits aus der Dimensionalität der Variable ersichtlich wird, spielen auch solche Merkmale eine Rolle, die die Selbstregulation im Sinne autonomer Handlungen beeinträchtigen kann. Dies wird z. B. an der Dimension der Kontrolle durch das soziale Umfeld deutlich. Im empirischen Teil der vorliegenden Arbeit werden diese Aspekte sozialer Interaktion anhand der Analysedaten vertieft. Hinzu kommt die Beurteilung der Validität der hier theoretisch ermittelten Struktur mittels geeigneter faktorenanalytischer Verfahren. Im folgenden Kapitel wird zunächst der dritte vermutete Prädiktor finanzieller Selbstregulation, das Selbstkonzept zur finanziellen Handlungskompetenz und im Speziellen das Selbstkonzept zur beruflichen Handlungskompetenz, fokussiert.

4.4 Das Selbstkonzept zur finanziellen Handlungskompetenz

Unter dem Selbstkonzept einer Person versteht Greve (2000, S. 17) „ein dynamisches System, das einerseits auf die jeweilige Person bezogene Überzeugungs- und Erinnerungsinhalte in hochstrukturierter Form und andererseits die mit diesen Inhalten und Strukturen operierenden Prozesse und Mechanismen umfasst." Damit folgt er der klassischen Kategorisierung des Selbst innerhalb der Selbstkonzeptforschung in die Ebenen des „Self as knower" bzw. „I" und des „Self as known" bzw. „Me" (Uchronski 2010, S. 56). Ersteres beschreibt die Wahrnehmung der Person über sich selbst, über ihre Fähigkeiten und Eigenschaften, ihre Wünsche und Ziele. Es geht darum, was der Mensch über sich selbst weiß und wie er sich selbst versteht (Greve 2000, S. 16). Das zweite Konzept bezieht sich auf die Wirkmechanismen, die die Entwicklung eines Selbstbildes antreiben (Greve 2000, S. 16). Die empirische Forschung erlaubt bestenfalls einen Einblick in das Wissen der Person über sich selbst in Form von Selbstauskünften. Damit sind auch stets Zweifel in Hinblick auf die Validität der Daten verbunden. Forschungstheoretisch manifestieren sich diese Zweifel an Abweichungen die zwischen einer realistischen (faktischen) und einer hypothetischen (kontrafaktischen) Selbstwahrnehmung bestehen. Diese Unterschiede stellt Greve (2000, S. 20) in seiner dreidimensionalen Topographie des Selbst dar.

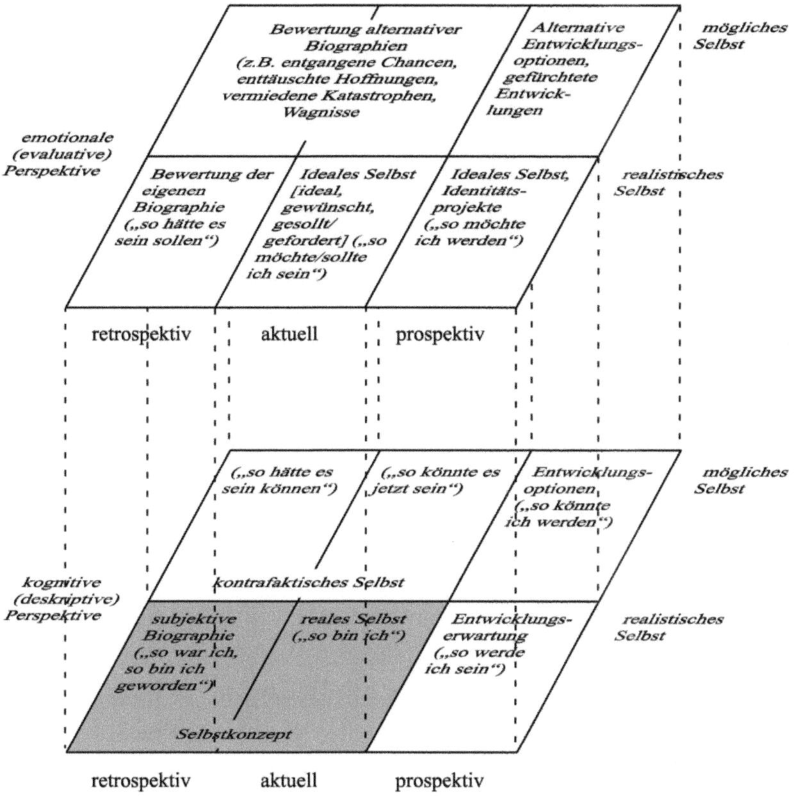

Die dimensionale Struktur zeigt, dass sich die Beschreibung des Selbst auf vergangene und aktuelle Ereignisse sowie in die Zukunft gerichtete Projektionen bezieht. Die Selbstkonzeptforschung kann auf Basis der Restriktionen zur Erforschung kognitiver Prozesse nur zu den Bereichen der Wahrnehmung der Entwicklung des Selbst (wie bin ich so geworden?) sowie einer aktuellen Zustandsbeschreibung des Selbst (wie bin ich?) valide Aussagen treffen. Es wird dabei unterstellt, dass sich die Selbstauskünfte an realistischen Gegebenheiten orientieren.

Zur Messung des Selbstkonzepts beruflicher Handlungskompetenz wurde im Jahr 2007 das sog. KRI (Kompetenz-Reflektions-Inventar) entwickelt (Kauffeld, Grote & Henschel 2007, S. 338). Das Inventar nimmt Bezug auf die aktuelle Kompetenzdiskussion und enthält Skalen zur (berufsbezogenen) Fach-, Methoden-, Sozial- und Selbstkompetenz[52]. Erste empirische Arbeiten mit diesem Instrument liefern Aussagen zur Angemessenheit des Inventars. So ergeben sich nach Kauffeld, Grote und Henschel (2007, S. 399) für die Messung der latenten Variable sehr gute bis akzeptable interne Konsistenzen[53]. Die Nützlichkeit des Instruments zur Messung des Selbstkonzepts beruflicher Handlungskompetenz kann als gegeben angenommen werden. Über Adaptionsprozesse wird in der vorliegenden Arbeit versucht, eine Annäherung an das Konstrukt *Selbstkonzept finanzieller Handlungskompetenz* zu erreichen. Hierzu werden die ursprünglichen Items aus dem KRI auf die Domäne finanzieller Entscheidungen hin umformuliert. Über sich anschließende Methoden der Instrumentenanalyse wird die Faktorenstruktur der Itembatterie zum Selbstkonzept finanzieller Handlungskompetenz definiert. Über den parallelen Einsatz der nicht modifizierten sowie modifizierten Items werden insgesamt beide Konzepte, das *Selbstkonzept zur beruflichen Handlungskompetenz* (1) sowie das *Selbstkonzept zur finanziellen Handlungskompetenz* (2) gemessen.

Insbesondere für die durch eine hohe finanzwirtschaftliche Bildung geprägten Ausbildungsberufe ergibt sich eine spezielle, ergänzende Fragestellung. Es soll analysiert werden, ob es signifikante Zusammenhänge zwischen dem Bereich beruflicher Handlungskompetenz in finanzaffinen Berufen und privater finanzieller Handlungskompetenz gibt. Eine nachweisbare Kohärenz kann die Vermutung untermauern, dass Lerninhalte aus der beruflichen Ausbildung wie z. B. Erfahrungen aus Kundeberatungsgesprächen auf finanzielle Entscheidungen im privaten Alltag übertragen werden. Umgekehrt deutet ein fehlender Zusammenhang darauf hin, dass ein Transfer nicht stattfindet. Bislang werden der

---

52 Selbstkompetenz wird definiert als moralische Urteilsfähigkeit, die als Ausweis von Selbstbestimmung und Selbstverantwortung betrachtet werden kann (Breuer, Tauschek, Becker, Ettmüller, Etzkorn 2009, S. 32). Moralische Urteilsfähigkeit entsteht nach Roth (1971, S. 575) dadurch, dass Schülerinnen und Schüler fortlaufend konfliktbeladene Probleme aus ihrer Lebenswelt innerhalb ihrer Erfahrungswelt- also auch im schulischen Unterricht- bearbeiten.

53 $0.62<\alpha<0.95$

beruflich-finanzwirtschaftliche Bereich und der privat-finanzwirtschaftliche Bereich getrennt voneinander betrachtet (Reifner 2003, S. 22).

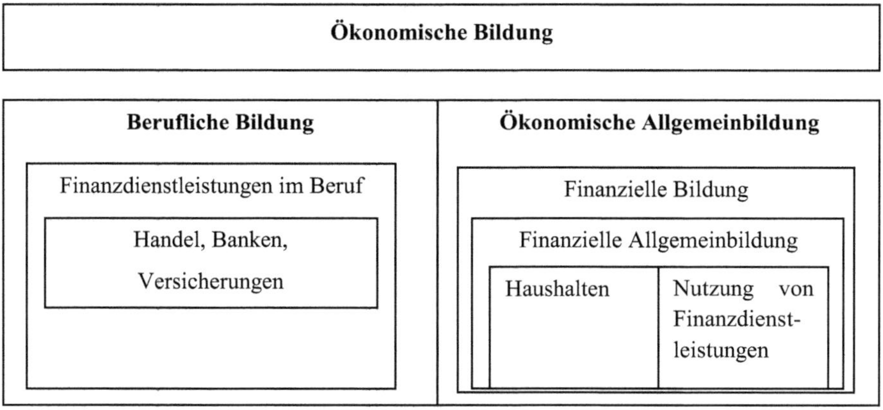

Abb. 14: Modell zur ökonomischen Bildung nach Reifner (2003, S. 22)

Reifner (2003, S. 19) unterscheidet in seinem Modell die berufsqualifizierende finanzorientierte Bildung für Berufe der Finanzwirtschaft (z. B. Bankkaufleute, Versicherungskaufleute) und der für Haushalte und Privatpersonen notwendigen finanziellen Allgemeinbildung. Er fordert neben der beruflich orientierten ökonomischen Bildung eine ebenso formale Vermittlung ökonomischer Allgemeinbildung für die Zwecke der alltäglichen privaten Finanzentscheidungen im deutschen Schulwesen vor dem Hintergrund der statistisch belegbaren Defizite (Reifner 2003, S. 66). Er suggeriert damit eine inhaltliche Trennbarkeit der beiden Felder. Diese ist vor dem Hintergrund entstehender Transfereffekte zwischen beruflich orientierter Bildung und den privaten Handlungssituationen anzuzweifeln. Der im vorliegenden Projekt realisierte parallele Einsatz der Messinstrumente zum Selbstkonzept der *beruflichen* und *finanziellen* Handlungskompetenz verfolgt das Ziel, einen empirischen Nachweis für existierende Wirkmechanismen im Sinne eines Lerntransfers zwischen dem Feld berufsqualifizierender Bildung und privater finanzieller Entscheidungen zu führen. Es wird zu prüfen sein, ob positiv-lineare Zusammenhänge zwischen den beiden Handlungsfeldern in den Gruppen mit finanzaffinen Berufen bestehen, was im Sinne eines erfolgreichen Transfers von theoretischem Wissen im Lernfeld auf das praktische Handlungsfeld nicht nur im Beruf, sondern auch in privaten Anforderungssituationen wünschenswert ist.

Für die Items zur Messung der beruflichen Handlungskompetenz, die unmodifiziert in die Studie einfließen, können die Dimensionen der Fach-, Methoden-, Sozial- und Selbstkompetenz angenommen werden. Anders verhält es sich für die modifizierten Items, die das Selbstkonzept zur finanziellen Handlungskompetenz messen sollen. Hierzu liegen keine theoretischen Annahmen vor, so dass mittels explorativer Faktorenanalyse zunächst die Dimensionalität der Itembatterie überprüft wird. Die Ergebnisse der Faktorenanalyse sind in Anhang 6.2 aufgeführt. Die Faktorenanalyse zeigt im Ergebnis, dass den Fragen zunächst 7 Faktoren zugrunde liegen, die insgesamt ca. 60% der Varianz aufklären können. Auf der Basis von Reliabilitätsüberlegungen werden 4 Faktoren ausgeschlossen[54]. Es ergeben sich final drei Dimensionen, die das Selbstkonzept finanzieller Handlungskompetenz beschreiben und zudem eine semantische Nähe zu den originären Dimensionen der Fach-, Methoden- und Sozialkompetenz aufweisen.

Tab. 10: Dimensionen des Selbstkonzepts finanzieller Handlungskompetenz

Selbstkonzept finanzieller Handlungskompetenz		
Fachkompetenz	*Methodenkompetenz*	*Sozialkompetenz*
Finanzielle Angelegenheiten verstehen	Finanzstrategien bilden	Finanzielle Interaktionen bewältigen

Für die Skalen ergeben sich folgende Reliabilitätskennwerte:

54 Insgesamt empfiehlt es sich, 8 Items aus dem Fragebogen auszuschließen, die sich auf vier Faktoren verteilen, da die zusätzliche Varianzaufklärung durch diese Items unter 5% liegt und Faktoren, die sich aus weniger als 3 Items konstruieren zur Beibehaltung im Fragebogen nicht geeignet sind. Die Reliabilität der Gesamtskala sinkt dadurch nur unwesentlich auf einen Wert von ,859.

Tab. 11: Reliabilitäten der Einzelskalen zum Selbstkonzept finanzieller Handlungskompetenz

Skala	**Items**	**Cronbachs Alpha**
Finanzielle Angelegenheiten verstehen	[v120]: „Abläufe und Prozesse bei meinen eigenen finanziellen Entscheidungen (also z. B. bei Abschluss eines Bausparvertrages, bei der Beratung über Geldanalagen etc.) in Frage zu stellen, fällt mir leicht“ [v121]: „Probleme und Veränderungsbedarf in meiner privaten Finanzsituation zu erkennen, fällt mir leicht“ [v122]: „Es ist eine meiner Stärken, neue Ideen für meine private finanzielle Absicherung zu entwickeln“ [v123]: „Neue Ideen zur Verbesserung meiner Finanzlage zu entwickeln, ist eine meiner Stärken“ [v124]: „Es ist eine meiner Stärken, finanzwirtschaftliche Sachverhalte im privaten Umfeld klar und deutlich darzustellen“ [v126]: „Es fällt mir leicht, Finanzprodukte hinsichtlich ihrer Vor- und Nachteile zu bewerten“	α = ,793
Finanzstrategien bilden	[v125]: „Es ist eine meiner Stärken, meine private Finanzsituation im Blick zu haben“ [v127]: Es zeichnet mich aus, im Nachhinein zu überlegen, wie ich Schwierigkeiten und Probleme in Bezug auf meine private Finanzen beim nächsten Mal besser lösen kann“ [v136]: „Es gelingt mir gut, finanzielle Vorhaben umzusetzen“ [v137]: „Es ist eine meiner Stärken, konkrete Maßnahmen zur Umsetzung von Finanzentscheidungen (z. B. größere Anschaffungen) zu planen“ [v142]: „Ich habe Vertrauen in meine Person, z. B. dass ich finanzielle Probleme bewältigen werde“	α = ,772
Finanzielle Interaktionen bewältigen	[v129]: „Die eigene Meinung zu finanziellen Fragen zu vertreten, fällt mir leicht“ [v130]: „Es fällt mir leicht, andere Menschen finanziell zu fördern bzw. zu unterstützen“ [v131]: „Andere für meine Vorschläge in Finanzfragen zu begeistern, fällt mir leicht“ [v134]: „Neue Kontakte zu Beratern oder Experten aus dem Finanzsektor zu knüpfen, gehört zu meinen Stärken“ [v135]: „Soziale Kontakte kann ich gut pflegen“	α = ,696

Die Reliabilitätswerte liegen damit im akzeptablen Bereich. Das Selbstkonzept finanzieller Handlungskompetenz konstituiert sich zusammenfassend aus drei beobachtbaren Merkmalen. Hierzu gehört der Grad der Einschätzung des eigenen Verständnisses finanzieller Angelegenheiten, die Fähigkeit, Strategien und Pläne zur Vorbereitung finanzieller Entscheidungen zu entwickeln sowie die Fähigkeit, finanzielle Interaktionen zu bewältigen. Damit inkludiert das Selbstkonzept zur finanziellen Handlungskompetenz *die individuellen Vorstellungen* über kognitive, metakognitive und soziale Fähigkeiten. Alle drei Bereiche betreffen die Selbstwahrnehmung der Person.

4.5 Selbstregulatorische Fähigkeiten im Umgang mit Geld

Das Thema Selbstregulation findet in der aktuellen pädagogischen Literatur insbesondere zu den Fragen der Entwicklung von selbstreguliertem Lernen erhöhte Aufmerksamkeit. Selbstregulation wird verstanden als selbstbestimmte Planung, Durchführung und Kontrolle von Lernprozessen. Verschiedene Faktoren prägen das Ausmaß des selbstregulierten Lernens. Nach Baumert et al. (2000) wird Selbstregulation als fächerübergreifendes Merkmal betrachtet, welches sich auf der Basis kognitiver, metakognitiver und motivationaler Faktoren beschreiben lässt.

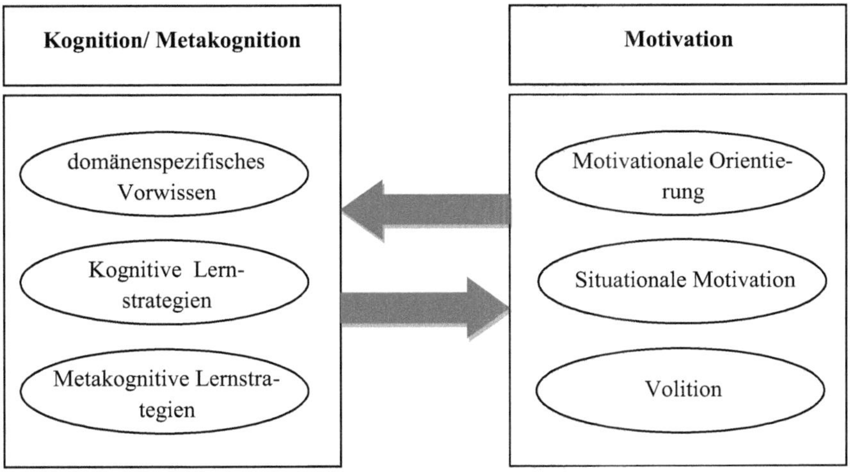

Abb. 15: Modell zum selbstregulierten Lernen (vgl. Baumert et al. 2000; Leutwyler & Maag-Merki 2009, S. 201)

Selbstregulation in Lernprozessen ist nach diesem Modell eng geknüpft an das Vorhandensein fachspezifischen Vorwissens. Zudem gehört zur Aktivierung von Selbstregulation die Verfügbarkeit von kognitiven und metakognitiven Lernstrategien (Leutwyler & Maag-Merki 2009, S. 201). Kognitive Lernstrategien richten sich auf die Lernhandlung selbst und beziehen sich auf Strategien, die der Informationsaufnahme, -verarbeitung und –speicherung dienen. Zu den kognitiven Lernstrategien zählen die Elaborationsstrategien, die Organisationsstrategien, die Selbstkontrollstrategien und die Wissensnutzungsstrategien (Leopold, den Elzen-Rump & Leutner 2006, S. 268-269). Elaborationsstrategien dienen dazu, neues Wissen in bestehende Wissensstrukturen zu integrieren. Organisationstechniken selektieren aus einer Fülle von Informationen die wesentlichen aus. Sie helfen durch Visualisierungstechniken, neues Wissen zu organisieren und zu strukturieren. Wiederholungsstrategien befördern die Abrufbarkeit von Informationen und die Übertragung von Wissen ins Langzeitgedächtnis (Wild & Schiefele 1994, S. 187). Neben den kognitiven Strategien spielen auch metakognitive Strategien zur Planung, Überwachung und Bewertung des Lernprozesses eine entscheidende Rolle bei der Entwicklung selbstregulativer Fähigkeiten (Wild & Schiefele 1994). In Bezug auf das eingangs dargestellte Modell nach Baumert et al. (2000) ergibt sich folgende Konsequenz: selbstreguliertes Lernen setzt das Vorhandensein von Vorwissen sowie die Verfügbarkeit von kognitiven und metakognitiven Strategien voraus. Hinzu kommt, dass Wechselwirkungen mit motivationalen und volitionalen Orientierungen berücksichtigt werden müssen, die einerseits den persönlichen Dispositionen des Lerners zugeschrieben werden können und andererseits aus dem situationalen Kontext heraus entstehen. Die Förderung von Selbstregulation verlangt unabhängig von dem spezifischen Lerninhalt die Berücksichtigung dieser genannten Faktoren. Dies bedeutet, dass die metakognitiven und kognitiven Voraussetzungen geschaffen werden müssen, um solche Lehr-Lern-Arrangements zu entwickeln, die den Grad der Motivation positiv beeinflussen. Dies gelingt z. B. über den Rekurs auf authentische Handlungssituationen.

ternative Modelle zur Selbstregulation stellen das Konzept der Selbstwirksamkeitserwartung als handlungsregulierendes Konstrukt in den Mittelpunkt (vgl. Bandura 1997, S. 3; Friedrich & Mandl 1997, S. 244; Jerusalem 2005, S. 7). Das Konzept der Selbstwirksamkeitserwartung wurde zum Zwecke der Verhaltenserklärung entwickelt. Es werden zwei wesentliche kognitive Komponenten der Verhaltenssteuerung voneinander unterschieden, und zwar Wirksamkeitsüberzeugungen (efficacy expectations), die sich auf die Einschätzung der eigenen Fähigkeiten beziehen sowie die Ergebniserwartungen (outcome expectations), die sich als subjektive Einschätzungen auf die möglichen Konsequenzen eines Verhaltens beziehen (Krapp & Ryan 2002, S. 56). Im Kern besagt die Selbstwirksamkeitstheorie, dass eine Person auf Basis der Einschätzung der eigenen Fähigkeiten subjektive Prognosen bildet (Krapp & Ryan 2002, S. 56).

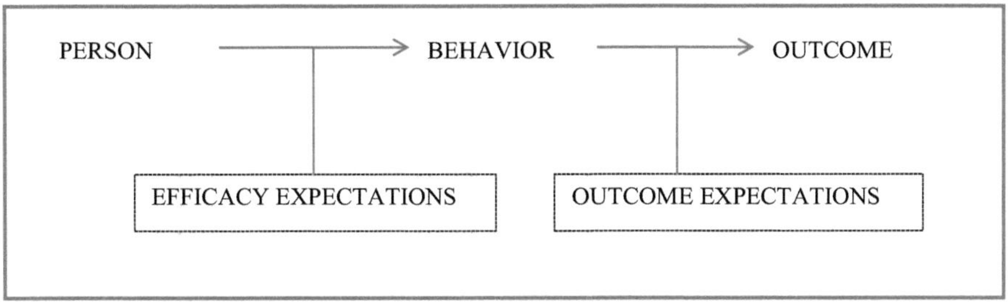

Abb. 16: *Unterscheidung von Wirksamkeits- und Ergebniserwartung (Krapp & Ryan 2002, S. 56 nach Bandura 1977, S. 193)*

Eine Reihe empirischer Studien kann die Bedeutung von Selbstwirksamkeit als antreibende Kraft für die Entwicklung von Motivation, das Leistungshandeln und die Leistungsbewältigung belegen (vgl. Jerusalem & Schwarzer 2002, S. 10; Breuer et al. 2009, S. 265). Nach Schwarzer und Jerusalem (2002, S. 37-38) ist die Selbstwirksamkeit der Schlüssel zu einer kompetenten Selbstregulation. Selbstwirksamkeitserwartungen beeinflussen die individuelle Bereitschaft zur Auswahl herausfordernder Aufgaben sowie zur Aufrechterhaltung der Anstrengungen für die Bewältigung dieser Aufgaben (Breuer et al. 2009, S. 94). Daneben steuern Merkmale wie die individuelle Befähigung zur Planung, die Kontrolle des eigenen Bewältigungsprozesses sowie die Anstrengungsbereitschaft und der subjektive Wille zur Zielerreichung den Erfolg eines Handlungsprozesses. Das folgende Modell veranschaulicht die dargestellten Zusammenhänge.

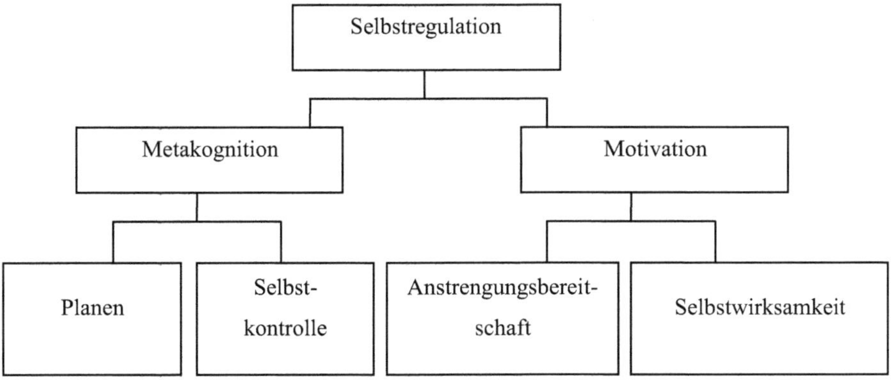

Abb. 17: *Dimensionen der Selbstregulation (Breuer & Brahm 2004, S. 364)*

Innerhalb der Planungsphase werden die notwendigen (Teil-)Handlungen zur Zielerreichung antizipiert und strukturiert. Die Selbstkontrolle überwacht die

Erreichung von (Teil-)Zielen und dient dem Individuum dazu, Fortschritte im Prozess der Entscheidungsfindung und –überwachung zu erkennen und seine Handlungen entsprechend zu modifizieren. Die Anstrengungsbereitschaft kann als Engagement oder Wille zur Aufrechterhaltung der notwendigen Bemühungen im Sinne der Zielerreichung betrachtet werden. Die Selbstwirksamkeit schließlich lässt sich als das Vertrauen in die eigenen Fähigkeiten beschreiben (O`Neil & Herl 1998). Die Selbstwirksamkeit ist auf Basis existierender Befunde als wichtigstes Merkmal von Selbstregulation zu verstehen. Laut Schwarzer und Jerusalem (2002, S. 37) setzt sich eine selbstwirksame Person bereits in der Motivationsphase höhere Ziele, als nicht selbstwirksame Personen. In der Handlungsphase dient eine hohe Selbstwirksamkeit der zielführenden Überwachung des Handlungsgeschehens. In der Volitionsphase sind selbstwirksame Personen eher dazu befähigt, ihre Zielsetzungen aufrecht zu erhalten. Auch Krapp und Ryan (2002, S. 54) bezeugen die hohe prognostische Valenz des Konstrukts in unterschiedlichsten Kontexten. „Selbstwirksamkeit bzw. eine optimistische Selbstüberzeugung stellt somit einen Schlüssel zur kompetenten Selbstregulation dar, indem sie ganz allgemein das Denken, Fühlen und Handeln sowie – in motivationaler und volitionaler Hinsicht – Zielsetzung, Anstrengung und Ausdauer beeinflußt" (Schwarzer & Jerusalem 2002, S. 37). Selbstwirksamkeit kann von dem Begriff des Selbstkonzeptes unterschieden werden. Während sich die Selbstwirksamkeit auf das Vertrauen in die eigenen Fähigkeiten innerhalb einer spezifischen Anforderungssituation bezieht, schließt das Selbstkonzept sämtliche Erwartungen an die eigenen Fähigkeiten und die damit verbundenen emotionalen Befindlichkeiten mit ein (Boekaerts 1998, S. 100). Ein spezifischer Kontext, innerhalb dessen sich diese Erwartung in die eigenen Fähigkeiten äußert, wird bei dem Begriff des Selbstkonzepts nicht verlangt. Nach Breuer et al. (2009, S. 153) ist die Selbstwirksamkeit eng verknüpft mit dem Konzept des Kompetenzerlebens. Kompetenzerleben wiederum wird innerhalb der Selbstbestimmungstheorie der Motivation[55] als förderlich für die Entwicklung intrinsischer Motivation angesehen (Krapp & Ryan 2002, S.59). Eine Förderung des

55 Die Selbstbestimmungstheorie der Motivation nach Deci und Ryan (1993) unterscheidet die Stärke der Motivation von der Ausrichtung der Motivation. Die Ausrichtung gibt an, warum eine Person motiviert ist. Die Selbstbestimmungstheorie unterscheidet 5 Typen der Motivation: die intrinsische Motivation, die externale Regulation, die Introjektion, die Identifikation sowie die Integration (Krapp & Ryan 2002, S. 61-63).

Kompetenzerlebens wirkt sich demnach auch positiv auf die Selbstwirksamkeitserwartungen des Individuums aus.

Im Bereich der curricularen Entwicklung gibt es weitere Hinweise, welche Maßnahmen eine Förderung des Kompetenzerlebens und somit der Selbstwirksamkeit bei Lernenden begünstigen. Lernsituationen sollen demnach klar und sinnvoll strukturiert sein und sich auf ein spezifisches Handlungsfeld transferieren lassen (vgl. Schiefele & Streblow 2006, S. 240; Breuer et al. 2009, S. 153). Hierzu gehören sprachlich einfache, anschauliche und strukturierte Instruktionen. Die der Lernsituation zugehörige Aufgabenstellung leitet den Lern- und Handlungsprozess ein, sobald sie ein gewisses Maß an Herausforderung für den Lernenden aufweist. Der Schwierigkeitsgrad einer Aufgabenstellung muss hierzu sich an dem bereits vorhandenen Kenntnisstand des Lernenden orientieren (Breuer et al. 2009, S. 154)[56]. Die gesetzten Ziele sollten zeitlich erreichbar sein, also „Nahziele" beschreiben (Schwarzer & Jerusalem 2002, S. 45-46). Das Kompetenzerleben und die Selbstwirksamkeit werden weiterhin durch das Handeln des Lehrenden beeinflusst. Eine positive Rückmeldung durch die Lehrperson wird als besonders förderlich eingestuft. Dazu gehört auch die aktive, ermutigende Unterstützung des Lerners innerhalb einer Lernsituation (Breuer et al. 2009, S. 156-157). Die Entwicklung einer positiven Fehlerkultur kann die Entwicklung von Kompetenzerleben und Selbstwirksamkeit zusätzlich positiv beeinflussen (Breuer et al. 2009, S. 157).

Die Selbstwirksamkeit eines Individuums speist sich aus verschiedenen Quellen. Nach Bandura (1997, S. 399) entwickelt sich Selbstwirksamkeit über direkte Erfahrungen, stellvertretende Erfahrungen, verbale Mitteilungen mit ihren sozialen Effekten sowie über die Wahrnehmung eigener Gefühlserregungen. Direkte Erfolgserfahrungen (Mastery-Erfahrungen) fördern die Selbstwirksamkeit, direkte Misserfolgserfahrungen können die Selbstwirksamkeit im Gegenzug beeinträchtigen. Es gilt daher, erfolgreiches Handeln wahrzunehmen oder als dritte Person zu vermitteln sowie den Erfolg auf die Fähigkeiten der handelnden Person anzurechnen (vgl. Breuer et al. 2009, S. 268; Schwarzer 1995, S. 32). Stellvertretende Erfahrungen erfolgen über die Beobachtung eines Modells. Die Person, die die stellvertretenden Erfahrungen macht, muss sich mit dem Modell identifizieren können. Erfolge des Modells wirken sich positiv auf die

56 Eine Übersicht über die Charakteristika unterschiedlicher Problemtypen findet sich bei Dörner (1976, S. 14).

Selbstwirksamkeit des Beobachtenden aus, Misserfolge können diese wiederum negativ beeinflussen (Breuer et al. 2009, S. 269). Mit „verbaler Mitteilung" ist die kommunikative Überzeugung einer Person in ihre Fähigkeiten durch eine dritte Person gemeint. Die getroffenen Äußerungen sollten möglichst realistisch sein (Breuer et al. 2009, S. 269). Von Bedeutung ist auch, wer die verbale Mitteilung kommuniziert. Vorbilder erreichen einen höheren Effekt, wenn sie die Fähigkeiten der handelnden Person positiv einschätzen. Die gefühlsmäßige Erregung beeinflusst die Selbstwirksamkeit ebenfalls. Nervosität angesichts einer anstehenden Aufgabe kann die Selbstwirksamkeit schmälern. Es gilt zu beachten, dass sich die gefühlsmäßigen Erregungen aus den gemachten Erfahrungen ergeben können, weswegen die direkten Erfahrungen und die gefühlsmäßigen Erregungen in wechselseitiger Beziehung zueinander interpretiert werden sollten (Breuer et al. 2009, S. 269-270)[57].

Bisherige Pilotstudien[58] zur Selbstregulation weisen auf ein 3-Faktoren Modell der Selbstregulation im Umgang mit Geld hin. Die Ebenen der Planung und der Kontrolle fallen hierbei zusammen. Zur Analyse der Selbstregulation im Umgang mit Geld in der pilotierenden Studie wurde eine auf finanzielle Situationen adaptierte Version des TSRQ[59] entwickelt. Der TSRQ dient in seiner ursprünglichen Form der Analyse metakognitiver und motivationaler Merkmale der Selbstregulation in der beruflichen Ausbildung und bildet die Dimensionen Planung, Selbstkontrolle, Anstrengungsbereitschaft und Selbstwirksamkeitserwartungen ab (vgl. Breuer & Brahm 2004; Breuer & Eugster 2006). Über faktoranalytische Verfahren ergibt sich eine von den vier originären theoretischen Dimensionen abweichende Struktur. Planung und Selbstkontrolle fallen für die auf finanzielle Situationen modifizierten Items zu einer Skala „Sorgfalt bei finanziellen Entscheidungen" zusammen. Eine starke Kohärenz zwischen

57 Daneben werden weitere Einflussgrößen auf die Selbstwirksamkeit der Lernenden genannt, die allenfalls nur indirekt über schulische Prozesse beeinflusst werden können. Hierzu zählen soziale Einflussgrößen wie die Zugehörigkeit zu Cliquen außerhalb des schulischen Kontextes, der Einfluss der Familie und des Erziehungsstils sowie die Auswirkungen sozialer Vergleichsprozesse (vgl. Satow 1999, S. 18-27; Kutner 1995, S. 78; Breuer et al. 2009, S. 270-271).

58 Es wurden in einer Pilotstudie innerhalb des Forschungsprojektes „Die Entwicklung mentaler Modelle zu Kreditbeziehungen in Netzwerken" 27 verschuldete und 34 nicht verschuldete Jugendliche und junge Erwachsene befragt (Bender & Breuer 2011, S. 45-62).

59 © 1999 Klaus Breuer für die Version in deutscher Sprache

diesen beiden Merkmalen erscheint unter der Annahme plausibel, dass die Kontrolle des Handlungsprozesses nur dann sinnvoll ist, wenn ein Ziel gesetzt ist und der Zeitpunkt bzw. die Mindestanforderungen zur Zielerreichung festgelegt wird. Die wechselseitige Abhängigkeit von „Planung“ und „Selbstkontrolle“ wird auch in der Literatur bestätigt (vgl. Schreblowski & Hasselhorn 2006, S. 153; Seel 2003, S. 232; Wild 1974, S. 44). Die Skalen zur Selbstwirksamkeit (Selbstwirksamkeitserwartungen zum erfolgreichen Umgang mit Geld) und Anstrengungsbereitschaft (Bereitschaft zur Auseinandersetzung mit finanziellen Hürden) bleiben fast unverändert erhalten. Die quantitativen Ergebnisse zur Pilotstudie sind in Anhang A.4 aufgeführt. Entsprechend der Ergebnisse der Pilotstudie wird für die abhängige Variable „Selbstregulation im Umgang mit Geld“ eine dreidimensionale Struktur angenommen.

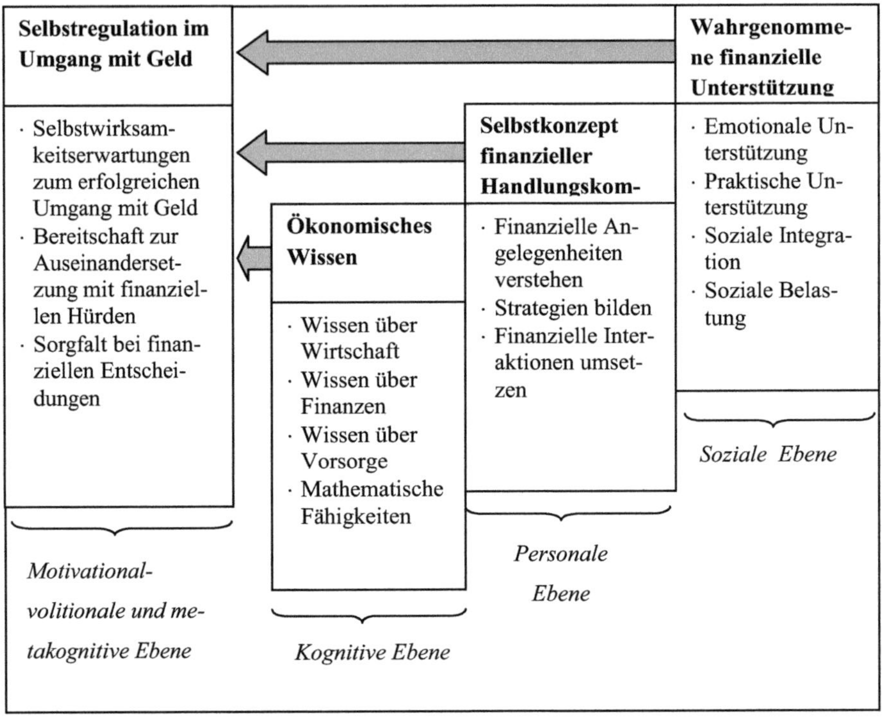

Abb. 18: *Modell zum selbstregulierten Umgang mit Geld*

Die Dimensionen der Fach-, Selbst- und Sozialkompetenz folgen dem „relativen" Konsens über die Beschreibung von Kompetenzen (s. Kapitel 3.3). Die dargestellte soziale Ebene bezieht sich auf den interaktionalen Charakter von finanziellen Handlungen. Dass der Umgang mit Geld in den meisten Fällen mindestens zwei Aktionspartner voraussetzt, leuchtet unmittelbar ein. Kaufhandlungen benötigen einen Käufer und einen Verkäufer. Beratungen zu Finanzdienstleistungen benötigen einen Berater und einen Interessenten. *Soziale Kompetenz* manifestiert sich in solchen Situationen an der Fähigkeit, in einem interaktionalen Prozess die eigenen Ziele und Bedürfnisse unter Wahrung und Akzeptanz der Rollen der beteiligten sozialen Akteure zu verfolgen. Reifner (2003, S. 76-77) beschreibt Defizite im Bereich sozialer Kompetenz im Rahmen finanziellen Handelns bei armutsgefährdeten Populationen und sieht hier insbesondere Förderungsbedarf in Hinblick auf die Wahrnehmung der eigenen Person in ihrer Rolle als Konsument, die Fähigkeit, sich hinsichtlich eintretender finanzieller Probleme „verständlich machen zu können“ sowie die Fähigkeit, eigenes Verhalten zu hinterfragen. Diese Fähigkeit, die Reifner (2003, S. 77) der Sozialkompetenz zuordnet, behandelt pädagogisch betrachtet im Kern auch einen Aspekt der Selbstkompetenz. Wenn eigenes Verhalten hinterfragt und beurteilt werden soll, geht dies mit einer realistischen Selbsteinschätzung einher. Für den Bereich monetärer Entscheidungen ist insbesondere die Fähigkeit zur angemessenen Einschätzung der eigenen finanziellen Möglichkeiten bedeutsam. Zudem kann festgehalten werden, dass der erfolgreiche Umgang mit Geld an ein realistisches Anspruchsniveau hinsichtlich der eigenen Bedürfnisse gekoppelt ist. In eine ähnliche Richtung argumentiert Reifner (2003, S. 77), der zur Selbstkompetenz in finanziellen Situationen die Fähigkeit subsummiert, die eigenen Bedürfnisse zu erkennen, zu formulieren und kritisch hinterfragen zu können. Der Einfluss sozialer Größen bzw. der Interaktionsfähigkeit von Individuen wird im vorliegenden Modell über die wahrgenommene finanzielle Unterstützung aus dem sozialen Umfeld operationalisiert.

Als zweite Determinante wird mit dem ökonomischen Wissen ein kognitives Merkmal in den Blick genommen. Die KMK spricht bei der Fokussierung kognitiver Fähigkeiten von Fachkompetenzen. Diese äußern sich nach der KMK (2007, S. 11) in der „Bereitschaft und Fähigkeit, auf der Grundlage fachlichen Wissens und Könnens Aufgaben und Probleme zielorientiert zu lösen und das Ergebnis zu beurteilen.“ Diese Definition ist auf variable Situationen anwendbar. Letztlich kann Fachkompetenz jedoch nur innerhalb eines spezifischen Handlungskontextes gemessen werden, weshalb die Ausprägung von Fachkompetenz immer nur für die jeweilige Domäne Gültigkeit besitzt. Reifner (2003, S. 76) beschreibt diesen Bezug in seiner Definition von Fachkompetenz als Facette finanzieller Handlungskompetenz. Für ihn beschreibt Fachkompetenz als Größe finanzieller Handlungskompetenz:

- Das Grundwissen über die Gliederung in die vier Bereiche der Finanzdienstleistungen und ihre soziale Funktion insbesondere den Kredit als Prototypen.
- Das Anwendungswissen, Kenntnisse, Fakten über konkrete Produkte im Finanzdienstleistungsbereich, die unmittelbar für die Betroffenen relevant sind.
- Das Anwendungswissen, Kenntnisse und Fakten über Anbieter, Vermittler, Berater und deren Interessen, Möglichkeiten und Beschränkungen.

- Die Kenntnis der Pflichten aus Finanzdienstleistungen sowie situationsbezogen, effektive Verbraucherrechte und ihre Durchsetzungsmöglichkeiten.

Es sei angemerkt, dass zur Bestimmung dieser Definition eine Orientierung an den gravierendsten (kognitiven) Defiziten armutsgefährdeter Personen erfolgt. Ähnlich wie die Definition der OECD zur Financial Literacy[60], ist auch diese Definition als Aufzählung zentraler monetärer Handlungsfelder zu charakterisieren und muss hinsichtlich ihrer Vollständigkeit und ihrer immanenten Überschneidungsfreiheit angezweifelt werden. Als Indikator zur Bestimmung und Beschreibung selbstregulatorischer Fähigkeiten im Umgang mit Geld wird letztlich auf personaler Ebene das Selbstkonzept zur finanziellen Handlungskompetenz analysiert. In Analogie zu den auf der Selbstwahrnehmung der Person beruhenden zentralen Merkmalen des theoretischen Messmodells werden auch hier Selbsteinschätzungen der Person als Kriterium der Analyse herangezogen. Eine objektive Beschreibung finanzieller Handlungskompetenz macht in Anlehnung an die Gültigkeit von Kompetenzdiagnostik eine Beobachtung in authentischen Handlungssituationen notwendig. Diese müssen hierzu zuvor trennscharf definiert werden, was angesichts der Fülle und Komplexität finanziell geprägter Situationen eine besondere Herausforderung darstellen dürfte. Im Kern bleibt die Aussage zu treffen, dass zur Beschreibung der Selbstregulation in finanziellen Situationen im Sinne einer finanziellen Handlungskompetenz eine Orientierung an den beschriebenen Dimensionen auf kognitiver, personaler und sozialer Ebene auch unter der Restriktion von Selbstaussagen als zielführend einzustufen ist.

60 „Wissen um die persönlichen finanziellen Angelegenheiten, welches ausreicht, um eine Person zu befähigen, Sparvorhaben einzugehen, Investitionen zu tätigen und Kontostände zu prüfen, ein Haushaltsbudget aufzustellen und zu unterhalten, mit persönlichen Schulden umzugehen, einen Konsumkredit zu verstehen und kapitaldienstmäßig zu bedienen, persönliche Kreditoptionen abzuschätzen und zu verstehen und letztendlich zu unterscheiden zwischen kurz- und langfristigen Investitionsmöglichkeiten“ (2005, zit. nach Stäheli, Zobl & Hobein 2008, S. III).

5 Empirischer Zugang zur Abbildung selbstregulierten Geldmanagements

5.1 Beschreibung des Erhebungsinstruments

Das der Untersuchung zugrunde liegende Erhebungsinstrument zur Messung der im Theoriemodell vorgestellten Indikatoren stellt sich als Konglomerat aus den Skalen unterschiedlichster und bereits erprobter Fragebögen der pädagogischen und sozialwissenschaftlichen Disziplinen dar. Zu den interessierenden Variablen gehören:

Tab. 12: Operationalisierung der Untersuchungsmerkmale

Konstrukte	**Beobachtbare Variablen**	**Erhebungsinstrument**
Selbstregulation im Umgang mit Geld	Subjektive Erwartung zum erfolgreichen Umgang mit Geld Bereitschaft zur Auseinandersetzung mit finanziellen Hürden Sorgfalt bei finanziellen Entscheidungen	Adaption des TSRQ (Trait Self Regulation Questionnaire) (vgl. deutsche Fassung und Anpassung an berufliche Ausbildung durch Breuer & Brahm 2004)
(Vor-)Wissen zu finanzwirtschaftlichen Themen	Selbsteinschätzung zum Wissen über ökonomische Kategorien Finanzwissen (Wissenstest)	Items aus dem Fragebogen zur Mannheimer SAVE Studie (Börsch-Supan, Coppola, Essig, Eymann & Schunk 2009)
Wahrgenommene finanzielle Unterstützung aus dem sozialen Umfeld	Emotionale Unterstützung Praktische Unterstützung Soziale Integration Soziale Belastung Reziprozität Verfügbarkeit Vertrauensperson Kontrolle Schulden im sozialen Umfeld	Modifizierte Items aus dem F-SozU[61] (Fydrich, Sommer & Brähler 2007) und neu entwickelte Items.
Selbstkonzept privater finanzieller Handlungskompetenz	Fach-, Methoden-, Sozialkompetenz in privaten finanziellen Entscheidungssituationen	Items aus dem KRI im Original[62] und adaptiert (vgl. Kauffeld , Grote und Henschel 2007, S.342)

61 Zur Reliabilität und Validität des F-SozU sind eine Reihe von Untersuchungen durchgeführt worden. Die Testkennwerte sind nachzulesen im Handbuch zum F-SozU (Fydrich, Sommer & Brähler 2007)

62 An dieser Stelle sei erwähnt, dass die ursprüngliche Skalierung mit 11 Stufen in der vorliegenden Studie auf das einheitliche Format einer 5-stufigen Likert-Skala verkürzt wurde.

Neben diesen dem Messmodell zugehörigen Merkmalen werden weitere Daten erhoben. Die folgende Tabelle liefert einen Überblick über die Datenstruktur des Fragebogens[63].

Tab. 13: Datenstruktur des Fragebogens

Position	**Item/Skala**	**Anzahl Items**
V1	Codeitem: Entwicklung eines individuellen Codes zur Realisierung eines Längsschnitts	(1)
V2-V5	Items zur Einschätzung der eigenen Fähigkeiten in den Bereichen Wirtschaft, Finanzen, Altersvorsorge, Mathematik	(4)
V6-V36	(Vor)Wissen zu finanzwirtschaftlichen Themen (allgemein)	(31)
V37-V53	Items zur Selbstregulation im Umgang mit Geld	(17)
V54-V97	Items zur wahrgenommenen finanziellen Unterstützung	(44)
V98-V119	Items zum Selbstkonzept beruflicher Handlungskompetenz	(22)
V120-V143	Items zum Selbstkonzept privater finanzieller Handlungskompetenz[64]	(24)
V144-V151	Items zur Ausbildungsmotivation	(8)
V152-V232	Soziobiografische Daten	(81)

Innerhalb der Befragung wurden zwei Varianten des Fragebogens eingesetzt. Dieses Verfahren wurde gewählt, um mögliche Reihenfolgeeffekte insbesondere für sehr ähnliche geartete Merkmale kontrollieren zu können. Zu den soziobiografischen Daten kommen weitere Items hinzu, die allgemeine Aussagen über den Umgang mit Geld und die finanzielle Situation der Befragten zulassen. Hierzu gehören Fragen zur finanziellen Teilhabe am elterlichen Haushalt, zur Ausübung eines Nebenjobs, zu Sparanlagen und Krediten. Bevor im Detail die Auswertungen zu den interessierenden Größen vorgenommen und interpretiert werden, soll im nächsten Kapitel die Güte der wissenschaftlichen Studie beurteilt werden.

63 Ein Abdruck des Fragebogens findet sich auch im Anhang A5.

64 Die Adaption mancher Items erforderte eine Splittung in mehrere Items, so dass die Relation zwischen Original und Adaption nicht im Verhältnis 1:1 erfolgen konnte.

5.2 Gütekriterien

5.2.1 Objektivität

Unter Objektivität wird der Grad verstanden, innerhalb dessen die Ergebnisse eines Tests unabhängig vom Untersucher, dem Auswertenden und dem Interpretierenden sind (Lienert & Raatz 1998, S. 7). Vollkommene Objektivität bedeutet, dass unterschiedliche Forscherpersonen unter Anwendung der gleichen Methoden zu den gleichen Ergebnissen bei denselben Probanden kommen. Die Objektivität stellt gleichermaßen die Grundvoraussetzung für die weiteren Hauptgütekriterien der Validität und Reliabilität dar (vgl. Bühner 2006, S. 42; Kaufhold 2006, S. 143; Moosbrugger & Kelava 2008, S. 10). Lienert und Raatz (1998) beschreiben wichtige Subtypen der Objektivität. Die *Durchführungsobjektivität* oder Testleiterunabhängigkeit (Kubinger 2006, S. 35) erfordert die Unabhängigkeit der Testergebnisse von zufälligen oder systematischen Verzerrungen, die in der Durchführung eines Tests auftreten können, wie z. B. Verhaltensvariationen des Untersuchers. Das Messinstrument sollte hierzu möglichst standardisiert sein. Die Instruktion zur Untersuchung sollte präzise festgelegt werden und jeder Teilnehmer sollte die gleiche Instruktion erhalten. Die Interaktion zwischen Untersucher und Proband soll minimiert werden. Störfaktoren, die den Ablauf der Befragung beeinträchtigen können, sollten reduziert oder bestenfalls vermieden werden (Lienert & Raatz 1998, S. 8). In der Studie zu Finanzstrategien bei Jugendlichen und jungen Erwachsenen werden die Daten mittels eines online gestützten Fragebogens erhoben, d.h. jeder Proband beantwortet die gleichen Fragen. Zudem erhalten alle Gruppen die gleiche Instruktion in schriftlicher und mündlicher Form. Weiterführende Interventionen durch den Untersuchungsleiter werden vermieden. Die Durchführungsobjektivität kann demnach als gegeben angenommen werden. Die *Auswertungsobjektivität* bezieht sich auf die numerische oder kategoriale Auswertung des Datenmaterials durch die Forscherperson. Je offener die Fragen gestellt werden, umso größer ist das Fehlerpotential bei der Auswertung in Hinblick auf die Objektivität, da die Wahrscheinlichkeit größer wird, dass unterschiedliche Personen unterschiedliche Schlüsse ziehen (vgl. Moosbrugger & Kelava 2008, S. 10; Lienert & Raatz 1998, S. 8). Zur Sicherstellung der Auswertungsobjektivität empfehlen sich geschlossene Fragen (vgl. Diekmann 2009, S. 477; Bortz & Döring 2006, S. 254). Diese sind überwiegend in der vorliegenden Untersuchung zum Einsatz gekommen. Die *Interpretationsobjektivität* beschreibt den Grad der Unabhängigkeit der Interpretation des Testergebnisses von der Untersucherperson. Gleiche Ergebnisse führen demnach bei unterschiedlichen Forscherpersonen zu gleichen Schlussfolgerungen. Hierzu sind hinreichende theoretische Vorüberlegungen nützlich. Weiterhin dient der Einsatz empirisch erprobter Instrumente dazu, einen Einblick in bisherige Interpretationsansätze zu gewinnen und entsprechende Inferenzen zu bilden. Durch die Modifikation der Items ist für den vorliegenden Fall nur eine grobe Orientierung an bisherigen Befunden und deren Interpretation möglich. Für die weitere Untermauerung der Interpretationsobjektivität des Instrumentes sind parallele Studien zu der vorliegenden anzustreben. Hierzu empfiehlt sich auch die Entwicklung geeigneter Richtlinien zur Bewertung und Beurteilung der Ergebnisse im beschriebenen Kontext.

5.2.2 Reliabilität

Die Reliabilität beschreibt die Zuverlässigkeit eines Tests, also den Grad der Genauigkeit, mit dem der Test ein bestimmtes Persönlichkeitsmerkmal misst und zwar unabhängig davon, ob dieses das Merkmal ist, welches der Test zu erheben beansprucht. Vollkommene Reliabilität herrscht dann, wenn die Ergebnisse eines Tests die zugehörigen Probanden genau beschreiben, bzw. auf der Testskala lokalisieren (Lienert & Raatz 1998, S. 9). Zur Ermittlung der Testreliabilität haben sich mehrere Methoden etabliert. Bei der Methode der Paralleltest-Reliabilität werden einer Stichprobe von Probanden zwei streng miteinander vergleichbare Tests vorgelegt und deren Ergebnisse korreliert. Über die Methode der Retest-Reliabilität wird der Test zweimalig durchgeführt und die Ergebnisse miteinander verglichen. Die Messung der inneren Konsistenz ist für die vorliegende Studie das geeignete Verfahren, da weder vergleichbare Tests noch wiederholte Tests zur Anwendung kamen. Für die innere Konsistenz lassen sich mehrere Berechnungsmethoden unterscheiden. Bei der Testhalbierung (Split-Half-Methode) werden die Items zu einem Merkmal in zwei gleichwertige Hälften geteilt und das Testergebnis für jede Testhälfte pro Proband ermittelt. Diese werden im Anschluss korreliert. Eine hohe Korrelation spricht für eine gute innere Konsistenz (vgl. Amelang, Bartussek, Stemmler & Hagemann 2006, S. 120; Bühner 2006, S. 35; Lienert & Raatz 1998, S. 180). Weiterhin kann die Reliabilität eines Tests über die sog. Konsistenzanalyse berechnet werden. Hierzu werden weitere Kennwerte der Testelemente berücksichtigt, wie z. B. die Aufgabenschwierigkeit oder die Trennschärfe von Items. Die Berechnung der inneren oder internen Konsistenz stellt die am häufigsten verwendete Methode der

Reliabilitätsberechnung dar. Die Korrelation wird auf Basis der Einzelitems oder Itemgruppen (Skalen) berechnet. In der Regel liefern die Methoden unterschiedliche Werte für den Reliabilitätskoeffizienten. Dies liegt daran, dass Messfehlerarten und –anteile auf unterschiedlichem Niveau berücksichtigt werden[65].

5.2.3 Validität

Die Validität gibt den Grad der Genauigkeit an, mit dem ein Test dasjenige Merkmal misst, das er messen soll. Ein Test ist demnach valide, wenn seine Ergebnisse einen fehlerfreien Rückschluss auf den Ausprägungsgrad des zu erfassenden Persönlichkeitsmerkmals zulassen (Lienert & Raatz 1998, S. 10). Es kann weiterhin unterschieden werden in die inhaltliche Validität, welche besagt, dass der Test und seine Elemente so beschaffen sein sollen, dass sie das zu erfassende Persönlichkeitsmerkmal repräsentieren (Lienert & Raatz 1998, S. 10). Dies geschieht im vorliegenden Fall durch den Rückgriff auf bereits eingesetzte und erprobte Instrumente (F-SOZU, TSRQ). Alternativ kann hier auch eine Beurteilung des Instruments durch Experten als „Konsens von Kundigen" nützlich sein. Außerdem gilt es, die Konstruktvalidität zu berücksichtigen. Diese basiert maßgeblich auf theoretischen Überlegungen und empirischen Untersuchungen, die zeigen können, ob ein Test ein bestimmtes Konstrukt erfassen kann. Letztlich wird hiervon die kriterienbezogene Validität abgegrenzt. Hierzu wird ein Außenkriterium bestimmt, welches eine Ähnlichkeit zu den zu erfassenden Merkmalen aufweist und über Berechnungen der Korrelationswerte zwischen Merkmal und Außenkriterium eine Aussage über die Validität zulässt (Lienert & Raatz 1998, S. 220-227). Es können zudem weitere Merkmale des Instruments zur Beurteilung der Validität herangezogen werden. Hierzu zählt insbesondere für den Fragebogenteil zum finanzwirtschaftlichen Wissen die Berechnung der Trennschärfe der Testaufgaben und die Berechnung des Schwierigkeitsindizes. Eine Testaufgabe im Sinne einer Wissensaufgabe ist valide, wenn sie von Probanden mit starker Merkmalsausprägung häufiger im Sinne der Erwartung beantwortet wird als von Probanden mit geringer Merkmalsausprägung. Hierzu zählt auch die Schwierigkeit einer Aufgabe. „Schwierig" bedeutet nicht automatisch „schwer zu beantworten" sondern bezieht sich auch auf die anzustellenden Prozesse der Informationsverarbeitung. Zur Trennschärfe und zur Schwierigkeit

---

65 Vertiefte Ausführungen sowie mathematische Formeln zur Berechnung der Testreliabilität finden sich u.a. bei Lienert und Raatz (1998, S. 135-136).

existieren explizite statistische Indizes. Der Schwierigkeitsindex einer Aufgabe entspricht dem prozentualen Anteil der richtigen Antworten auf diese Aufgabe. Der Schwierigkeitsindex liegt bei schwierigen Aufgaben niedrig, da diese tendenziell von weniger Probanden richtig beantwortet werden und bei leichten Aufgaben hoch, da mehr Probanden die richtige Antwort geben (Lienert & Raatz 1998, S. 73). Es ergeben sich mitunter negative Indizes. Diese weisen darauf hin, dass die Aufgabe leichter erscheint, als sie ist, d.h. zu einer falschen Lösung „ermutigt". Der Trennschärfenkoeffizient einer Aufgabe entspricht der Korrelation zwischen dem Aufgabenpunktwert – meist 0 oder 1 für „falsch" und „richtig"- und dem Rohwert eines jeden Probanden der Analysenstichprobe. Der Rohwert liefert ein quantitatives Maß für den Anteil der richtigen Antworten pro Proband. Ein hoher Trennschärfekoeffizient besagt, dass die entsprechende Aufgabe „gute" von „schlechten" Probanden deutlich unterscheidet, indem gute Probanden die Aufgabe meist richtig und schlechte Probanden die Aufgabe meist falsch gelöst haben. Ein Trennschärfekoeffizient von 0 bringt zum Ausdruck, dass die Aufgabe von allen etwa gleich häufig richtig beantwortet wurde. Solche Aufgaben differenzieren nicht zwischen den guten und schlechten Problemlösern und sind daher unbrauchbar. Ein negativer Trennschärfekoeffizient besagt, dass die Aufgabe von den guten Problemlösern öfter verfehlt und von den schlechten Problemlösern häufiger richtig beantwortet wurde (Lienert & Raatz 1998, S. 78-79). Die Ergebnisse zur Berechnung der Trennschärfe und der Schwierigkeitsindizes für die Fragen zum finanzwirtschaftlichen Wissen sind in Kapitel 8.1.2 dargestellt. Neben den dargestellten Hauptgütekriterien ist für die Beurteilung eines Tests auch immer ein Blick auf die Nebengütekriterien hilfreich. Hierzu gehören die Vergleichbarkeit eines Tests, die Ökonomie eines Tests sowie die Nützlichkeit eines Tests.

5.3 Deskriptive Datenanalyse

5.3.1 Beschreibung der Stichprobe

5.3.1.1 Strukturelle Merkmale der Stichprobe

In die Datenerhebung konnten 732 Datensätze gewonnen werden. In die Auswertung fließen nach Ausschlussverfahren noch 651 Fälle[66] ein. Es wurden Gruppen mit unterschiedlichen formal-ökonomischen Orientierungen und unterschiedlichen Stadien im Prozess der Berufsausbildung als Indikator der Entwicklung unabhängiger finanzieller Entscheidungen befragt. Es wird angenommen, dass sich das Ausmaß an formaler finanzieller Bildung unter Bezugnahme auf die Curricula der berufsbildenden Schulen in den Ausbildungsberufen Bankkaufmann/-frau, Industriekaufmann/-frau sowie Mechatroniker/in und Fachinformatiker/in unterscheidet. Die Ausbildungsberufe fungieren daher für die weitere Analyse als Indikator der Begegnung mit Finanzbildung (IfB):

Tab. 14: Ausbildungsberufe als Indikatoren der Intensität finanzwirtschaftlicher Bildung

Ausbildungsrichtung	**Intensität finanzwirtschaftlicher Bildung (IfB)**
Bankkaufmann/-frau	Hohe Intensität finanzwirtschaftlicher Bildung
Industriekaufmann/-frau	Mittlere Intensität finanzwirtschaftlicher Bildung
Mechatroniker/in und Fachinformatiker/in	Geringe Intensität finanzwirtschaftlicher Bildung

Die beiden Ausbildungsberufe Mechatroniker/in und Fachinformatiker/in werden als gewerblich-technisch orientierte Berufsbilder mit bestenfalls rudimentärer finanzwirtschaftlicher Bildung zusammengefasst. Der Zugriff auf zwei

66 31 Fälle wurden wegen fehlender oder unzureichender Beantwortung ausgeschlossen. Dies entspricht 4,2% der gesamten Stichprobe. 20 Fälle mussten ausgeschlossen werden, weil die Probanden außerhalb der interessierenden Alterskohorte liegen. Weitere 27 Fälle wurden ausgeschlossen, weil sich die Probanden bereits in einer zweiten beruflichen Ausbildung befinden. Weiterhin wurde die durchschnittliche Bearbeitungszeit analysiert, um mögliche Ausreißer zu lokalisieren. Es zeigt sich, dass die Bearbeitungszeit im Mittel 31,13 Minuten beträgt. Fälle, die außerhalb des 25. Perzentils liegen, werden aufgrund einer zu schnellen Bearbeitungszeit ausgeschlossen (3 Fälle).

gewerblich-technische Orientierungen ist auf Basis der vergleichsweise geringen Ausbildungszahlen notwendig, um eine annähernde Gleichverteilung zu den stärker frequentierten kaufmännisch-verwaltenden Berufen herzustellen. Zunächst soll die Stichprobe strukturell beschrieben werden. Die Mehrheit der befragten Personen ist zwischen 19 und 21 Jahren alt. Von den 651 Personen sind 264 weiblichen und 387 männlichen Geschlechts. Dies entspricht etwa 40% weiblichen und 60% männlichen Probanden. Diese etwas schiefe Verteilung lässt sich mit der Auswahl der typisch männlichen Berufsbilder *Mechatroniker* und *Fachinformatiker* erklären.

Tab. 15: Verteilung der Geschlechter nach dem Grad der Begegnung mit finanzieller Bildung

		Geschlecht		
		weiblich	männlich	Gesamt
IfB	Hoch	**143**	112	255
	Mittel	**110**	86	196
	Gering	11	**189**	200
Gesamt		264	387	**651**

IfB = Intensität finanzwirtschaftlicher Bildung

Für die Gesamtheit der Stichprobe entsteht durch einen Überschuss an weiblichen Personen in den kaufmännisch- verwaltenden Berufen ein ausgeglichenes Geschlechterverhältnis. Aussagen, die sich auf die gewerblich-technischen Berufe bzw. die Gruppen mit einem geringen Ausmaß an erhaltener ökonomischer Bildung beziehen, sind jedoch unter der Restriktion einer schiefen Verteilung des Parameters Geschlecht zu bewerten. Für die anderen Berufsfelder ist eine annähernd vergleichbare Gruppenstärke erreicht. Kulturelle Verzerrungseffekte können für die vorliegende Studie weitestgehend ausgeschlossen werden. Mehrheitlich besitzen die befragten Personen die deutsche Staatsbürgerschaft (n=615). Nur 36 der befragten Personen haben keine deutsche Staatszugehörigkeit. Eine wesentliche Information über die Vergleichbarkeit der kognitiven Voraussetzungen der befragten Personen liefert der Blick in den bisherigen schulischen Werdegang.

Tab. 16: Verteilung der Schulabschlüsse

Schulabschluss	Ausbildungsrichtungen			
	Bank	Industrie	Mechatronik/ Fachinformatik	**Gesamt**
Hauptschulabschluss	0	0	5	5
Mittlere Reife	117	38	113	268
Fachhochschulreife	28	52	40	120
Fachgebundene Hochschulreife	9	9	17	35
Allgemeine Hochschulreife	101	97	25	223
Gesamt	255	196	200	**651**

Die Mehrheit der Befragten besitzt höhere Schulabschlüsse, die mit einer Hochschulzugangsberechtigung verbunden sind (Fachhochschulreife, fachgebundene Hochschulreife, allgemeine Hochschulreife). Niedrigere Bildungsabschlüsse sind in der vorliegenden Stichprobe nahezu nicht vertreten. Aus den Eingangsbedingungen der Schulen und der umliegenden, regionalen Unternehmen ist indes bekannt, dass für die Aufnahme in die untersuchten Ausbildungsberufe hohe Anforderungen an die Qualität der Bildungsabschlüsse gestellt werden. Die kognitiven Eingangsvoraussetzungen sind damit für alle Probanden der Stichprobe näherungsweise vergleichbar.

Die Verteilung der Auszubildenden auf den Beginn und das Ende der Ausbildung wird berücksichtigt, um Rückschlüsse auf den Effekt der Berufsausbildung und die Entwicklung unabhängiger finanzieller Entscheidungen zu ziehen. Zu Beginn der Ausbildung sind die jungen Menschen mehrheitlich erstmals mit der Herausforderung konfrontiert, finanzwirtschaftliche Entscheidungen im Sinne von Selbstbestimmtheit und Nachhaltigkeit zu treffen. Durch den formalen Ausbildungsprozess und die damit verbundene persönliche Entwicklung sollten diese Entscheidungen zum Ende der Ausbildung hin reifen. Es ist daher zu erwarten, dass sich die Probanden am Ende der Ausbildung in Fragen zu ihrem finanziellen Gebaren sicherer fühlen. Um diesen Vergleich abbilden zu können, werden Gruppen am Ausbildungsbeginn und am Ende der Ausbildung untersucht. Dabei wurde im Untersuchungsdesign auf die Bildung paralleler Gruppen (erstes und letztes Ausbildungsjahr) an jeder Schule geachtet, um Verzerrungseffekte durch unterschiedliche Schuleingangsbedingungen oder Unterschiede in der Unterrichtsgestaltung auszuschließen. Die Verteilung der Probanden auf den Ausbildungszeitpunkt ist der folgenden Tabelle zu entnehmen.

Tab. 17: Ausbildungszeitpunkt

		Ausbildungsberuf			
		Bank	Industrie	Mechatronik/ FI	**Gesamt**
Ausbildungszeitpunkt	**Beginn**	130	101	102	333
	Ende	125	95	98	318
Gesamt		255	196	200	651

FI = Fachinformatik

Insgesamt befinden sich 333 Personen am Beginn ihrer Ausbildung und 318 Personen kurz vor dem Ende ihrer Ausbildung. Die Ausbildungsdauer beträgt je nach Ausbildungsberuf 2 bis 2,5 Jahre bei einer verkürzten und 3 Jahre bei einer unverkürzten Ausbildung in den Bereichen Bank, Industrie und Fachinformatik. Speziell für den Ausbildungsberuf Mechatroniker/in liegt die Ausbildungsdauer bei 3 Jahren (verkürzt) bzw. 3,5 Jahren (unverkürzt).

Unabhängig von der Varianz in der Ausbildungsdauer bestehen für alle befragten Personen die gleichen Herausforderungen hinsichtlich der Bewältigung des Übergangs in die Beruflichkeit und die selbstbestimmte Lebensführung. Ein wesentliches Ziel der beruflichen Ausbildung muss daher lauten, die jungen Menschen mit den notwendigen Fähigkeiten auszustatten, diesen lebensbiografischen Bruch bewältigen zu können. Inwieweit die formale Nähe zu finanzwirtschaftlichen Themen als kognitives Kriterium einen Beitrag dazu leisten kann, die Selbstregulationsfähigkeit in finanziellen Anforderungssituationen zu evozieren, wird im Folgenden geprüft. Um die Eignung der Daten hinsichtlich einer Generalisierbarkeit der Aussagen beurteilen zu können, sind komplexe statistische Analyseverfahren notwendig. Damit diese angewendet werden können, müssen die Daten mehrere Voraussetzungen erfüllen. Zu diesen vorausgehenden

Prüfprozessen gehören in der Regel die Testung der Normalverteilungshypothese[67] sowie die Analyse der Varianzen auf Homogenität. Sind diese Voraussetzungen erfüllt, kann davon ausgegangen werden, dass beobachtete Unterschiede und Zusammenhänge auf die Grundgesamtheit übertragen werden können und damit systematisch und nicht zufällig auftreten. Bevor die Verteilung der Daten betrachtet und im Anschluss die Daten auf Varianzhomogenität geprüft werden, widmet sich das folgende Kapitel dem quasi-experimentellen Untersuchungsdesign und den hieraus resultierenden Randbedingungen für die Beurteilung der Validität der vorgestellten Untersuchung.

5.3.1.2 Kontrolle externer Einflussgrößen

Die angenommenen Ähnlichkeiten im finanziellen Gebaren, die durch die gezielten Zugriffe im quasi-experimentellen Design realisiert und damit kontrolliert werden können, bestätigen sich unter der Betrachtung grundlegender Merkmale der Untersuchungsgruppe. Hier können zunächst genannt werden:

(1) Vergleichbarkeit in den (kognitiven) Eingangsvoraussetzungen
(2) Vergleichbarkeit in den individuellen Bedürfnissen und anstehenden Verpflichtungen
(3) Vergleichbarkeit der Gruppen zu Beginn und zu Ende der Ausbildungszeit

Wie bereits dargelegt sind die untersuchten Teilnehmer hinsichtlich ihrer schulischen Bildungsabschlüsse miteinander vergleichbar. Überwiegend verfügen die Befragten über höhere Bildungsabschlüsse. Zur Beurteilung der Vergleichbarkeit von Bedürfnisentwicklung und Pflichtausübung lohnt der Blick auf die verfügbaren Ressourcen der jungen Menschen. Die wesentlichen Einnahmequellen Jugendlicher und junger Erwachsener gestalten sich über die Ausbildungsvergütung, ggf. zusätzliches Taschengeld sowie Geldgeschenke. Die Vergütungen der befragten Personengruppen schwanken durchschnittlich zwischen 552 Euro bei Fachinformatiker/innen sowie 612 Euro bei Bankkaufleuten[68]. Die

---

67 Eine Verletzung der Normalverteilungsannahme führt nicht zwangsläufig dazu, dass statistische Testverfahren ausgeschlossen sind (Brosius 2008, S. 393). Es gibt einige Testverfahren, die robust gegen eine Verletzung der Normalverteilungsprämisse sind.

68 Beicht, U. & Krewerth, A. (2010). Geld spielt eine Rolle! In: BIBB (Hrsg.), BIBB Report. Forschungs- und Arbeitsergebnisse aus dem Bundesinstitut für Berufsbildung. Heft 14, S.8.

Bankauszubildenden gehören zu den besser verdienenden Auszubildenden. Dennoch kann für alle Gruppen festgehalten werden, dass die Höhe der Einnahmen zur selbständigen Auseinandersetzung mit Fragen der verantwortungsvollen Mittelverwendung, die auch die individuelle Vorsorge betreffen, verpflichtet. Dies gilt insbesondere dann, wenn die jungen Erwachsenen nicht mehr im elterlichen Haushalt leben, was auf etwa 76% der Befragten zutrifft. Durch das in der Erhebungssituation realisierte Parallelgruppendesign kann schließlich angenommen werden, dass die Gruppen in Bezug auf die ausbildenden Schulen und Betriebe sowie in Hinblick auf die Gestaltung der Lehr-Lern-Arrangements vergleichbaren Selektionsmechanismen ausgesetzt sind bzw. einen ähnlichen curricularen Input erhalten.

Es werden überdies weitere externe Einflussfaktoren aus dem Bereich des Kredit- und Sparverhaltens hinsichtlich ihrer Verteilung kontrolliert. Bei einer ungleichen Verteilung dieser Merkmale können die Ergebnisse derart verzerrt sein, dass eine Rückführung dieser auf die Prozesse der beruflichen Ausbildung nicht mehr legitim ist. Aus diesem Grund steht die Kontrolle dieser exogenen Einflussfaktoren auf das selbstregulierte Handeln in finanziellen Situationen aus. Hierzu werden die Häufigkeitsverteilungen der Merkmale betrachtet und mittels χ^2-Test auf Gleichverteilung hin geprüft. Hinsichtlich der Kreditsituation kann zunächst festgestellt werden, dass 163 der befragten Personen aktuell verschuldet sind. Die Struktur der Gläubiger gestaltet sich dabei wie folgt:

Tab. 18: Gläubigerstruktur bei den verschuldeten Jugendlichen in der beruflichen Erstausbildung

	Ausbildungsrichtung			
Kreditform	Bank	Industrie	Mechatroniker/ Fachinformatiker	Gesamt
Bauspardarlehen[69]	2	7	3	12
Hypotheken	0	1	1	2
Konsumkredite	12	13	15	40
Familienkredite	24	20	24	68
Kredite bei Freunden	10	10	9	29
Bildungskredite	1	1	2	4
Dispositionskredite	28	9	5	42

Die Mehrheit der verschuldeten Personen verfügt über laufende Kredite bei der Familie. Daneben geben 42 Personen an, einen Dispositionskredit in Anspruch zu nehmen. Ebenfalls häufig vertreten ist der Konsumkredit. 29 der befragten Jugendlichen und jungen Erwachsenen sind bei Freunden verschuldet. Die Wenigsten haben Schulden bei der Bank oder verfügen über einen Bildungskredit. Hinsichtlich der Schuldenhöhe pendeln die angegebenen Beträge zwischen 1 Euro und 15000 Euro. Im Mittel sind die verschuldeten Jugendlichen und jungen Erwachsenen aus der beruflichen Erstausbildung mit etwa 300 Euro verschuldet. Die folgende Tabelle prüft die Merkmale auf Gleichverteilung.

69 Gemeint sind hier Bausparverträge, die bereits in die Darlehensphase umgewandelt wurden. Nicht gemeint sind hier Bausparverträge, die noch bespart werden.

Tab. 19: *Chi²-Test auf Gleichverteilung der Kreditkategorien*

Kreditform	χ^2	**Signifikanz**
Bauspardarlehen	4,946	,084
Hypotheken	1,292	,524
Konsumkredite	1,633	,442
Familienkredite	,820	,664
Kredite bei Freunden	,364	,834
Bildungskredite	,728	,695
Dispositionskredite	14,963	,001

Für die betrachteten Ausbildungsberufe folgen die Ergebnisse mit Ausnahme der Kategorie „Dispositionskredit" einer Gleichverteilung, was anhand des χ^2-Wertes nachzuvollziehen ist.

Zum Sparverhalten kann festgehalten werden, dass nur 11% der Befragten angeben, überhaupt nicht zu sparen. Die Mehrheit der befragten Personen spart regelmäßig Geld (89%) und setzt auf klassische Sparanlagen wie Sparbücher oder Bausparverträge. Hinsichtlich der Höhe der Ersparnisse ergeben sich in Abhängigkeit von der Sparform je nach Ausbildungsberuf folgende Ergebnisse.

Tab. 20: Verteilung der Höhe der Ersparnisse in Abhängigkeit von der Sparform und dem Ausbildungsberuf

Sparformen	**N**	**Min. (in Euro)**	**Max. (in Euro)**	**Mittelwert (in Euro)**
Sparanlagen Bank	252	,00	80000	3398,94
Sparanlagen Industrie	195	,00	25000	1731,73
Sparanlagen Mech./FI	200	,00	120000	2661,35
------------------------------	-----	-------	------------	--------------
Bausparen Bank	251	,00	100000	2857,51
Bausparen Industrie	195	,00	20000	576,34
Bausparen Mech./FI	199	,00	32000	1143,67
------------------------------	-----	-------	------------	--------------
Festverzinsliche WP Bank	255	,00	50000	603,18
Festverzinsliche WP Ind.	196	,00	250000	1385,03
Festverzinsliche WP Mech./FI	200	,00	50000	329,36
------------------------------	-----	-------	------------	--------------
Aktien Bank	254	,00	18000	663,37
Aktien Industrie	196	,00	10000,00	256,93
Aktien Mech./FI	200	,00	50000	716,01

Mech.= Mechatronik | FI = Fachinformatik | WP = Wertpapiere | Ind. = Industrie

Die betragsmäßig höchsten Rücklagen bilden die klassischen Sparanlagen wie z. B. das Sparbuch. Daneben sind weitere risikoarme Sparformen wie Bausparverträge oder festverzinsliche Wertpapiere beliebt. Rund ein Viertel der befragten Personen scheut sich auch nicht vor riskanten Sparanlagen wie z. B. Aktien. Hier sind allerdings die Beträge etwas niedriger. Den Gruppen kann somit Erfahrungswissen im Umgang mit verschiedenen Sparanlagen attestiert werden.

Tab. 21: Verteilung der vorhandenen Sparformen nach Ausbildungsberuf

	Bank	**Industrie**	**Mechatroniker/ Fachinformatiker**	χ^2	**Signifikanz**
Sparanlagen	224	162	153	10,129	,006
Bausparen	203	107	95	56,080	,000
Festverzinsliche Wertpapiere	29	28	20	1,8727	,401
Aktien	70	33	45	7,117	,028

Die Häufigkeitsverteilungen der Sparformen nach Ausbildungsberuf macht deutlich, dass alle Probanden in etwa auf die gleichen Sparformen setzen. Die Mehrheit der befragten Personen setzt in ihrem Sparhandeln auf sichere Sparformen. Dennoch haben durchschnittlich ein Drittel aller befragten Personen Erfahrungen mit risikobehafteten Sparformen wie Aktien. Der χ^2-Test weist nur für die festverzinslichen Wertpapiere eine Gleichverteilung auf. In allen anderen Fällen entsteht eine schiefe Verteilung zugunsten der Bankkaufleute, was bei der weiteren Interpretation der Ergebnisse Berücksichtigung finden muss.

Die dargestellten Ergebnisse sind rein deskriptiver Art und erlauben zunächst keine Rückschlüsse auf latente Persönlichkeitsmerkmale, die den Umgang mit Geld steuern. Sie belegen aber strukturelle Ähnlichkeiten im finanziellen Gebaren der befragten Personen und legitimieren damit die Annahme einer vergleichbaren Geldsozialisation aus dem Elternhaus und dem allgemeinbildenden Schulwesen sowie eine Analogie in den mengenmäßigen finanziellen Ressourcen, was als Voraussetzung zur Genese von finanzieller Urteilsfähigkeit angesehen werden kann.

5.3.2 Verteilung der Daten

Zur Anwendung komplexer statistischer Verfahren, die die Generalisierbarkeit von Aussagen zulassen, sind die interessierenden Variablen zunächst auf Normalverteilung zu prüfen. Dazu gilt es zunächst, anhand theoretischer Überlegungen zu bestimmen, ob seitens der Stichprobenzusammensetzung Einwände gegen das Vorliegen einer Normalverteilung bestehen können. Da in der vorliegenden Untersuchung auf vergleichbare Eingangsvoraussetzungen bei den gewählten Gruppen im quasi-experimentellen Design geachtet wurde, gibt es für einen Einwand keinen Anlass (s. Kap. 7.1.2). Für alle Teilgruppen lassen die Normalverteilungsdiagramme zunächst den Schluss einer Annäherung an die Normalverteilung zu. Um diese Vermutung belegen zu können, werden die Ergebnisse des Kolmogorov- Smirnov Tests betrachtet.

Tab. 22: Kolmogorov- Smirnov Test auf Normalverteilung

	Kolmogorov- Smirnov Test				
	Mittelwert	SA	Abs. Diff.	K-S-Z	Sig.
Ökonomisches Wissen (Selbsteinschätzung)	4,5576	,86511	,063	1,616	,011
Ökonomisches Wissen (Wissenstest)	8,1690	9,11562	,227	5,779	,000
Selbstregulation in finanziellen Situationen	2,8664	,51571	,040	1,016	,253
Wahrgenommene finanzielle Unterstützung	2,8145	,35047	,070	1,785	,003
Finanzielle Handlungskompetenz	2,5975	,53734	,031	,792	,557

SA = Standardabweichung | K-S-Z = Kolmogorov-Smirnov Testwert

Getestet wird für jede Variable die Hypothese „Für die Variable liegt eine Normalverteilung vor“. Die Nullhypothese muss auf Basis der berechneten Werte für die Variablen „Ökonomisches Wissen (Selbsteinschätzung und Wissenstest) sowie für die wahrgenommene finanzielle Unterstützung abgelehnt werden[70]. In einem solchen Fall gilt zu beachten, dass der Kolmogorov-Smirnov Test das Vorliegen einer *perfekten* Normalverteilung testet. Brosius (2008, S. 393) empfiehlt die Prüfung der Residuen der „betroffenen" Variablen auf systematische Abweichungen, um die Anwendung parametrischer Verfahren dennoch rechtfertigen zu können. Eine systematische Abweichung deutet auf ein latentes Merkmal innerhalb der Daten hin und lässt sich über die Betrachtung der trendbereinigten Verteilungsdiagramme lokalisieren. Für den vorliegenden Fall sind systematische Abweichungen nicht zu interpretieren. Brosius (2008, S. 393) empfiehlt dann, die Normalverteilung als *annähernd* erfüllt anzunehmen und mit parametrischen Testverfahren71 weiterzurechnen.

5.3.3 Homoskedastizität

Zu den Anwendungsvoraussetzungen parametrischer Testverfahren zählt weiterhin die Testung auf Homoskedastizität (Brosius 2008, S. 394). Werden zwischen den Gruppen keine Varianzen deutlich, so kann daraus geschlossen werden, dass die Gruppensystematik keine Unterschiede beschreibt. Damit wären keine Abhängigkeiten zwischen den interessierenden Merkmalen und der Gruppensystematik zu begründen (Brosius 2008, S.394). Der klassische Test auf Varianzgleichheit ist der Levene-Test.

---

70 Auch die Logarithmierung der Daten führt nicht zu einer Normalverteilung.

71 Nichtparametrische Tests stellen geringere Anforderungen an die Verteilung der Daten, z. B. wird keine Normalverteilung verlangt und auch die Varianzhomogenität muss nicht zwangsläufig gegeben sein (Brosius 2008, S. 841). Es gilt zu beachten, dass die Ergebnisse nichtparametrischer Tests nicht die gleiche Fundiertheit besitzen, wie die Ergebnisse parametrischer Tests (Brosius 2008, S. 842). Dennoch erlauben sie Rückschlüsse auf die Verhältnisse in der Grundgesamtheit und kommen daher immer dann zum Einsatz, wenn die ergebnisstärkeren parametrischen Verfahren aufgrund von Verletzungen der Voraussetzungen nicht angewendet werden können (Brosius 2008, S. 842).

Tab. 23: Levene-Test auf Varianzhomogenität

Merkmal	Levene	df1	df2	Sig.
Ökonomisches Wissen (Selbsteinschätzung)	3,489	2	648	,031
Ökonomisches Wissen (Wissenstest)	22,991	2	648	,000
Selbstregulation in finanziellen Situationen	,626	2	648	,535
Wahrgenommene finanzielle Unterstützung	1,775	2	648	,170
Finanzielle Handlungskompetenz	1,520	2	648	,219

Für die Merkmale Selbstregulation im Umgang mit Geld, wahrgenommene finanzielle Unterstützung und finanzielle Handlungskompetenz ist die Voraussetzung der Varianzhomogenität erfüllt, d.h. die Anwendung parametrischer Tests kann hier problemlos erfolgen. Für die Merkmale „Selbsteinschätzung zum ökonomischen Wissen" sowie zum „Ökonomischen Wissen mittels Wissenstest" ist die Annahme der Varianzhomogenität zunächst abzulehnen. Für beide Merkmale führen jedoch anschließende Datentransformationen[72] über die Substitution durch den natürlichen Logarithmus zu einer Angleichung der Varianzen. Somit kann für alle Variablen Varianzhomogenität angenommen werden. Die Überprüfung der Voraussetzungen in Hinblick auf Normalverteilung und Varianzgleichheit eröffnet die Möglichkeit, vertiefende Analysen der Daten mittels parametrischer Tests durchzuführen. Im Folgenden werden die unabhängigen Variablen des Messmodells analysiert. Im Zentrum steht die Frage nach der Ausprägung der Prädiktoren in Abhängigkeit von der Intensität finanzieller Bildung (IfB) sowie in Bezug auf den Zeitpunkt der Ausbildung als Indikator für den Beitrag des Ausbildungsprozesses auf die Entwicklung unabhängiger wirtschaftlicher Entscheidungen.

72 In der Regel werden die Werte durch den natürlichen Logarithmus, den reziproken Wert ihrer Quadratwurzel, den reziproken Wert, die Quadratwurzel oder das Quadrat ersetzt oder die Werte werden um den Faktor 3 potenziert (Brosius 2008, S. 401-402).

6 Prädiktoren des individuellen Geldmanagements

6.1 Ökonomisches Wissen

6.1.1 Selbsteinschätzung zum ökonomischen Wissen

Entsprechend dem messtheoretischen Modell wird angenommen, dass es einen Zusammenhang zwischen der Ausprägung des ökonomischen Wissens und der Selbstregulation im Umgang mit Geld geben kann. Jedoch darf nicht einfach angenommen werden, dass eine intensivere Konfrontation mit finanzwirtschaftlichem Input automatisch zu einem höheren ökonomischen Wissen führt. Die in der Untersuchung berücksichtigten Ausbildungsberufe kennzeichnen sich durch Unterschiede in der Intensität erhaltener formal-finanzwirtschaftlicher Bildung. Ob hieraus der Aufbau von entsprechendem Wissen folgt, kann ohne Weiteres nicht beantwortet werden. Aus diesem Grund wird das Merkmal „ökonomisches Wissen" in der vorliegenden Studie erfasst. Dies erfolgt auf zwei Arten: Es wird einerseits eine Selbsteinschätzung durch die Probanden bezüglich ihres Wissens zu Wirtschaft, Finanzen, Vorsorge und ihren mathematischen Fähigkeiten erbeten. Ergänzend hierzu wird eine Itembatterie aus Wissensfragen zu finanzwirtschaftlichen Themen vorgelegt, die durch die Probanden beantwortet werden soll. Damit sollen die Schwächen von auf Selbstbeurteilungen beruhenden Aussagen zumindest relativiert werden. Zur Beurteilung der Güte von Selbstbeurteilungen hat Moser (1999) drei Kriterien beschrieben: Die Anfälligkeit für Urteilstendenzen, psychometrische Maße (Reliabilität und Validität) sowie die Akkuratheit. Selbsturteile fallen häufig milder aus, als Fremdbeurteilungen. Sie unterliegen zudem einer reduzierten Streuungstendenz, da extreme Ausprägungen einer Skala seltener gewählt werden. Selbstbeurteilungen sind überdies einer sog. Korrelationstendenz unterworfen, die auftritt, wenn zwischen mehreren Urteilsdimensionen nicht hinreichend differenziert wird (Moser 1999). Die Akkuratheit von Beurteilungen lässt sich über ein Außenkriterium prüfen. So kann die Akkuratheit von Selbsteinschätzungen schulischer Leistungen beispielsweise anhand der Schulnoten beurteilt werden. Für die vorliegende Studie wird unter dieser Perspektive geprüft, ob sich (1) die Selbsteinschätzungen der Probanden zu ihrem ökonomischen Wissen mit den Ergebnissen des objektiven Wissenstests decken und damit Abweichungen aufgrund von Urteilstendenzen ausgeschlossen werden können und (2) welches der beiden Verfahren, Selbst-

oder Fremdbeurteilung, einen höheren Erklärungswert für die Selbstregulation im Umgang mit Geld liefert.

Zunächst wird die Selbsteinschätzung der Probanden über ihr Wissen zu finanziellen Themen, ihre mathematischen Fähigkeiten sowie über ihre Kenntnisse zu Vorsorge und Wirtschaft beschrieben. Diese vier Bereiche werden im Folgenden mit „Selbsteinschätzung zum ökonomischen Wissen" bezeichnet[73]. Es wird zu prüfen sein, ob es Unterschiede in der Selbsteinschätzung zum ökonomischen Wissen in Abhängigkeit von dem Grad der finanzwirtschaftlichen Bildung nach Gruppenzugehörigkeit und Ausbildungszeitpunkt gibt. Jungen Menschen, die sich für Ausbildungsberufe der Finanzbranche entscheiden, kann zunächst tendenziell eine persönliche Affinität zu ökonomischen Themen unterstellt werden. Weiterhin ist denkbar, dass die in der beruflichen Ausbildung stattfindende Auseinandersetzung mit ökonomischen Inhalten zu einer Veränderung der Selbsteinschätzung zum ökonomischen Wissen führt. Diese kann bipolar gerichtet sein. Möglich ist ein positiveres Selbsturteil am Ende der Ausbildung auf der Basis von gestiegenem ökonomischem Know-How. Denkbar ist aber auch eine geringere Ausprägung, wenn beispielsweise Überschätzungstendenzen durch die praktischen Erfahrungen mit den Anforderungen in ökonomisch orientierten Berufsbildern auf ein realistisches Niveau angepasst werden. Allen Probanden gemein ist zunächst, dass sie ein eigenverantwortliches Leben mit eigenem Haushalt und vergleichbaren finanziellen Verhältnissen führen. Dies erfordert für alle befragten Personen gleichsam eine ausgeprägte ökonomische Handlungsfähigkeit. Die Berufsausbildung kann hierzu einen wichtigen Beitrag leisten.

Bevor allgemeine Aussagen zu dem übergreifenden Konstrukt des ökonomischen Wissens getroffen werden, richtet sich der Blick zunächst auf die spezifischen Inhaltsbereiche Finanzen, Vorsorge, Wirtschaft und mathematische Fähigkeiten.

---

73 Die faktorenanalytische Betrachtung lässt den Schluss zu, dass es eine gemeinsame latente Variable gibt, die gemessen wird. Die Reliabilität erreicht einen Wert von Cronbachs α = ,684. Die Ergebnisse hierzu finden sich im Anhang A.6.1.

Tab. 24: Selbsteinschätzung zu ökonomischen Wissensfeldern

IfB		**Wissen Finanzen**	**Wissen Wirtschaft**	**Wissen Vorsorge**	**Wissen Mathematik**
Hoch	Mittelwert	5,07	4,46	4,90	4,81
	N	255	255	255	255
	Standardabw.	1,070	1,128	1,356	1,180
Mittel	Mittelwert	4,40	4,17	4,10	4,61
	N	196	196	196	196
	Standardabw.	1,055	1,137	1,247	1,073
Gering	Mittelwert	4,65	4,14	3,95	5,14
	N	200	200	200	200
	Standardabw.	1,093	1,134	1,340	1,206
Insgesamt	Mittelwert	4,74	4,28	4,37	4,85
	N	651	651	651	651
	Standardabw.	1,108	1,141	1,386	1,174

IfB = Intensität finanzwirtschaftlicher Bildung

Für alle Inhaltsbereiche des ökonomischen Wissens werden Werte über 4 (zwischen „unentschieden" und „eher hoch") erreicht. Die Auszubildenden schätzen ihre ökonomischen Fähigkeiten in allen Feldern tendenziell positiv ein. Gruppen, die sich durch eine intensive curriculare Konfrontation mit finanzwirtschaftlichen Themen und eine durch die Berufswahl zum Ausdruck gebrachte ökonomische Affinität kennzeichnen lassen, schätzen ihr Wissen in Kategorien Finanzen, Wirtschaft und Vorsorge durchweg besser ein, als die Probanden anderer Ausbildungsberufe. Die Probanden aus dem gewerblich-technischen Bereich mit nur geringer finanzwirtschaftlicher Orientierung schätzen dagegen ihre mathematischen Fähigkeiten stärker ein[74]. Um den Einfluss der Intensität finanzieller Bildung und des Ausbildungsprozesses auf statistische Signifikanz und praktische Bedeutsamkeit hin zu überprüfen, wird eine zweifaktorielle Varianzanalyse gerechnet, wobei zusätzlich die Effektstärken[75] berücksichtigt werden.

---

74 Diese Tendenz ist gleichermaßen aus den Befunden des Modellversuchs KoLA in Rheinland-Pfalz bekannt (Breuer et al., 2009).

75 Werden mehr als zwei Mittelwerte miteinander verglichen, bietet sich Eta^2 als Maß der Effektstärke an. Die Referenzwerte für Eta^2 sind: 0,01 = schwacher Effekt, 0,06 = mittlerer Effekt, 0,14 = starker Effekt (Cohen 1988, S. 20).

Tab. 25: Zweifaktorielle Varianzanalyse zum ökonomischen Wissen (Selbsteinschätzung)

Quelle	Quadratsumme vom Typ III	df	Mittel der Quadrate	F	Sig.	Partielles Eta²
Korrigiertes Modell	53,511[a]	5	10,702	15,944	,000	,110
Konstanter Term	13198,076	1	13198,076	19662,045	,000	,968
Ausb.zeit	14,923	1	14,923	22,232	,000	,033
IfB	29,219	2	14,609	21,765	,000	,063
Ausb.zeit*IfB	7,024	2	3,512	5,232	,006	,016
Fehler	432,954	645	,671			
Gesamt	14008,875	651				
Korrigierte Gesamtvariation	486,465	650				

a. R-Quadrat = ,110 (korrigiertes R-Quadrat = ,103)

IfB = Intensität finanzwirtschaftlicher Bildung

Die Varianzanalyse zeigt zunächst, dass nur ein Bruchteil der Gesamtstreuung (*14008,875*) über das Modell erklärt werden kann (*53,511*). Von der erklärten Streuung wird der Großteil über das Merkmal der Intensität finanzwirtschaftlicher Bildung erklärt (*29,219*). Die Ergebnisse deuten darauf hin, dass es weitere Merkmale geben muss, die zu den Unterschieden in der Selbstregulation im Umgang mit Geld führen. Der Einfluss der Vermittlungsintensität ökonomischer Inhalte sowie des Ausbildungszeitpunktes auf die erklärte Streuung der Selbsteinschätzung zum ökonomischen Wissen ist jeweils signifikant. Die Effektstärken weisen jedoch auf eine nur mittlere bis schwache praktische Relevanz der beiden Merkmale hin. Die Intensität formal-finanzieller Bildung übt einen mittleren Effekt (Eta^2= 0,063) auf die Ausprägung der Selbsteinschätzungen zum ökonomischen Wissen aus. Der Ausbildungszeitpunkt übt dagegen nur einen mittleren bis schwachen Effekt (Eta^2= 0,033) auf die Ausprägung des ökonomischen Wissens aus. Es kann überdies ein schwacher Interaktionseffekt (Eta^2= 0,016) zwischen den beiden Merkmalen nachgewiesen werden, der zu einem geringen Anteil die erklärte Streuung ausmacht (7,024). Genauere Aussagen lassen sich treffen, wenn die Ausbildungsberufe getrennt voneinander betrachtet werden. Statistisch bedeutsame hohe Effekte können ggf. durch die kumulierte

Betrachtung von Einzelgruppen verschwimmen[76]. Aus diesem Grund werden die Mittelwerte der Ausbildungsberufe im Folgenden paarweise verglichen.

Tab. 26: Signifikanzen der mittleren Differenzen zur Variable „Selbsteinschätzung zu ökonomischem Wissen" nach Ausmaß der Begegnung mit finanzieller Bildung

IfB	N	Mittelwerte	SA	Mittlere Differenz	Sig.	d[77]
Hoch (Bank) Mittel (Industrie)	255 196	4,8098 4,3214	,90308 ,73467	,48838	,000	0,59
Hoch (Bank) Gering (Mechatronik/ FI)	255 200	4,8098 4,4675	,90308 ,85446	,34230	,000	0,39
Mittel (Industrie) Gering (Mechatroniker/ FI)	196 200	4,3214 4,4675	,73467 ,85446	,14607	,069	-

IfB = Intensität finanzwirtschaftlicher Bildung | FI =Fachinformatik | SA= Standardabweichung

Die Tabelle 26 zeigt, dass signifikante Unterschiede nur dann existieren, wenn mindestens eine der im Vergleich betrachteten Gruppen eine hohe finanzwirtschaftliche Orientierung aufweist. Zwischen den übrigen beiden Gruppen gibt es keine signifikanten Unterschiede in der Ausprägung der Selbsteinschätzung zum ökonomischen Wissen. Die Effektstärken deuten indes darauf hin, dass die Intensität finanzieller Bildung einen mittelstarken Effekt auf die Ausprägung der Selbsteinschätzung zum ökonomischen Wissen ausübt. Die Befunde unterstützen die Vermutung, dass es innerhalb der Berufsausbildung bislang versäumt wird, flächendeckend die Entwicklung ökonomischer Urteilsfähigkeit zu befördern. Dies scheint nur dort zu gelingen, wo finanzielle Bildung in hoher berufsbezogener Intensität praktiziert wird.

---

76 Aus der Darstellung der Tabelle zur zweifaktoriellen Varianzanalyse wird zwar deutlich, dass die Intensität formal-ökonomischer Bildung einen signifikanten und relevanten Einfluss auf die Selbsteinschätzung zum ökonomischen Wissen ausübt. Ob Signifikanz und Relevanz auf den Beitrag einer Einzelgruppe zurückzuführen sind, kann nur beantwortet werden, wenn die Unterschiede der Gruppen paarweise untersucht werden.

77 Ein Wert von ca. d=0,2 steht für einen kleinen, um d= 0,5 steht für einen mittleren und um d= 0,8 steht für einen großen Effekt (Bortz & Schuster 2010, S. 9). Effektstärken werden nur für signifikante Unterschiede ermittelt.

Im Ergebnis zeigt sich, dass die Nähe zu Finanzthemen die Selbsteinschätzung zum ökonomischen Wissen positiv beeinflusst. In der Einzelanalyse wird deutlich, dass dies nur dann gilt, wenn der curriculare Input hoch intensiv ist, also z. B. bei Ausbildungsberufen aus dem Finanzsektor. Nun können derartige gruppenspezifische Effekte analog für das Merkmal des Ausbildungszeitpunktes auftreten. Die Ergebnisse der Varianzanalyse deuten zunächst darauf hin, dass der Ausbildungszeitpunkt nur einen mittleren bis schwachen Effekt auf die Selbsteinschätzung zum ökonomischen Wissen ausübt, wenngleich die Unterschiede zwischen dem ersten und dem letzten Ausbildungsjahr als signifikant ausgegeben werden. Hieraus könnte nun der Schluss gezogen werden, dass der curriculare Input, den die Auszubildenden im Zeitraum ihrer Ausbildung erhalten zwar zu signifikanten Verbesserungen führt, jedoch praktisch nicht von Belang ist, da der Gesamteffekt zu gering ausfällt. Um diese Schlussfolgerung zu verifizieren, ist eine Einzelbetrachtung der untersuchten Gruppen notwendig. Die folgende Tabelle zeigt die Unterschiede in der Ausprägung des ökonomischen Wissens in Abhängigkeit von der Intensität formal-ökonomischer Bildung (IfB) getrennt nach Ausbildungszeitpunkt.

Tab. 27: Selbsteinschätzung zu ökonomischen Fähigkeiten nach Ausbildungszeitpunkt und Intensität finanzwirtschaftlicher Bildung

IfB	**Zeit**	**Mittelwert**	**SA**	**N**	**Sig.**	***d***
Hoch	Beginn	4,5212	,89520	130	,000	0,68
	Ende	5,1100	,81158	125		
Mittel	Beginn	4,2450	,73992	101	,134	-
	Ende	4,4026	,72411	95		
Gering	Beginn	4,3848	,86436	102	,163	-
	Ende	4,5536	,83977	98		

IfB = Intensität finanzwirtschaftlicher Bildung | SA = Standardabweichung

Die differenzierte Betrachtung der Effekte der Ausbildungszeitpunkte unter Berücksichtigung der Spezifika des jeweiligen Ausbildungsberufs zeigt, dass zumindest für intensiv ökonomisch ausgebildete Personen ein mittlerer positiver Effekt der beruflichen Ausbildung auf die Selbsteinschätzung zum ökonomischen Wissen nachgewiesen werden kann. Für die beiden übrigen Gruppen können nur kleine Effekte festgestellt werden.

Probanden mit hoher ökonomischer Inklination bzw. stark ausgeprägter Begegnung mit finanzwirtschaftlichen Inhalten schätzen ihre ökonomischen Fähigkeiten zu Beginn als auch zum Ende der Ausbildung besser ein, als die jungen Erwachsenen mit mittlerer bis geringer formal-ökonomischer Erfahrung. Dieser Befund kann auf Basis der inhaltlichen Verknüpfungen zwischen dem gewählten Ausbildungsberuf und den untersuchten ökonomischen Fähigkeitsfeldern sowie auf Basis bereits erfahrener formaler Bildung bekräftigt werden. Für Personen mit mittel-intensiven bis geringen Berührungspunkten mit der Materie „Wirtschaft" kann kein statistisch bedeutsamer Beitrag der Kennzeichen der Berufsausbildung belegt werden. Dieser Befund kann auf die vergleichsweise reduzierte fachliche Bildung zu finanzwirtschaftlichen und ökonomischen Themen zurückgeführt werden. Je intensiver die Begegnung mit formal-finanzwirtschaftlichen Inhalten ausfällt, umso positiver ausgeprägt ist die Einschätzung zum ökonomischen Wissen.

Mit der Selbsteinschätzung von individuellen Fähigkeiten ist eine Reihe von Problemen verbunden. Die Antworten spiegeln die subjektiven Einschätzung der Person über sich selbst wider und können demnach systematischen Antworttendenzen unterliegen, die das Ergebnis verzerren. Häufig wird der Effekt der sozialen Erwünschtheit genannt. Die Probanden passen ihr Antwortverhalten den (vermuteten) Erwartungen einer sozialen Bezugsgruppe an (Büttner 2008, S. 288). Weiterhin kann es passieren, dass sich die befragten Personen in ihren Aussagen tendenziell unter- oder überschätzen. Die Ergebnisse von Selbsteinschätzungsskalen sind daher nur bedingt objektiv und können lediglich auf die Wahrnehmung der Person über sich selbst bezogen werden. Aus den genannten Gründen ist es empfehlenswert, die subjektiven Selbsteinschätzungen durch ein objektives Außenkriterium zu kontrollieren, um einen aussagekräftigen und validen Wert zum selbst eingeschätzten Merkmal zu erhalten. Hierzu werden in der vorliegenden Studie ökonomisch orientierte Wissensfragen gestellt, die dazu dienen sollen, die Selbsteinschätzungen zu den ökonomischen Fähigkeiten im Sinne der Überprüfung der Akkuratheit der Aussagen zu validieren. Der Nachweis einer Übereinstimmung wird auch als *konvergente Validität* bezeichnet (Campell & Fiske 1959).

6.1.2 Finanzielles Vorwissen

Zur Bestätigung der Akkuratheit wird als ergänzendes Kriterium ein objektives Leistungsmaß zum ökonomischen Wissen erhoben. Im Anschluss soll beurteilt werden, welcher der beiden Zugänge zum ökonomischen Wissen geeigneter ist, Varianzen in der Selbstregulation im Umgang mit Geld zu erklären. Zur objektiven Erfassung des ökonomischen Wissens wird ein Wissenstest durchgeführt. Es werden Items aus dem Fragebogen zur Mannheimer SAVE Studie verwendet, die um einige weitere Fragen zum Finanzwissen ergänzt worden sind (vgl. Börsch-Supan, Coppola, Essig, Eymann & Schunk 2009, S. 135-166; Lusardi, Mitchell & Curto 2009, S. 5; Bucher-Koenen & Lusardi 2011, S. 5). Inhaltlich werden mit dieser Itembatterie die ökonomischen Bereiche Zinsen, Inflation, Risiko und Risikostreuung, Aktien und Mischfonds, Kurse, Rente, Numeracy, Kredit und Bürgschaft, Haushalt sowie Brutto und Netto abgedeckt. Die unterschiedlichen Fragen können nach dem kognitiven Anspruchsniveau entsprechend der Taxonomie von Anderson und Krathwohl (s. Kapitel 4.2) unterschieden werden. Die folgende Übersicht zeigt eine mögliche Einordnung der 36 Wissensitems nach der Wissensdimension und der Dimension des kognitiven Prozesses.

Tab. 28: Zuordnung der Wissensfragen zu den Kategorien der Wissenstaxonomie nach Anderson und Krathwohl (2001, S. 28)

Wissen	Kognitiver Prozess			
	Erinnern	Verstehen	Anwenden	Analysieren
Faktenwissen	**[v10]** **[v19]** **[v33]**	**[v20-v23]**		
Konzeptuelles Wissen	**[v11-v17]** **[v27-v29]** **[v30-v32]** **[v34-v36]**	**[v18]**		
Prozedurales Wissen			**[v6-v9]**	**[v24-26]**

Die Items können nicht trennscharf einer einzelnen Zelle zugeordnet werden. Vielmehr setzen höhere Dimensionen des Wissens das Vorhandensein niedrigerer Dimensionen voraus. So wird z. B. bei der Frage [v6][78] deutlich, dass der Proband zur richtigen Beantwortung der Frage über Begriffswissen (factual knowledge) (z. B. „Was ist ein Konto?“) sowie über konzeptuelles Wissen (Zinsrechnung) verfügen muss, um diese Frage richtig beantworten zu können. Insofern bildet die Zuordnung in die Matrix nach Anderson und Krathwohl (2001, S. 28) immer nur die höchste dimensionale Ausprägung der kognitiven Anforderung ab, die alle darunter liegenden Dimensionen sowohl in Hinblick auf den kognitiven Prozess (horizontal) als auch auf die Ebene des Wissens (vertikal) mit einschließt. Es wird deutlich, dass dem Instrument keine vollständige Abdeckung aller Dimensionen des kognitiven Prozesses gelingt. Metakognitives Wissen wird über die Itembatterie nicht erfasst. Ebenso wenig konnten Items gefunden werden, die der Prozessdimension „Bewerten“ und „Entwickeln“ zugeordnet werden können. Zudem erfolgt die Zuordnung der Items zu den Di-

78 Angenommen, Sie haben 100 € Guthaben auf Ihrem Sparkonto. Dieses Guthaben wird mit 2% pro Jahr verzinst und Sie lassen es 5 Jahre auf diesem Konto. Was meinen Sie: Wie viel Guthaben weist Ihr Konto nach 5 Jahren auf?

mensionen ohne feste Kriterien. Trotz dieser Restriktionen wird es mit den ausgewählten Fragen möglich, vorhandenes Wissen zu diagnostizieren, das über die bloße Reproduktion von Fakten hinausgeht.

Ein bestimmtes Set an Wissensfragen kann als geeignet gelten, wenn es eine hinreichende Gruppenvarianz über die Antworten abbilden kann, d.h. erfolgreiche von nicht erfolgreichen Problemlösern zu unterscheiden vermag. Die Eignung der eingesetzten Items zur Analyse des vorhandenen ökonomischen Wissens kann anhand der *Trennschärfe* und anhand des *Schwierigkeitsindizes* beurteilt werden. Einen Hinweis auf die Schwierigkeit der Fragen liefert die Verteilung der richtigen und falschen Antworten. Der Wortlaut der Fragen kann im Anhang A.5 nachgelesen werden[79].

Tab. 29: Verteilung der richtigen und falschen Antworten zum Finanzwissen (n=651)

Nr.	**Frage**	**Richtig**		**Falsch**		**Keine Antwort**	
		Häufigkeit absolut	Häufigkeit %	Häufigkeit abs.	Häufigkeit %	Häufigkeit abs.	Häufigkeit %
1	[v6]	604	**92,8**	36	5,5	11	1,7
2	[v7]	385	**59,1**	255	39,2	11	1,7
3	[v8]	473	**72,7**	105	16,1	73	11,2
4	[v9]	541	**83,1**	106	16,3	4	0,6
5	[v10]	567	**87,1**	60	9,2	24	3,7
6	[v11]	476	**73,1**	125	19,2	50	7,7
7	[v12]	442	**67,9**	127	19,5	82	12,6
8	[v13]	339	**52,1**	268	41,2	44	6,8
9	[v14]	474	**72,8**	91	14	86	13,2
10	[v15]	225	**34,6**	171	26,3	255	39,2
11	[v16]	452	**69,4**	56	8,6	143	22
12	[v17]	334	**51,3**	100	15,4	217	33,3
13	[v18]	317	**48,7**	262	40,2	72	11,1

79 Zum Teil mussten die Antwortoptionen als Variablen codiert werden, so dass auf eine Einzelfrage mehrere Variablen entfallen können (vgl. Fragebogen im Anhang A.5).

14	[v19]	103	**15,8**	548	84,2	-	-
15	[v20-v23][80]	298	**45,8**	353	54,2	-	-
16	[v24]	121	**18,6**	530	81,4	-	-
17	[v25]	230	**35,3**	421	64,7	-	-
18	[v26]	250	**38,4**	401	61,6	-	-
19	[v27-v29]	572	**87,9**	79	12,1	-	-
20	[v30-v32]	526	**80,8**	125	19,2	-	-
21	[v33]	358	**55**	270	41,5	23	3,5
22	[v34-v36]	559	**85,9**	92	14,1	-	-
	Gesamt	**393**	**60,37**	**208,23**	**31,98**	**49,77**	**7,65**

Der Schwierigkeitsindex entspricht der prozentualen Verteilung der richtigen und falschen Antworten. Je geringer dieser Wert ist, desto schwieriger ist die Frage zu beantworten. Items mit sehr hohen oder sehr niedrigen Schwierigkeitsindizes gelten als nicht brauchbar, da entweder tendenziell alle oder keine der Testpersonen die Frage richtig beantworten und damit keine Gruppenunterschiede abgebildet werden können (Bühl 2010, S. 501). Wird das Kriterium für zu schwere Fragen bei 20% richtigen Antworten angesetzt, so zeigt der Blick auf die Tabelle 29, dass die Fragen [v24] und [v19] unterhalb dieses Grenzwertes liegen. Für die Fragen [v6], [v9], [v10], [v27-v29], [v30-v32] sowie [v34-v36] kann festgestellt werden, dass diese mit einem Anteil von über 80% richtigen Antworten insgesamt zu leicht sind. Überlegungen zu einem Ausschluss zu leichter und zu schwerer Fragen sollten stets an inhaltliche Fragestellungen gekoppelt werden.

Über alle Auszubildenden hinweg werden im Durchschnitt 393 Fragen richtig beantwortet, was einem Prozentsatz von etwa 60% richtig beantworteten Fragen entspricht. Etwa 32% der Fragen werden im Schnitt falsch beantwortet. 8% der Fragen bleiben unbeantwortet. Einen detaillierteren Einblick in Beantwortungstendenzen der Einzelgruppen liefert der Blick auf die Ergebnisse getrennt nach der Intensität erhaltener finanzwirtschaftlicher Bildung in der folgenden Tabelle.

80 Es handelt sich bei diesen Fragen um Einzelfragen mit 3 Antwortalternativen.

Tab. 30: Verteilung der richtigen Antworten nach der Intensität formal-finanzwirtschaftlicher Bildung (IfB)

Nr.	Frage	Hohe IfB Bank (n=255)		Mittlere IfB Industrie (n=196)		Geringe IfB Mechatroniker/Fachinformatiker (n=200)	
		Abs.	Prozent	Abs.	Prozent	Abs.	Prozent
1	[v6]	240	94	178	90,81	186	93
2	[v7]	164	64,3	103	52,53	118	59
3	[v8]	202	78,8	124	63,24	147	73,5
4	[v9]	216	84,24	168	85,68	157	**78,5**
5	[v10]	239	93,2	166	84,66	162	81
6	[v11]	213	83	133	67,83	130	65
7	[v12]	190	74	130	66,3	122	61
8	[v13]	149	58,11	103	52,53	87	43,5
9	[v14]	215	83,8	132	67,32	127	63,5
10	[v15]	152	59,2	37	18,87	36	18
11	[v16]	216	84	115	58,65	121	60,5
12	[v17]	182	70	83	42,33	69	34,5
13	[v18]	159	62	74	37,74	84	42
14	[v19]	61	**24**	31	15,81	11	5,5
15	[v20-v23]	123	48	82	41,82	93	46,5
16	[v24]	50	19,6	26	13,26	45	**22,5**
17	[v25]	90	35,1	43	21,93	97	48,5
18	[v26]	87	33,93	71	36,21	92	46
19	[v27-v29]	241	93,99	172	87,72	159	79,5
20	[v30-v32]	223	86,97	156	79,56	147	73,5
21	[v33]	164	63,96	96	48,96	98	49
22	[v34-v36]	222	86,58	172	87,72	165	82,5
	Gesamt	**172,64**	**67,31**	**108,86**	**55,52**	**111,5**	**55,75**

Die Schwierigkeitsindizes verschieben sich geringfügig, wenn nur die Teilgruppen der Stichprobe betrachtet werden. Die als „zu schwer" eingestuften Items betreffen nur einzelne Teile der Stichprobe. Auszubildende mit hoher Intensität finanzwirtschaftlicher Bildung erreichen für das Item [v19] einen Wert

>20%. Die mathematisch stärkeren Gruppen der Mechatroniker und Fachinformatiker erreichen für das Item [v24] ebenfalls den Bereich akzeptabler Schwierigkeit. Diese Items sind also nur für Teilgruppen der Stichprobe zu schwer und bilden demnach ein Kriterium der Unterscheidbarkeit dieser Gruppen. Sie sollten vor diesem Hintergrund im Fragebogen beibehalten werden. Für die Items, die über alle Gruppen hinweg zu leicht sind ergeben sich ähnliche Ergebnisse. Die Items [v9], [v27-v29] sowie [v30-v32] erreichen in Einzelgruppen Werte von <80%, wenn z.T. auch nur knapp darunter. Die Items [v6], [v10] und [v34-v36] erscheinen angesichts der prozentualen Verteilung der richtigen Antworten für jede Einzelgruppe tatsächlich zu leicht. Sie können demnach keinen Hinweis auf Gruppenunterschiede bieten. Inhaltlich ist der Ausschluss von Item [v6] begründbar. Dieses Item zielt auf das Handlungsfeld „Sparen und Zinsen" ab. In diesem Feld sind weitere Items vertreten, die zur Unterscheidung der Gruppen geeigneter sind. Die Items [v10] (Anlagen) und [v34-v36] (Brutto und Netto) sind die einzigen Vertreter ihres Inhaltsbereichs, weswegen hier eine Beibehaltung der Items in Betracht gezogen werden sollte. Der Schwierigkeitsindex der betrachteten Items kann sich durch den Beitrag von besonders leistungsstarken und besonders leistungsschwachen Gruppen in die Extrembereiche verlagern, innerhalb derer Items in der Regel abgelehnt werden. Der Blick auf die Teilgruppen zeigt, dass die Schwierigkeit einer Frage nicht allein als Merkmal der Aufgabe gelten kann, sondern durch Eigenschaften der beantwortenden Personen beeinflusst ist. In einem solchen Fall ist die Beibehaltung der Items insbesondere auch unter inhaltlichen Kriterien abzuwägen.

Für die Beurteilung der Brauchbarkeit von Richtig/Falsch-Items ist zudem der *Trennschärfekoeffizient*[81] ein wichtiges Kriterium. Hierzu wird der Gesamtskalenwert berechnet, der sich aus dem arithmetischen Mittel der Skalensummen der Einzelitems ergibt. Im vorliegenden Fall beträgt der Gesamtskalenwert bei 13 richtigen Lösungen von 22 möglichen Fragen bei einer Standardabweichung von 3,25 Skalenpunkten. Der schlechteste Problemlöser konnte nur 3 Fragen richtig beantworten, während der beste Problemlöser 21 der 22 möglichen Fragen richtig beantwortet hat. Der Wert für die Trennschärfe wird als

81 Vom Trennschärfekoeffizienten unterschieden wird der Trennschärfeindex. Dieser basiert auf dem Summenscore der Skala und berücksichtigt nur 50% der befragten Probanden (25% der leistungsstärksten Probanden und 25% der leistungsschwächsten Probanden) (Gerich 2010, S. 276).

punktbiserale Korrelation berechnet[82] (Gerich 2010, S. 276). Die Trennschärfekoeffizienten für die jeweiligen Items sind in der folgenden Tabelle dargestellt:

Tab. 31: Trennschärfekoeffizienten

Nr.	**Item**	**Trennschärfe-koeffizient**	**Nr.**	**Item**	**Trennschärfe-koeffizient**
1	[v6]	,224	12	[v17]	,315
2	[v7]	,366	13	**[v18]**	**,023**
3	[v8]	,270	14	[v19]	,321
4	[v9]	,227	15	[v20-v23]	,366
5	[v10]	,236	16	[v24]	,344
6	[v11]	,398	17	[v25]	,345
7	[v12]	,289	18	[v26]	,369
8	[v13]	,285	19	[v27-v29]	,203
9	[v14]	,275	20	[v30-32]	,329
10	[v15]	,438	21	[v33]	,224
11	[v16]	,207	22	**[v34-v36]**	**,183**

Items mit Trennschärfekoeffizienten von <0,2 können aus dem Fragebogen eliminiert werden, da sie nicht hinreichend zwischen leistungsstarken und leistungsschwachen Personen diskriminieren können (Gerich 2010, S. 276). Insgesamt kann festgehalten werden, dass sich das Item [v18][83] am ehesten für eine Elimination aus dem Fragebogen empfiehlt. Der Schwierigkeitsindex ist zwar im annehmbaren Bereich, es fällt jedoch auf, dass das Item im Durchschnitt am Ende der Ausbildung nicht mehr so häufig richtig beantwortet wird, wie zu Beginn. Der Trennschärfekoeffizient deutet zudem darauf hin, dass das Item zur Unterscheidung von guten und schlechten Problemlösern nur wenig geeignet ist. Die übrigen Items zeigen eine angemessene Heterogenität in der Schwierigkeit der Beantwortung und eine angemessene Diskriminationsfähigkeit zur Unter-

82 In anderen Quellen werden alternative Verfahren zur Ermittlung der Trennschärfe diskutiert. Im einfachsten Fall ist dies die Bildung der Differenz des relativen Anteils von richtigen und falschen Antworten (Schelten 1997, S. 131).

83 [v18] im Wortlaut: „Was geschieht bei fallenden Zinsen mit dem Kurs einer festverzinslichen Anleihe?"

scheidung der leistungsstarken und leistungsschwachen Probanden und erscheinen unter diesen beiden Aspekten prinzipiell geeignet. Der Trennschärfekoeffizient des Items [v34-v36] liegt zwar knapp unterhalb von 0,2, jedoch führen inhaltliche Überlegungen zu dem Schluss, das Item beizubehalten. Denn mit Ausnahme dieses Items richtet sich keine andere Frage auf den Inhaltsbereich „Brutto und Netto". Abschließend wird die Reliabilität berechnet. Für alle Items wird eine Skalenreliabilität von α = ,586 ausgegeben. Durch Ausschluss der Frage [v18] erhöht sich die Reliabilität auf einen Wert von α = ,642. Zusammenfassend kann festgehalten werden, dass die Mehrheit der Items zur Messung des ökonomischen Wissens hinreichend trennscharf und heterogen in ihrem Schwierigkeitsgrad sind. Durch Ausschluss der Frage [v18] wird eine mittlere Reliabilität erreicht.

Werden die Ergebnisse insgesamt nach dem Kriterium der Vermittlungsintensität ökonomischer Inhalte betrachtet, wird deutlich, dass die Gruppen mit hoher Finanzbildung im Durchschnitt 67% der Fragen richtig beantworten. Bei den Gruppen mit mittlerer und geringer Intensität sind es noch etwa 55%. Die Skalenwerte in Abhängigkeit des Trennkriteriums ökonomischer Ausbildungsintensität stellen sich wie folgt dar:

Tab. 32: Skalenwerte zum ökonomischen Wissen nach der Intensität finanzieller Bildung

IfB	Mittelwert	Min.	Max.	N	Standardabweichung
Hoch	15	6	21	255	3,11031
Mittel	12	3	20	196	3,02392
Gering	12	6	21	200	3,02791

IfB = Intensität finanzwirtschaftlicher Bildung

Die Tabelle verdeutlicht, dass diejenigen Auszubildenden, die in hohem Maße formal-ökonomische Bildung erhalten, im Mittel die meisten Fragen richtig beantwortet haben. Hinsichtlich des Ausbildungszeitpunktes ist zu erwarten, dass es zum Ende der Ausbildung zu einem Anstieg an richtigen Antworten kommt.

Tab. 33: Skalenwerte zum ökonomischen Wissen zu Beginn und zum Ende der Ausbildung

Ausbildungszeitpunkt	N	Mittelwert	SA	Sig.	*d*
Beginn	333	12	3,10187	,000	0,58
Ende	318	14	3,15351		

Die Probanden beantworten erwartungskonform in der Tendenz gegen Ende der Ausbildung mehr Fragen richtig, als zu Beginn der Ausbildung. Zu Beginn der Ausbildung beantworten die Probanden im Mittel 12 Fragen richtig. Am Ende der Ausbildung werden im Durschnitt 14 Fragen richtig beantwortet. Die Unterschiede in den Ausprägungen der Gruppen sowie die Verbesserung des Antwortverhaltens zum Ende der Ausbildung führen zu der Vermutung, dass sich eine intensive curriculare Auseinandersetzung mit finanzwirtschaftlichen Themen positiv auf die Entwicklung des ökonomischen Wissens ausübt. Um diesen Befund hinsichtlich seiner Zufallsfreiheit zu überprüfen, wird eine zweifaktorielle Varianzanalyse gerechnet. Damit werden der Einfluss der Intensität finanzieller Bildung und der Einfluss des Ausbildungszeitpunktes auf das ökonomische Wissen auf statistische Signifikanz und praktische Relevanz geprüft.

Tab. 34: Zweifaktorielle Varianzanalyse zum ökonomischen Wissen (objektives Maß)

Quelle	**Quadrat-summe vom Typ III**	**df**	**Mittel der Quadrate**	**F**	**Sig.**	**Eta²**
Korrigiertes Modell	5892,530[a]	5	1178,506	15,797	,000	,109
Konstanter Term	45834,229	1	45834,229	614,376	,000	,488
Ausb.zeit	499,433	1	499,433	6,695	,010	,010
IfB	4618,470	2	2309,235	30,954	,000	,088
Ausb.zeit*IfB	678,776	2	339,388	4,549	,011	,014
Fehler	48118,884	645	74,603			
Gesamt	97454,000	651				
Korrigierte Gesamtvariation	54011,413	650				
a. R-Quadrat = ,109 (korrigiertes R-Quadrat = ,102)						

IfB = Intensität finanzwirtschaftlicher Bildung

Die Varianzanalyse zeigt, dass signifikante Unterschiede in der Ausprägung des ökonomischen Wissens in Abhängigkeit von der Intensität erhaltener finanzieller Bildung und dem Ausbildungszeitpunkt bestehen. Von der Gesamtstreuung des ökonomischen Wissens (objektives Maß) kann nur wenig über die beiden Merkmale Intensität finanzwirtschaftlicher Bildung und Ausbildungszeitpunkt erklärt werden. Die Effektstärken zeigen an, dass das Merkmal der Vermittlungsintensität einen mittleren positiven Effekt (Eta²= 0,088) auf das ökonomische Wissen ausübt. Für den Ausbildungszeitpunkt kann nur ein schwacher

Effekt (Eta²= 0,010) nachgewiesen werden. Auch für die Interaktion zwischen den beiden Merkmalen wird nur ein schwacher Effekt (Eta²= 0,014) ausgegeben. Schwache Effekte, die bei der zusammenfassenden Betrachtung mehrerer Teilgruppen auftreten, können das Ergebnis gegenseitiger Kompensationseffekte sein. Es lohnt daher ein differenzierter Blick auf die Teilgruppen zu werfen.

Tab. 35: Paarweiser Vergleich des ökonomischen Wissens nach der Intensität finanzieller Bildung

IfB	N	Mittelwert	Sig.
Hoch	255	15	,000
Mittel	196	12	
Hoch	255	15	,000
Gering	200	12	
Gering	200	12	,975
Mittel	196	12	

IfB = Intensität finanzwirtschaftlicher Bildung

Die Mittelwertdifferenz zwischen Teilnehmern mit hoher finanzwirtschaftlicher Bildung und solchen mit mittelstarker bis geringer finanzieller Bildung ist signifikant. Zwischen Probanden mit mittel-intensiver und gering-intensiver Begegnung mit finanzwirtschaftlichen Inhalten besteht kein signifikanter Unterschied. Ökonomisches Wissen erscheint dort stärker ausgeprägt, wo es zu einer intensiven Auseinandersetzung mit finanzwirtschaftlichen Inhalten im beruflichen und schulischen Umfeld kommt. Ausbildungsgruppen, die zwar kaufmännisch geprägt sind, aber keinen unmittelbaren Wirkungsgrad innerhalb der Finanzbranche haben, können sich dagegen nicht signifikant von solchen Ausbildungsgruppen abheben, die nur rudimentäre kaufmännische Qualifikation erhalten.

Anschließend werden die Veränderungen im ökonomischen Wissen durch den Ausbildungsverlauf getrennt nach Gruppen unterschiedlicher ökonomischer Vermittlungsintensität betrachtet und die zugehörigen Effektstärken ermittelt.

Tab. 36: Ökonomisches Wissen nach Ausbildungszeitpunkt

IfB		Mittelwert	SA	N	Sig.	*d*
Hoch	Beginn	13	2,86858	130	,000	1,17

	Ende	16	2,48868	125		
Mittel	Beginn	12	3,08891	101	,018	0,34
	Ende	13	2,87679	95		
Gering	Beginn	12	3,23361	102	,029	0,31
	Ende	13	2,73410	98		

IfB = Intensität finanzwirtschaftlicher Bildung | SA= Standardabweichung

Grundsätzlich verbessern sich alle Gruppen in ihrem ökonomischen Wissen zum Ende der Ausbildung. Die Veränderung wird für alle Gruppen als signifikant ausgewiesen. Den höchsten Effekt auf das ökonomische Wissen übt die Ausbildung innerhalb der Gruppe mit dem höchsten Finanzbezug aus. Dort wird der Effekt der Ausbildungszeit mit *d*=1,17 ausgegeben, was einem starken Effekt entspricht. Für die Gruppen mit mittlerem und geringem Bezug zu finanziellen Inhalten wird nur ein mittlerer bis schwacher Effekt von *d*= 0,31 bzw. *d*= 0,34 ausgegeben. Dort werden zwar signifikante Verbesserungen in der Ausprägung des ökonomischen Wissens festgestellt, jedoch entfällt auf den Beitrag der Ausbildungszeit nur geringe praktische Relevanz. Das ökonomische Wissen steigt bei den befragten Personengruppen zum Ende der Ausbildung hin an. Für diejenigen Auszubildenden, die in hohem Maße innerhalb ihrer beruflichen Entwicklung mit finanzwirtschaftlichen Themen konfrontiert werden, fällt der Zuwachs an ökonomischem Wissen am stärksten aus. Es ist folglich davon auszugehen, dass sich die Intensität des curricularen ökonomischen Inputs positiv auf die Entwicklung ökonomischen Wissens auswirkt. Damit scheint das im Untersuchungsdesign angesetzte varianzbildende Kriterium der Nähe zu finanzwirtschaftlichen Themen ein geeigneter Erklärungsansatz für die Ausprägung ökonomischen Wissens zu sein. Dieser Befund bestätigt sich sowohl unter der Perspektive der Selbsteinschätzung zum ökonomischen Wissen als auch in Zusammenhang mit einer objektiven Wissensdiagnostik.

Ergänzend werden die Ergebnisse des ökonomischen Wissenstest getrennt nach den Wissensarten Faktenwissen, konzeptuelles Wissen und prozedurales Wissen nach Anderson und Krathwohl (2001) dargestellt. Die Wissensdimensionen werden hierzu separat analysiert. Gleichwohl gilt zu beachten, dass die Wissensdimensionen als hierarchische Stufen interpretiert werden können, d.h. höhere Stufen schließen die Erfüllung niedrigerer Stufen mit ein.

Tab. 37: Ausprägungen zum ökonomischen Wissen nach Wissensarten

Zeit	**IfB**	Faktenwissen (4)	Konzeptuelles Wissen (11)	Prozedurales Wissen (7)
Beginn	Hoch	1,55	7,43	3,8
	Mittel	1,39	6,5	3,58
	Gering	1,4	5,92	4,04
Ende	Hoch	2,1	8,97	4,44
	Mittel	1,64	7,07	3,69
	Gering	1,31	6,55	4,39
Gesamt	Hoch	1,82	8,18	4,11
	Mittel	1,49	6,78	3,64
	Gering	1,35	6,23	4,21

IfB = Intensität finanzwirtschaftlicher Bildung

Die Tabelle 37 zeigt, dass das Faktenwissen und das konzeptuelle Wissen bei Gruppen mit hohem finanzwirtschaftlichem Ausbildungsgrad am stärksten ausgeprägt ist, d.h. diese Gruppe beantwortet die entsprechenden Items häufiger korrekt, als die Auszubildenden aus den Berufsfeldern mit mittlerer bis geringer Finanzbildung. Die Items zum prozeduralen Wissen werden am häufigsten von den Auszubildenden aus den gewerblich-technischen Berufen richtig beantwortet, also von solchen Gruppen, die sich durch geringe formal-ökonomische Bezüge kennzeichnen lassen. Hier sind überwiegend solche Items vertreten, die die mathematisch-analytischen Fähigkeiten der Probanden ansprechen. Diese scheinen entsprechend der Selbsteinschätzung (s. Kapitel 8.1.1) bei den Auszubildenden aus den gewerblich-technischen Berufen am stärksten ausgeprägt zu sein. Betrachtet man die Ergebnisse des kognitiven Wissenstests und analysiert die Antworten anhand inhaltlicher Felder, bestätigt sich dieser Befund.

Tab. 38: Ausprägungen zum ökonomischen Wissen nach Inhaltsbereichen

Zeit	**IfB**	Vorsorge (9)[84]	Finanzen (7)	Mathematik (3)	Wirtschaft (3)
Beginn	Hoch	4,71	5,53	0,83	1,99
	Mittel	4	5,25	0,68	1,9

84 Der Wert in Klammern repräsentiert den maximal erreichbaren Skalenwert.

	Gering	3,75	5,03	1,12	1,9
Ende	Hoch	7,11	6,19	0,95	1,94
	Mittel	4,65	5,4	0,75	2,05
	Gering	4,21	5,33	1,22	1,97
Gesamt	Hoch	5,89	5,85	0,89	1,97
	Mittel	4,32	5,32	0,71	1,97
	Gering	3,98	5,18	1,17	1,94

IfB = Intensität finanzwirtschaftlicher Bildung

In allen Bereichen mit Ausnahme der Mathematik schneiden diejenigen Gruppen mit hohem Finanzbezug am besten ab. Die mathematischen Items konnten von den Probanden der gewerblich-technischen Berufe am ehesten richtig beantwortet werden. Dieser Vorteil in mathematisch-analytischen Fähigkeiten schlägt sich in der Ausprägung des prozeduralen Wissens nieder.

In der Gesamtheit erreichen die Merkmale Ausbildungszeitpunkt und Intensität finanzieller Bildung als Erklärungsvariablen für die Ausprägung des individuellen ökonomischen Wissens mittlere bis starke positive Effektstärken. Die Einzelbetrachtung nach Ausbildungsberufen getrennt zeigt, dass sich das ökonomische Wissen bei allen drei Untersuchungsgruppen zum Ende der Ausbildung hin signifikant verbessert. Jedoch kann nur für die Gruppe der Bankkaufleute konstatiert werden, dass die dortige Intensität finanzwirtschaftlicher Wissensvermittlung einen praktisch bedeutsamen Beitrag auf die Entwicklung des ökonomischen Wissens leistet. Derartige curriculare Effekte können für Industriekaufleute trotz kaufmännischer Qualifikation nicht im gleichen Ausmaß nachgewiesen werden. Die berufliche Ausbildung entfaltet demnach nur dort Wirksamkeit für die Entwicklung finanzökonomischen Wissens, wo die Curricula entsprechend intensiv vorbereiten. Vor dem Hintergrund, dass die Entwicklung ökonomischer Entscheidungsfähigkeit für alle Auszubildenden Ziel sein soll, entstehen über diesen Befund deutliche Handlungsdesiderata.

Für die Analyse des ökonomischen Wissens sind in der vorliegenden Arbeit zwei Zugänge realisiert worden: die Messung der Selbsteinschätzung ökonomischer Fähigkeiten sowie die Vorlage eines objektiven Wissenstests mit finanzökonomischem Bezug. Welcher der beiden Zugänge geeigneter erscheint, um im Rahmen des Gesamtkontextes der Arbeit zur Anwendung zu kommen, wird im folgenden Kapitel erörtert. Dabei wird zunächst geprüft, ob die beiden Maße im Sinne der Akkuratheit zu ähnlichen interpretatorischen Schlussfolgerungen führen.

6.1.3 Auswahl eines Konzepts zur Messung des ökonomischen Wissens

Es wurden zwei Konzepte zur Messung des ökonomischen Wissens erfasst. Beide Maße sind für sich betrachtet geeignet, um eine Aussage zur Ausprägung des ökonomischen Wissens bei jungen Auszubildenden zu liefern. Ersteres richtet sich stärker auf die „*Selbst*beurteilung" und weist zumindest aus theoretischer Perspektive eine Nähe zur Variable der *Selbst*regulation auf, die sich in ihrer Messung ebenfalls auf Einschätzungen über das Selbst stützt. Selbstbeurteilungen sind jedoch mit den bereits beschriebenen Validitätsproblemen verbunden. Zur Beurteilung der Eignung eines subjektiven Maßes ist es daher zweckdienlich, die „Passung" mit einem objektiven Außenkriterium rechnerisch zu prüfen. Eine Aussage hierzu kann über die Ermittlung des Zusammenhangs beider Variablen getroffen werden. Homoskedastizität und Normalverteilung liegen für beide Variablen zumindest approximativ vor (s. Kapitel 7.2 und 7.3).

Tab. 39: Stärke des Zusammenhangs zwischen dem objektiven und subjektiven Maß für ökonomisches Wissen

		Ökonomisches Wissen (Wissenstest)	Ökonomisches Wissen (Selbsteinschätzung)
Ökonomisches Wissen (Wissenstest)	Korrelation nach Pearson	1	,389
	Signifikanz (2-seitig)		,000
	Quadratsummen und Kreuzprodukte	6890,833	711,377
	Kovarianz	10,601	1,094
	N	651	651
Ökonomisches Wissen (Selbsteinschätzung)	Korrelation nach Pearson	,389	1
	Signifikanz (2-seitig)	,000	
	Quadratsummen und Kreuzprodukte	711,377	486,465
	Kovarianz	1,094	,748
	N	651	651

Der Test verweist auf einen signifikanten Zusammenhang zwischen den beiden Merkmalen. Der Korrelationskoeffizient nach Pearson erreicht einen Wert von ,389, was einem mittleren positiven Zusammenhang zwischen dem subjektiven und dem objektiven Maß für ökonomisches Wissen entspricht. Eine subjektiv hohe Einschätzung der ökonomischen Fähigkeiten ist tendenziell mit besseren Ergebnissen im kognitiven Leistungstest verbunden. Probanden, die ihr ökonomisches Wissen von vornherein positiv eingeschätzt haben, erzielen die besseren Ergebnisse im Wissenstest. Die Ergebnisse beider Verfahren führen somit zu den gleichen interpretatorischen Schlussfolgerungen. Um eine angemessene Auswahl des geeigneten Zugangs zu treffen, interessiert zusätzlich, welches der beiden Kriterien die Varianz der abhängigen Variable „Selbstregulation im Umgang mit Geld" in stärkerem Ausmaß erklären kann. Obwohl beide Maße zur gleichen Aussage über die Ausprägung des ökonomischen Wissens führen, ist es denkbar, dass der Zusammenhang zur abhängigen Variable der Selbstregulation im Umgang mit Geld unterschiedlich ausfällt. Um dies zu analysieren werden zwei Regressionsmodelle gerechnet. Ziel der Modellierung ist die Festlegung desjenigen Maßes für das ökonomische Wissen, welches minimale Abweichungen von der Regressionsgeraden aufweist.

Tab. 40: Regressionsmodelle zum ökonomischen Wissen

Modell	R	R-Quadrat	Korrigiertes R-Quadrat	Standardfehler des Schätzers
1	,133	,018	,016	,51149
2	,390	,152	,151	,47530

Modell 1 berücksichtigt das objektive Kriterium zum ökonomischen Wissen und deutet auf einen tendenziell geringen Fit hin (R^2 = ,018). Nur etwa 2% der Varianzen des Merkmals Selbstregulation können durch das objektive Wissenskriterium aufgeklärt werden. Dagegen wird in Modell 2 die Selbsteinschätzung zum ökonomischen Wissen berücksichtigt. Die Varianzaufklärung fällt hier mit einem Fit von R^2 = ,152 höher aus. Der Anteil an aufgeklärter Varianz der Variable „Selbstregulation im Umgang mit Geld" liegt demnach bei etwa 15%, wenn statt dem objektiven das subjektive Maß zum ökonomischen Wissen in das Modell aufgenommen wird. Dieser Befund kann auf ein latentes Persönlichkeitsmerkmal in den erhobenen Daten hindeuten. Es ist denkbar, dass Probanden Selbsteinschätzungen unter dem Einfluss von konstruktunabhängigen Urteilstendenzen vollziehen. Diese treten dann auf, wenn sich Probanden unabhängig vom einzuschätzenden Merkmal immer eher positiv oder immer eher negativ einschätzen (Überschätzer und Unterschätzer). Hierzu wurden in der vorliegenden Studie jedoch keine weiteren Informationen erhoben.

Tab. 41: ANOVA zu den Regressionsmodellen zum ökonomischen Wissen

Modell		Quadratsumme	df	Mittel der Quadrate	F	Sig.
1	Regression	3,476	1	3,476	13,318	,000
	Nicht standardisierte Residuen	169,397	649	,261		
	Gesamt	172,873	650			
2	Regression	26,259	1	26,259	116,238	,000
	Nicht standardisierte Residuen	146,614	649	,226		
	Gesamt	172,873	650			

Die Varianzanalyse liefert für beide Modelle statistische Signifikanz. Wegen des höheren Fits wird für das Gesamtmodell wird jedoch im folgenden Verlauf der Arbeit die Selbsteinschätzung zum ökonomischen Wissen als kognitives Kriterium berücksichtigt.

6.2 Selbstkonzept finanzieller Handlungskompetenz

6.2.1 Der Einfluss der beruflichen Erstausbildung auf das Selbstkonzept finanzieller Handlungskompetenz

Das Erhebungsinstrument zielt neben der Erfassung und Beurteilung des ökonomischen Wissens auf die Messung des Selbstkonzepts finanzieller Handlungskompetenz. Die Fragen hierzu orientieren sich an dem Kompetenz-Reflektions-Inventar (KRI) nach Kauffeld, Grote und Henschel (2007). Es wird versucht, das Selbstkonzept finanzieller Handlungskompetenz einer Operationalisierbarkeit zuzuführen. Die Items richten sich auf Situationen aus dem privaten Alltag, in denen finanzielle Entscheidungen getroffen werden sowie auf Aussagen der befragten Personen zu ihrem finanziellen Handeln. Es wird ebenfalls das Selbstkonzept zur *beruflichen* Handlungskompetenz erfragt, da insbesondere für das Berufsfeld Bankkaufmann/-frau angenommen werden kann, dass dort erworbene Kompetenzen eine inhaltliche Verknüpfung zur Domäne Finanzen aufweisen. Denn *berufliche finanzielle* Handlungskompetenz kommt insbesondere dort zum Tragen, wo von Auszubildenden in der Ausübung ihres Berufes (Performanzebene) erfolgreiche und angemessene Handlungen mit finanzwirtschaftlichem Bezug erwartet werden. Hintergrund der getrennten Erfassung beider Merkmale ist die vergleichende Untersuchung von finanzieller Handlungskompetenz im *beruflichen* und im *privaten* Umfeld. Korrelationen zwischen beiden Bereichen können auf eine gelungene Übertragung erlernter (Fach-)Inhalte auf private Situationen hindeuten, während große Unterschiede die Frage nach den Grenzen des Wissenstransfers aufwerfen. Für Berufsgruppen mit geringer bis mittlerer Intensität an finanzieller Ausbildung sind Überlegungen zum Transfer von beruflich erlernten finanzwirtschaftlichen Inhalten auf den privaten Bereich nicht unmittelbar greifbar. Daher richten sich die vergleichenden Analysen nur auf diejenigen Auszubildenden, die unmittelbar innerhalb der Finanzbranche agieren. Zunächst wird das Merkmal „Selbstkonzept zur finanziellen Handlungskompetenz" für *alle* untersuchten Teilgruppen analysiert, bevor sich die vergleichenden Analysen anschließen, die die Frage des Transfers in den Mittelpunkt stellen und nur diejenigen Auszubildenden berücksichtigen, die in hohem Maße formal-ökonomische Bezüge innerhalb ihrer Ausbildung aufweisen.

Die Ergebnisse der Faktorenanalyse[85] zeigen, dass sich das Konstrukt des Selbstkonzepts zur finanziellen Handlungskompetenz aus drei beobachtbaren Merkmalen konstituiert. Hierzu gehören:

- die Fähigkeit, finanzielle Angelegenheiten zu verstehen
- die Fähigkeit, Finanzstrategien zu bilden
- die Fähigkeit, finanzielle Interaktionen zu bewältigen

Damit ist eine semantische Nähe zu den im originären KRI realisierten Ebenen der Fach-, Methoden- und Sozialkompetenz gegeben. Für die untersuchten Teilgruppen können folgende Ergebnisse zum Selbstkonzept finanzieller Handlungskompetenz festgehalten werden.

Tab. 42: Mittelwerte zum Selbstkonzept finanzieller Handlungskompetenz

IfB	**N**	**Mittelwert**	**Standardabweichung**
Hoch	255	2,6356	,43048
Mittel	196	2,2460	,40350
Gering	200	2,2558	,45914
Gesamt	651	2,4016	,47024

IfB = Intensität finanzwirtschaftlicher Bildung

Der Mittelwertvergleich zeigt, dass es Unterschiede in der Ausprägung des Selbstkonzepts zur finanziellen Handlungskompetenz in Abhängigkeit von der Intensität finanzwirtschaftlicher Bezüge in der beruflichen Ausbildung gibt. Insgesamt schätzen jedoch alle Probanden ihre finanziellen Kompetenzen tendenziell positiv ein. Auszubildende mit intensiven formal-ökonomischen Voraussetzungen schätzen sich besser ein, als die Auszubildenden mit mittlerer bis geringer finanzorientierter Ausbildungsintensität. Die varianzanalytische Betrachtung

85 Siehe Anhang A.6.2

der Merkmale gibt Aufschluss über die Signifikanz der ermittelten Unterschiede und deren praktische Bedeutsamkeit.

Tab. 43: Zweifaktorielle Varianzanalyse zur privaten finanziellen Handlungskompetenz

Quelle	Quadratsumme vom Typ III	df	Mittel der Quadrate	F	Sig.	Partielles Eta-Quadrat
Korrigiertes Modell	23,212[a]	5	4,642	24,845	,000	,161
Konstanter Term	3629,328	1	3629,328	19423,271	,000	,968
Ausb.zeit	,145	1	,145	,777	,378	,001
IfB	23,035	2	11,517	61,638	,000	,160
Ausb.zeit*IfB	,133	2	,066	,355	,701	,001
Fehler	120,521	645	,187			
Gesamt	3898,575	651				
Korrigierte Gesamtvariation	143,733	650				
a. R-Quadrat = ,161 (korrigiertes R-Quadrat = ,155)						

IfB = Intensität finanzwirtschaftlicher Bildung

Die Streuung der erklärten und nicht erklärten Anteile wird in unter der Spalte Quadratsumme angezeigt. Von der Gesamtstreuung kann etwa 1/7 durch die beiden Parameter Intensität finanzieller Bildung (IfB) und Ausbildungszeit erklärt werden. Das Merkmal *Intensität finanzieller Bildung* kann zur Erklärung der Varianzen in der Wahrnehmung eigener finanzieller Handlungskompetenz beitragen. Die Intensität der Finanzbildung übt einen signifikanten und praktisch hoch relevanten Einfluss auf die Ausprägung der finanziellen Handlungskompetenz aus. Der Ausbildungszeitpunkt dagegen ist für die Ausprägung der finanziellen Handlungskompetenz kein statistisch bedeutsamer Einflussfaktor. Dieser Befund bestätigt sich auch unter der Einzelbetrachtung der Untersuchungsteilgruppen.

Tab. 44: Ergebnisse zum Selbstkonzept finanzieller Handlungskompetenz nach Ausbildungszeitpunkt

IfB		N	Mittelwert	Standardabweichung	Sig.
Hoch	Beginn	130	2,6314	,47915	,873
	Ende	125	2,6400	,37513	
Mittel	Beginn	101	2,2677	,39988	,437
	Ende	95	2,2228	,40815	
Gering	Beginn	102	2,2823	,43368	,407
	Ende	98	2,2283	,48493	

IfB = Intensität finanzwirtschaftlicher Bildung

Für keine der drei Gruppen kann ein signifikanter Unterschied in der Ausprägung der wahrgenommenen finanziellen Handlungskompetenz zwischen Beginn und Ende der Ausbildung festgestellt werden. Unterschiede werden nur über das Merkmal der finanzwirtschaftlichen Vermittlungsintensität manifest. Welche Gruppen sich in welchem Ausmaß in der Ausprägung des Selbstkonzepts zur finanziellen Handlungskompetenz unterscheiden, wird über die Betrachtung der mittleren Differenzen deutlich. Hierüber kann geprüft werden, ob der stark positive Effekt des Merkmals IfB auf Kompensationseffekte zurückzuführen sind.

Tab. 45: Paarweiser Vergleich der Mittelwerte zum Selbstkonzept finanzieller Handlungskompetenz

IfB	N	Mittelwert	Standardabweichung	Mittlere Differenz	Sig.	*d*
Hoch	255	2,6356	,43048	,38966	,000	0,93
Mittel	196	2,2460	,40350			
Hoch	255	2,6356	,43048	,37979	,000	0,86
Gering	200	2,2558	,45914			
Gering	200	2,2558	,45914	,00987	,820	-
Mittel	196	2,2460	,40350			

IfB = Intensität finanzwirtschaftlicher Bildung

Der hohe Einfluss der Intensität formal-finanzieller Ausbildung auf die Ausprägung der wahrgenommenen finanziellen Handlungskompetenz ist unter Berücksichtigung der Effektstärken auf den Beitrag der Auszubildenden mit hohem Grad an finanzwirtschaftlicher Ausbildungsintensität zurückzuführen. Es bestehen keine signifikanten Gruppenunterschiede zwischen Auszubildenden mit mittlerer und geringer Intensität finanzieller Bildung, obwohl eine kaufmännische Orientierung bei den Industriekaufleuten vorliegt.

Damit verbunden sind Überlegungen zur inhaltlichen Ausgestaltung der Berufsausbildung. Für alle Auszubildenden kann vereinbart werden, dass es im Sinne der Zielsetzung einer selbstbestimmten Lebensführung notwendig ist, finanzielle Entscheidungen auf der Basis durchdachter Urteile zu treffen. Die finanzielle Urteilsfähigkeit und die Motivation zur Auseinandersetzung mit den entsprechenden Inhalten wird maßgeblich darüber bestimmt, wie sich junge Menschen selbst wahrnehmen, was sie sich zutrauen und inwieweit sie dazu in der Lage sind, selbstregulierte Handlungen zu produzieren. Die Ergebnisse zum Selbstkonzept finanzieller Handlungskompetenz geben Anlass, die finanzwirtschaftlichen Lerngelegenheiten für junge Menschen zu überdenken und ggf. zu intensivieren. Dies kann nicht nur Aufgabe der Berufsausbildung sein, sondern richtet sich gleichermaßen an Sozialisationsagenten im familiären Umfeld und allgemeinbildenden Schulwesen.

In Kapitel 8.1 konnte gezeigt werden, dass das ökonomische Wissen über den Verlauf der Ausbildung hin ansteigt. Dies gilt insbesondere für Auszubildende, die in hohem Maße finanzwirtschaftliche Bildung erfahren. In Bezug auf die private finanzielle Handlungskompetenz zeigt sich jetzt, dass es keine bedeutsamen Unterschiede in der Ausprägung des Merkmals zu Beginn und zum Ende der Ausbildung gibt. Dieser Befund führt zu der Annahme, dass eine intensive Förderung der kognitiven Fähigkeiten in Form des ökonomischen Wissens nicht zwangsläufig mit einer Veränderung der finanziellen Handlungskompetenz verbunden ist. Um junge Menschen in ihrem Umgang mit Geld zu unterstützen, sind daher weitergehende und alternative Wege einzuschlagen, als es bislang mittels curricular ausgelegter Projekte mit klarem Bezug auf die Vermittlung von Fachwissen möglich ist.

Im Anschluss soll die Stärke des Zusammenhangs zwischen der beruflichen und der finanziellen Handlungskompetenz überprüft werden. Es werden nur die Daten der Auszubildenden mit explizitem Bezug zu Fragestellungen der privaten Finanzwirtschaft berücksichtigt, da auch nur dort von einem Transfer ausgegangen werden kann. Auszubildende im Berufsfeld Banken beraten z. B. Kunden bei der Auswahl geeigneter Finanzprodukte und sind damit tendenziell für eigene finanzielle Entscheidungen hinreichend geschult. Zur Überprüfung des Transfers wird zweistufig vorgegangen. Es wird zunächst analysiert, ob es zwischen den beiden Konstrukten einen signifikanten Zusammenhang gibt. Ein hoher Zusammenhang deutet darauf hin, dass beide Merkmale ein ähnliches latentes Konstrukt messen. Inhaltlich wäre damit eine Überschneidung der beiden Zielbereiche beruflicher und privater finanzieller Handlungskompetenz zu vermuten. Eine deutliche Abgrenzung, wie sie Reifner (2003, S. 22; s. Kapitel 4.4) vorschlägt, wäre unter diesem Aspekt anzuzweifeln, da zumindest für Berufe mit finanzwirtschaftlichem Bezug Transfereffekte zwischen den beiden Bereichen angenommen werden können. Im Anschluss muss ausgeschlossen werden, dass mögliche Korrelationen auf methodische Verzerrungen zurückzuführen sind. Da beide Merkmale mit ähnlich lautenden Items erhoben werden, können sog. Fragepositionseffekte auftreten und für das Auftreten von Korrelationen verantwortlich sein.

Berufliche Handlungskompetenz in finanzaffinen Berufen beinhaltet die Fähigkeit, ökonomische und damit auch finanzielle Entscheidungen durchdacht und begründet zu treffen. Es kann angenommen werden, dass eine hohe berufliche Handlungskompetenz in einem finanznahen Beruf zu einer hohen finanziellen Handlungskompetenz in privaten Entscheidungssituationen führt, wenn ein Transfer des formal Erlernten auf den privaten Bereich stattfindet. Der Vergleich wird im Folgenden nur für den finanzaffinen Bankenbereich durchgeführt (n= 255), da nur hier die Voraussetzung einer intensiven formalen Vermittlung finanzwirtschaftlichen Wissens mit Bezug zu privatwirtschaftliche Inhalten gegeben ist. Zur Überprüfung der Übereinstimmung beider Merkmale werden zunächst die Korrelationskoeffizienten nach Pearson ermittelt. Die folgende Tabelle zeigt die Korrelationsmatrix für die Variablen *berufliche Handlungskompetenz* und *private finanzielle Handlungskompetenz* bei Auszubildenden mit hohem Bezug zur finanzwirtschaftlichen Bildung. Es wird eine signifikante Korrelation von ,641 ausgewiesen[86].

Tab. 46: Korrelationsmatrix zur beruflichen und finanziellen Handlungskompetenz

		BerHK	FinHK
Korrelation	Berufliche Handlungskompetenz	1,000	,641
	Private finanzielle Handlungskompetenz	,641	1,000
Signifikanz(1-seitig)	Berufliche Handlungskompetenz		,000
	Private finanzielle Handlungskompetenz	,000	

BerHK = berufliche Handlungskompetenz | FinHK= finanzielle Handlungskompetenz

Die Korrelation von ,641 deutet darauf hin, dass die berufliche und private finanzielle Handlungskompetenz bei Auszubildenden mit hohem finanzwirtschaftlichem Bezug nahe beieinander liegen. Dieses Ergebnis kann zwei Ursachen haben. Es kann eine inhaltliche Kohärenz zwischen den beiden erhobenen Merkmalen geben, die auf den Transfer von formal erlernten finanzwirtschaftlichen Sachverhalten auf private Finanzentscheidungen zurückzuführen ist. Personen, die in finanzaffinen Berufen eine hohe berufliche finanzielle Handlungskompetenz aufweisen, haben auch im privaten Bereich eine hoch ausgeprägte finanzielle Handlungskompetenz. Die Korrelationen können aber auch methodischer Natur sein und auf sprachliche Ähnlichkeiten der Items zurückgeführt werden. Um solche *Fragekontexteffekte* zu überprüfen, kommt es in der Praxis

86 Korrelationswerte bis 0,4 werden als schwache Korrelation, ab 0,4 als mittlere Korrelation eingestuft (Brosius 2008, S. 509).

zum Einsatz von Varianten ein und desselben Fragebogens mit unterschiedlicher Reihung der Fragen.

6.2.2 Fragekontexteffekte

Die inhaltliche und sprachliche Ähnlichkeit der Items zum Selbstkonzept beruflicher Handlungskompetenz sowie derjenigen zum Selbstkonzept privater finanzieller Handlungskompetenz legen die Vermutung nahe, dass bei der Beantwortung sog. Fragekontexteffekte auftreten können. Folgen ähnlich lautende Items aufeinander, kann dies dazu führen, dass sich der Proband rein auf Basis sprachlicher Ähnlichkeiten in seiner Beurteilungstendenz ähnlich verortet. Fragekontexteffekte entstehen also dann, wenn die relative Position eines Items innerhalb eines Fragebogens einen Einfluss auf die Beantwortung von Folgefragen ausübt (Strack 1994, S. 24). Die Beantwortung einer Frage ist mit der Verarbeitung von Informationen verbunden. Innerhalb der Befragungssituation entstehen Urteile zur Beantwortung, wobei notwendige Informationen nicht zwangsläufig permanent präsent sein müssen, sondern unter Umständen erst durch die Fragestellung evoziert werden. Diese aktuell vorhandenen Informationen können die Beantwortung von Folgefragen steuern (Strack 1994, S. 69-70). Um das Auftreten von Fragekontexteffekten in Bezug auf die beiden genannten Variablen überprüfen zu können, erhielten die Probanden zwei Varianten des Fragebogens, wobei die Reihenfolge der Itembatterie zur beruflichen und zur privaten finanziellen Handlungskompetenz vertauscht wurden. Über die Darbietung der Fragen in diesem sog. *Split-Ballot*-Verfahren ist die Kontrolle von Fragekontexteffekten möglich (Hyman & Sheatsley 1950).

Zur Analyse werden T-Tests für unabhängige Stichproben gerechnet. In der Durchführung erhalten 50% der befragten Personen den Fragebogen, der in der Bearbeitungsabfolge zunächst die Fragen zum privaten finanziellen Umgang mit Geld erhebt und im Anschluss die Fragen zum beruflichen Umgang mit Geld. Die anderen 50% der Stichprobe erhalten den Fragebogen, der die Items in umgekehrter Reihenfolge enthält. Dieses Kriterium bildet das Trennkriterium für die Fallgruppen. Zunächst wird berechnet, ob es Unterschiede in der Einschätzung der beruflichen Handlungskompetenz in Abhängigkeit von der Position im Fragebogen gibt. Dazu wird die Stichprobe geteilt in die Gruppe derjenigen Probanden, die die Fragen zur beruflichen Handlungskompetenz vor den Fragen zur privaten finanziellen Handlungskompetenz beantwortet haben (1) und die Gruppe derjenigen Probanden, die die Fragen in umgekehrter Reihenfolge beantwortet haben (2).

Tab. 47: Vergleich der Mittelwerte der beruflichen und privaten finanziellen Handlungskompetenz in Abhängigkeit von der Itemposition

		N	Mittelwert	SA	Sig.
Berufliche Handlungskompetenz	1	125	2,6709	,39031	,478
	2	130	2,6339	,43790	
Private finanzielle Handlungskompetenz	1	125	2,6140	,45690	,433
	2	130	2,6564	,40414	

Von den Auszubildenden, die in hohem Maße mit finanzwirtschaftlicher Bildung konfrontiert sind, haben 125 Probanden den Fragebogen der Variante 1 (Fragen zur beruflichen Handlungskompetenz zuerst) und 130 Probanden den Fragebogen der Variante 2 (Fragen zur privaten finanziellen Handlungskompetenz zuerst) beantwortet. Der Mittelwertvergleich zeigt, dass es keine statistisch bedeutsamen Unterschiede in den Ausprägungen der beruflichen und privaten finanziellen Handlungskompetenz in Abhängigkeit von der Reihenfolge der Fragen gibt. Im Ergebnis zeigt sich für die vorliegende Studie, dass Fragekontexteffekte nicht angenommen werden müssen. Korrelationen zwischen dem Feld beruflicher und privater finanzieller Handlungen sind demnach nicht das Ergebnis methodischer Restriktionen. Das Ergebnis unterstützt die Vermutung, dass es den Auszubildenden in den Berufen mit hohem finanzwirtschaftlichem Bezug gelingt, Lerninhalte auf ihr privates Umfeld im Sinne eines erfolgreichen Transfers zu übertragen. Es bildet überdies das empirische Fundament für eine Kritik an dem Modell ökonomischer Bildung von Reifner (2003, S. 22; s. Kapitel 4.4), der berufliches und privates finanzielles Handeln trennscharf voneinander abgrenzt. Auf Basis der vorgefundenen Ergebnisse ist anzunehmen, dass Transferleistungen zwischen den Inhalten der beruflichen Praxis in der Finanzbranche und privaten finanziellen Entscheidungen durchaus stattfinden.

6.3 Wahrgenommene finanzielle Unterstützung

Das Konzept der wahrgenommenen finanziellen Unterstützung ergänzt als soziales Merkmal die vermutete Dimensionalität finanzieller Selbstregulation unter Einbezug sozialer Beziehungen. Denn für die Erklärung des Motivationsgeschehens spielen „neben der kognitiven Einschätzung der eigenen Handlungsmöglichkeiten und der voraussichtlichen Konsequenzen (...) weitere Faktoren eine wichtige Rolle, z. B. die Qualität der sozialen Beziehungen und das emotionale Erleben während des Handlungsverlaufs" (Krapp & Ryan 2002, S. 57). Unter dem Aspekt der sozialen Eingebundenheit spielt das Erfahren sozialer Unterstützung – im vorliegenden Fall in finanziellen Situationen- für die Erklärung selbstbestimmter Lebensführung eine entscheidende Rolle. Externe Unterstützung in finanziellen Situationen kann andererseits das Erleben von Autonomie schmälern, wenn Entscheidungen abgenommen oder beeinflusst und Verantwortlichkeiten von externen sozialen Partnern getragen werden. Zu viel Unterstützung aus dem sozialen Umfeld kann sich folglich auch negativ auf die Entwicklung selbstregulativer Fähigkeiten auswirken.

Unter der Perspektive der beruflichen Ausbildung und der damit verbundenen Entwicklung unabhängiger Finanzhandlungen kann angenommen werden, dass sich die finanzielle Unterstützung im Verlauf der Ausbildung verändert. Die Wahrnehmung finanzieller Unterstützung durch das soziale Umfeld kann *zunehmen*, z. B. wenn durch anstehende Prozesse der finanziellen Verselbständigung vermehrt Rat bei Eltern oder alternativen sozialen Partnern eingeholt wird. Denn kommunikative Unterstützungsleistungen gehören zu den wesentlichen Kategorien sozialer Unterstützung. In Anlehnung an Fydrich, Sommer und Brähler (2007, S.11) können zur wahrgenommenen finanziellen Unterstützung weiterhin folgende Merkmale gezählt werden:

- Emotionale Unterstützung (Vertrauen, Nähe, positive Gefühle, Akzeptanz)
- Unterstützung beim Problemlösen (Über ein Problem sprechen können, Ermutigung, Rückhalt, Rückmeldung)
- Praktische und materielle (instrumentelle) Unterstützung (Sich Geld oder Gegenstände leihen können, praktische Hilfe erhalten, Entlastung)
- Soziale Integration (Interaktion erleben, Übereinstimmung von Werten und Einstellungen)
- Beziehungssicherheit (Vertrauen haben in relevante Beziehungen, Stabilität)

Im Verlauf der Ausbildung sind viele Auszubildende mit finanziellen Fragestellungen im privaten Bereich erstmalig konfrontiert, z. B. mit dem Abschluss von Versicherungen. Durch die Ausbildungsklassen entstehen Gemeinschaften mit ähnlichen finanziellen Voraussetzungen, die die gleichen finanziellen Herausforderungen meistern müssen. Finden diese Gruppen zu einem Austausch zusammen, kann dies ebenfalls die Wahrnehmung finanzieller Unterstützung positiv beeinflussen.

Die Wahrnehmung finanzieller Unterstützung kann im Verlauf der beruflichen Ausbildung jedoch auch *abnehmen*. Mit dem Eintritt in die Berufsausbildung setzt die finanzielle Unabhängigkeit der jungen Menschen ein. Damit verbunden sind der Entzug materieller Hilfestellungen aus dem elterlichen Haushalt und der Wunsch nach Abnabelung. Gelingt die finanzielle Verselbständigung, kann sich dies im Ausmaß der wahrgenommenen finanziellen Unterstützung widerspiegeln. Eine geringe Ausprägung finanzieller Unterstützung ist damit nicht per se ein Kennzeichen fehlender sozialer Integration, sondern deutet gleichzeitig darauf hin, dass autonome finanzielle Entscheidungen zunehmen und damit der Weg in die selbstbestimmte Lebensführung geebnet ist. Gleichzeitig ist bekannt, dass fachliche Kenntnisse das selbstbestimmte Handeln innerhalb einer Domäne positiv beeinflussen. Es kann daher angenommen werden, dass ein hohes Maß an finanzwirtschaftlichem Know-How die Entwicklung autonomer Finanzentscheidungen befördert und die externe finanzielle Unterstützung zunehmend unbedeutender wird. Es gilt demnach zu prüfen, ob und in welche Richtung sich das Ausmaß an wahrgenommener finanzieller Unterstützung in Abhängigkeit von der Intensität erhaltener finanzieller Bildung und in Abhängigkeit vom Ausbildungszeitpunkt verändert.

Tab. 48: Unterschiede in der wahrgenommenen finanziellen Unterstützung nach der Intensität finanzwirtschaftlicher Bildung

IfB	N	Mittelwert	Standardabweichung	Sig.	*d*
Hoch	255	2,8780	,33398	,056	-
Mittel	196	2,8171	,33460		
Hoch	255	2,8780	,33398	,000	0,42
Gering	200	2,7309	,37004		
Mittel	196	2,8171	,33460	,016	0,24
Gering	200	2,7309	37004		

IfB = Intensität finanzwirtschaftlicher Bildung

Die Auszubildenden schätzen die finanzielle Unterstützung unabhängig vom Grad der finanzwirtschaftlichen Bildung tendenziell positiv ein. Signifikante Unterschiede in der wahrgenommenen finanziellen Unterstützung bestehen dann, wenn eine der Gruppen aus dem gewerblich-technischen Bereich stammt und demnach keine unmittelbare finanzwirtschaftliche Bildung erfährt. Ob das Merkmal der Intensität finanzieller Bildung geeignet ist, um Varianzen zu erklären, wird im Anschluss mittels zweifaktorieller Varianzanalyse ermittelt. Zuvor richtet sich der Blick auf die Merkmalsausprägungen in Abhängigkeit von dem Ausbildungszeitpunkt.

Tab. 49: Unterschiede in der wahrgenommenen finanziellen Unterstützung nach Ausbildungszeitpunkt

IfB	Zeit	N	Mittelwert	Standardabweichung	Sig.
Hoch	Beginn	130	2,8551	,34567	,265
	Ende	125	2,9018	,32102	
Mittel	Beginn	101	2,8288	,03066	,087
	Ende	95	2,8048	,03713	
Gering	Beginn	102	2,6869	,03604	,617
	Ende	98	2,7767	,03763	

IfB = Intensität finanzwirtschaftlicher Bildung

Über den Ausbildungsverlauf können keine signifikanten Veränderungen in den Ausprägungen der wahrgenommenen finanziellen Unterstützung festgestellt werden. Aus den Klassengemeinschaften und den Erfordernissen privater Finanzentscheidungen resultiert damit keine Veränderung in der Wahrnehmung finanzieller Unterstützung. Das Merkmal gestaltet sich für alle Ausbildungsgruppen stabil, d.h. es ist unabhängig von der Entwicklung ökonomischen Know-Hows.

Der gemeinsame Einfluss beider Merkmale wird über eine zweifaktorielle Varianzanalyse ermittelt. Die bisherigen Ergebnisse haben gezeigt, dass es in Abhängigkeit von der Intensität finanzwirtschaftlicher Bildung zu Unterschieden in der Ausprägung der wahrgenommenen finanziellen Unterstützung kommen kann. Nun interessiert im Kern, ob die beiden unabhängigen Merkmale einen signifikanten Beitrag zur Erklärung der Varianzen liefern können.

Tab. 50: Zweifaktorielle Varianzanalyse zur wahrgenommenen finanziellen Unterstützung

Quelle	**Quadrat-summe vom Typ III**	**df**	**Mittel der Quadrate**	**F**	**Sig.**	**Partielles Eta Quadrat**
Korrigiertes Modell	2,996[a]	5	,599	5,030	,000	,038
Konstanter Term	5060,945	1	5060,945	42480,912	,000	,985
Ausb.zeit	,225	1	,225	1,893	,169	,003
IfB	2,410	2	1,205	10,116	,000	,030
Ausb.zeit * IfB	,327	2	,163	1,371	,255	,004
Fehler	76,842	645	,119			
Gesamt	5236,607	651				
Korrigierte Gesamtvariation	79,838	650				
a. R-Quadrat = ,038 (korrigiertes R-Quadrat = ,030)						

Im Ergebnis zeigt sich, dass weder die Intensität finanzwirtschaftlicher Bildungsprozesse, noch die zeitliche Dimension der Ausbildung Veränderungen in der Ausprägung der wahrgenommenen finanziellen Unterstützung erklären können. Inwieweit sich das Ausmaß an Unterstützung durch außen auf die Entwicklung von Selbstregulation im Umgang mit Geld auswirkt, wird im Anschluss in Kapitel 9 analysiert.

Die Analyse der unabhängigen Variablen hat gezeigt, dass Veränderungen in der Ausprägung des ökonomischen Wissens auf die Intensität finanzieller Bildung und die Zeit der beruflichen Ausbildung zurückgeführt werden können.

Dies gilt jedoch nur für solche Auszubildende, die in hohem Maße finanzwirtschaftliche Bildung erfahren. Das Selbstkonzept zur privaten finanziellen Handlungskompetenz ist in Berufsgruppen mit hohem finanzwirtschaftlichem Bezug am stärksten ausgeprägt. Diese Gruppen unterscheiden sich auch signifikant von Gruppen mit mittlerer bis geringer finanzwirtschaftlicher Orientierung. Über den Verlauf der Ausbildung verändert sich das Selbstkonzept der privaten finanziellen Handlungskompetenz nicht. Die berufliche Ausbildung liefert demnach keinen entscheidenden Beitrag für die Ausgestaltung der notwendigen Befähigungen, die für das Treffen selbstbestimmter finanzieller Urteile notwendig sind. Die wahrgenommene finanzielle Unterstützung gestaltet sich unabhängig von der Intensität finanzieller Bildung und unabhängig von dem Ausbildungsprozess. Dennoch ist es denkbar, dass es einen Zusammenhang zwischen der finanziellen Unterstützung und der Selbstregulation im Umgang mit Geld geben kann, weswegen zur Analyse der theoretischen Multidimensionalität finanzieller Selbstregulation das Merkmal mit einbezogen wird.

7 Selbstregulation im Umgang mit Geld als multidimensionales Konzept

7.1 Selbstregulation im Umgang mit Geld

Angemessene und selbstbestimmte Handlungsstrategien können nur dann in einem Bezugsfeld entwickelt werden, wenn die Fähigkeit zur Selbstregulation gegeben ist. Selbstregulation kann nicht als ein auf ausschließlich kognitiven Prozessen beruhendes Merkmal interpretiert werden. Wie in Kapitel 4.5 verdeutlicht, konstituiert sich die Selbstregulation einer Person auch über metakognitive und motivational-volitionale Prozesse. Bei der Entwicklung von Maßnahmen zur Beförderung von Selbstregulation im Umgang mit Geld sollten stets alle Merkmale selbstregulativer Handlungen im Sinne eines ganzheitlichen Ansatzes berücksichtigt werden. Die Selbstregulation zum Umgang mit Geld wird in Anlehnung an das Theoriemodell nach Breuer und Brahm (2004, S. 364; s. Kapitel 4.5, Abbildung 17) anhand dreier wesentlicher Merkmale bestimmt: die Selbstwirksamkeit im Umgang mit Geld, die Sorgfalt bei finanziellen Entscheidungen sowie die Bereitschaft zur Auseinandersetzung mit finanziellen Hürden[87]. Mit diesen beobachtbaren Merkmalen wird der Zugang zu den metakognitiven und motivational-volitionalen Dimensionen der Selbstregulation gelegt. Zudem wird messtheoretisch vermutet, dass kognitive, personale und soziale Eigenschaften der Person einen Einfluss auf die Selbstregulation ausüben. Bevor diese Zusammenhänge analysiert werden, wird jedoch geprüft, ob Unterschiede im Ausmaß der Selbstregulation durch die Intensität formal-finanzieller Bildung und durch die Phase innerhalb der Berufsausbildung erklärt werden können.

Der Blick auf die Mittelwerte der einzelnen Berufsgruppen offenbart zunächst nur geringe Unterschiede zwischen den Gruppen.

87 Diese Skalen ergeben sich aus Pilotstudien zur vorliegenden Arbeit. Hinweise zur Entwicklung der Skalen finden sich bei Bender und Breuer (2011, S. 53-54).

Tab. 51: Selbstregulation im Umgang mit Geld

IfB	N	Mittelwert	Standardabweichung
Hoch	255	2,9506	,52378
Mittel	196	2,7983	,50906
Gering	200	2,8259	,49930
Gesamt	651	2,8664	,51571

IfB = Intensität finanzwirtschaftlicher Bildung

Die Selbstregulation im Umgang mit Geld ist bei den Auszubildenden mit hoher finanzieller Bildungsbeteiligung am stärksten ausgeprägt. Auffallend ist, dass sie für den gewerblich-technischen Bereich mit gering-intensiver finanzwirtschaftlicher Bildung höher ausfällt, als für den zweiten kaufmännisch orientierten Beruf (Industriekaufleute) mit mittlerer finanzwirtschaftlicher Bildungsintensität. Dies lässt die vorsichtige Vermutung zu, dass der Grad an ökonomischer Bildung alleine nicht ausreicht, um Unterschiede in der Selbstregulation im Umgang mit Geld zu erklären. Es wird zu prüfen sein, ob sich dieser Befund erhärtet. Zunächst wird der Beitrag der Berufsausbildung auf die Entwicklung selbstregulativer finanzieller Fähigkeiten über die vergleichende Betrachtung der Ausbildungszeitpunkte beurteilt.

Tab. 52: Selbstregulation im Umgang mit Geld nach Ausbildungszeitpunkt

IfB	Zeit	N	Mittelwerte	SA	Sig.	*d*
Hoch	Beginn	130	2,9724	,52415	,500	-
	Ende	125	2,9280	,52453		
Mittel	Beginn	101	2,7967	,55572	,964	-
	Ende	95	2,8000	,45721		
Gering	Beginn	102	2,7953	,49450	,378	-
	Ende	98	2,8577	,50481		

IfB = Intensität finanzwirtschaftlicher Bildung

Auszubildende, die sich durch einen hohen curricularen Finanzbezug kennzeichnen lassen, schätzen ihre Selbstregulation im Umgang mit Geld sowohl zu Beginn als auch zum Ende der Ausbildung am stärksten ein. Allerdings bilden diese auch die einzige Gruppe, innerhalb derer die Einschätzung zum Ende der Ausbildung hin abnimmt. Dies kann an einer Überschätzung zu Beginn der Ausbildung und die im Verlauf der Ausbildung stattfindende Anpassung der

Selbsteinschätzung auf ein realistischeres Niveau liegen. Die Unterschiede zwischen den Ausbildungsphasen innerhalb der Gruppen sind nicht signifikant. Die berufliche Ausbildung leistet scheinbar keinen bedeutsamen Beitrag zur Entwicklung der Selbstregulationsfähigkeit im Umgang mit Geld. Es wird im Folgenden geprüft, ob die Intensität der formal-finanziellen Bildung, die gleichermaßen ein Spiegel der Berufswahl und der damit verbundenen ökonomischen Inklination ist, Unterschiede im Ausmaß der Selbstregulation im Umgang mit Geld erklären kann.

Tab. 53: Zweifaktorielle Varianzanalyse zur Selbstregulation im Umgang mit Geld

Quelle	**Quadrat-summe vom Typ III**	**df**	**Mittel der Quadrate**	**F**	**Sig.**	**Partielles Eta-Quadrat**
Korrigiertes Modell	3,367[a]	5	,673	2,563	,026	,019
Konstanter Term	5240,338	1	5240,338	19940,391	,000	,969
Ausb.zeit	,008	1	,008	,031	,861	,000
IfB	3,014	2	1,507	5,735	,003	,017
Ausb.zeit* IfB	,320	2	,160	,609	,544	,002
Fehler	169,506	645	,263			
Gesamt	5521,837	651				
Korrigierte Gesamtvariation	172,873	650				

a. R-Quadrat = ,019 (korrigiertes R-Quadrat = ,012)

Die beiden Merkmale Intensität finanzwirtschaftlicher Bildung und Ausbildungszeitpunkt lassen einen Großteil der Abweichungen innerhalb der Selbstregulation im Umgang mit Geld unerklärt. Innerhalb der erklärten Streuung sind die Unterschiede, die sich in der Ausprägung der Selbstregulation im Umgang mit Geld zwischen den Ausbildungsgruppen feststellen lassen, signifikant. Wird nur die erklärte Streuung berücksichtigt, so sind Unterschiede in der Selbstregulation bezogen auf Gruppen variierender finanzwirtschaftlicher Bildungsintensität signifikant. Die Ausbildungszeit leistet dagegen keinen Beitrag zur Varianzaufklärung. Es bleibt anzumerken, dass die Vermittlungsintensität finanzwirtschaftlicher Inhalte zwar zu signifikanten Unterschieden in den erklärten Abweichungen der Selbstregulation führt, die Effektgröße von $Eta^2 = 0{,}017$ jedoch die praktische Bedeutsamkeit dieses Merkmals als schwach ausweist. Es ist daher zu vermuten, dass sich die Unterschiede in der Selbstregulation zwischen den Gruppen auf andere latente Variablen zurückführen lassen, die im Zuge dieser Studie nicht weiter geprüft worden sind. Zur Überprüfung von Kompensationseffekten werden die Unterschiede zwischen den Ausbildungsgruppen zusätzlich paarweise betrachtet.

Tab. 54: Selbstregulation im Umgang mit Geld nach der Intensität finanzwirtschaftlicher Bildung

IfB	N	Mittelwert	Standardabw.	Mittlere Differenz	Sig.	*d*
Hoch Mittel	255 196	2,9506 2,7983	,52378 ,50906	,15232	,002	0,29
Hoch Gering	255 200	2,9506 2,8259	,52378 ,49930	,12475	,010	0,24
Mittel Gering	196 200	2,7983 2,8259	,50906 ,49930	,02756	,587	-

IfB = Intensität finanzwirtschaftlicher Bildung

Aus Tabelle 54 geht hervor, dass signifikante Unterschiede zwischen den Gruppen nur dann bestehen, wenn sich mindestens eine der betrachteten Gruppen durch eine hohe Intensität formal-ökonomischer Bildung kennzeichnen lässt. Dennoch besteht auch dann nur ein schwacher Effekt. Die berufliche Ausbildung hat demzufolge keinen praktisch bedeutsamen Einfluss auf die Entwicklung von Selbstregulation im Umgang mit Geld.

Die Ergebnisse zur finanziellen Selbstregulation müssen sich jedoch nicht in den Ausprägungen aller Einzeldimensionen widerspiegeln. Wenn z. B. eine Person von sich selbst *glaubt*, kompetent und selbstbestimmt im Umgang mit Geld zu sein, hat das nicht zwangsläufig zu Folge, dass die Person tatsächlich selbstbestimmt oder –reguliert handelt. Eine hohe Selbstwirksamkeit führt nicht zwangsläufig zu hoch selbstregulierten Handlungen innerhalb einer Untersuchungssituation. Wenn diese Annahme zutrifft, so müssten sich positiv ausgeprägte Überzeugungen der Person zumindest in der Dimension der individuellen *Selbstwirksamkeit im Umgang mit Geld* wiederfinden. Die Selbstwirksamkeit im Umgang mit Geld bezieht sich auf die individuelle Überzeugung, Finanzprodukte zu verstehen und eigene Finanzen angemessen verwalten zu können. Um dies zu überprüfen wird diese Dimension der Selbstregulation im Umgang mit Geld separat analysiert.

Tab. 55: Selbstwirksamkeitserwartungen der Auszubildenden zum Umgang mit Geld

IfB	N	Mittelwert	Standardabweichung
Hoch	255	3,0527	,61080
Mittel	196	2,7602	,61524
Gering	200	2,7879	,61299
Insgesamt	651	2,8833	,62690

IfB = Intensität finanzwirtschaftlicher Bildung

Insgesamt ist die Selbstwirksamkeit der befragten Personen zum Umgang mit Geld positiv ausgeprägt. Insbesondere die Befragten, die eine intensive finanzwirtschaftliche Ausbildung erfahren, trauen sich in finanziellen Angelegenheiten viel zu. Die Entwicklung der Selbstwirksamkeit im Verlauf der Ausbildung wird über die vergleichende Analyse der Befragten am Ausbildungsbeginn und –ende greifbar.

Tab. 56: Selbstwirksamkeitserwartung zum Umgang mit Geld nach Ausbildungszeitpunkt

IfB	Zeit	N	Mittelwerte	SA	Sig.	*d*
Hoch	Beginn	130	3,0143	,62886	,307	-
	Ende	125	3,0926	,59132		
Mittel	Beginn	101	2,7610	,65935	,986	-
	Ende	95	2,7594	,56810		
Gering	Beginn	102	2,7717	,61872	,705	-
	Ende	98	2,8074	,60969		

IfB = Intensität finanzwirtschaftlicher Bildung

Für alle Gruppen kann festgehalten werden, dass Änderungen in der Selbstwirksamkeit zum Ende der Ausbildung hin nicht signifikant sind. Entsprechend ist auch hier der Beitrag der berufsbildenden Schulen zur Entwicklung von Vertrauen in die eigenen Fähigkeiten in Frage zu stellen. In Abhängigkeit von der Intensität der formal-finanzwirtschaftlichen Bildung stellen sich die Ergebnisse zur Selbstwirksamkeit wie folgt dar.

Tab. 57: Selbstwirksamkeitserwartung zum Umgang mit Geld in Abhängigkeit von der Intensität finanzieller Bildung.

IfB	N	Mittelwert	Standardabw.	Mittlere Differenz	Sig.	*d*
Hoch Mittel	255 196	3,0527 2,7602	,61080 ,61524	,29246	,000	0,48
Hoch Gering	255 200	3,0527 2,7879	,61080 ,61299	,26480	,000	0,43
Mittel Gering	196 200	2,7602 2,7879	,61524 ,61299	,02765	,654	-

IfB = Intensität finanzwirtschaftlicher Bildung

Werden die Teilgruppen der Stichprobe im Vergleich betrachtet, wird deutlich, dass es signifikante Unterschiede in der Ausprägung der Selbstwirksamkeitserwartungen zum Umgang mit Geld gibt, sofern eine der Gruppen in hohem Maße finanzwirtschaftliche Bildung aufweist und eine hohe ökonomische Inklination besitzt. Auszubildende, die mit finanzwirtschaftlichen Fragestellungen konfrontiert werden, verfügen demnach über eine höhere Selbstwirksamkeit, was den Umgang mit Geld betrifft, als Auszubildende aus alternativen Berufsgruppen. Die praktische Relevanz der Zugehörigkeit zu der Gruppe mit intensiver finanzieller Bildung wird mit mittleren Effektstärken ausgegeben.

Der Vergleich der Ausbildungsgruppen zu Beginn und zum Ende der Ausbildung zeigt, dass sich im Verlauf der Ausbildung keine signifikante Verbesserung der Selbstwirksamkeitserwartung zum Umgang mit Geld einstellt. Dennoch besitzen die Auszubildenden, die sich im finanzwirtschaftlichen Beruf verorten lassen, eine signifikant höhere Selbstwirksamkeitserwartung zum Umgang mit Geld, als Probanden alternativer Ausbildungsberufe. Wenn die inhaltlich-zeitliche Ausgestaltung der beruflichen Ausbildung diesen Unterschied nicht erklären kann, liegt die Vermutung nahe, dass latente Persönlichkeitsfaktoren zu den Varianzen führen. Die Affinität zu ökonomischen Themen wird z. B. über die Berufswahl zum Ausdruck gebracht. Es kann vermutet werden, dass sich Auszubildende der finanzwirtschaftlich geprägten Berufe auch in ihrer Freizeit mit finanziellen Themen beschäftigen und generell ein höheres Interesse an Geldthemen besitzen.

Ergänzend sollen im Anschluss die Sorgfalt bei finanziellen Entscheidungen sowie die Bereitschaft zur Auseinandersetzung mit finanziellen Themen als Ebenen der metakognitiven und volitionalen Steuerung finanziellen Handelns betrachtet werden. Die *Sorgfalt bei finanziellen Entscheidungen* drückt sich u.a. dadurch aus, dass Kaufverträge vor der Unterzeichnung aufmerksam gelesen, Kontoauszüge regelmäßig kontrolliert oder Preise miteinander verglichen werden.

Tab. 58: Sorgfalt bei finanziellen Entscheidungen

IfB	N	Mittelwert	Standardabweichung
Hoch	255	2,9333	,66606
Mittel	196	2,8477	,65698
Gering	200	2,8914	,63875
Insgesamt	651	2,8947	,65499

IfB = Intensität finanzwirtschaftlicher Bildung

Für das Merkmal Sorgfalt im Umgang mit Geld zeigen sich vergleichbare Tendenzen zur Selbstwirksamkeit in finanziellen Anforderungssituationen. Gruppen mit hoch-intensiver finanzwirtschaftlicher Orientierung schätzen sich als sehr sorgfältig Handelnde ein. Auszubildende mit geringer finanzwirtschaftlicher Orientierung liegen noch vor den Auszubildenden mit mittlerer finanzieller Vermittlungsintensität.

Tab. 59: Sorgfalt bei finanziellen Entscheidungen nach Ausbildungszeitpunkt

IfB	Zeit	N	Mittelwerte	SA	Sig.	*d*
Hoch	Beginn	130	3,0418	,63101	,008	0,34
	Ende	125	2,8206	,68510		
Mittel	Beginn	101	2,8883	,71016	,347	-
	Ende	95	2,8045	,59600		
Gering	Beginn	102	2,8557	,62658	,422	-
	Ende	98	2,9286	,65232		

IfB = Intensität finanzwirtschaftlicher Bildung

Der Blick auf die Unterschiede unter Berücksichtigung der zeitlichen Entwicklung macht deutlich, dass es nur innerhalb der Ausbildungsgruppe mit hohem Bezug zu finanzwirtschaftlichen Themen zu einer signifikanten Veränderung kommt. Allerdings nimmt die Sorgfalt bei finanziellen Entscheidungen zum Ende der Ausbildung hin ab! Denkbar ist, dass sich im Laufe der Zeit Handlungsroutinen entwickeln, die dazu führen, dass die Bewältigung wiederkehrender Aufgabenstellungen weniger sorgfältig vorbereitet, durchgeführt und kontrolliert wird. Hierzu sind in der vorliegenden Studie jedoch keine weiteren Informationen erfasst worden.

Tab. 60: Signifikanz und Relevanz der Gruppenunterschiede zur Sorgfalt bei finanziellen Entscheidungen

IfB	N	Mittelwert	Standardabw.	Mittlere Differenz	Sig.
Hoch Mittel	255 196	2,9333 2,8477	,66606 ,65698	,08567	,174
Hoch Gering	255 200	2,9333 2,8914	,66606 ,63875	,04190	,498
Mittel Gering	196 200	2,8477 2,8914	,65698 ,63875	,04376	,502

IfB = Intensität finanzwirtschaftlicher Bildung

Der paarweise Gruppenvergleich zeigt, dass es keine signifikanten Unterschiede in der Sorgfalt bei finanziellen Entscheidungen zwischen den Gruppen gibt. Es ist daher nicht anzunehmen, dass die ökonomische Inklination als varianzbildendes Kriterium zum Merkmal Sorgfalt bei finanziellen Entscheidungen gelten kann. Insgesamt ist die finanzielle Sorgfalt bei allen Gruppen in der Tendenz positiv ausgeprägt. Im Anschluss werden die Ergebnisse zum Merkmal *Bereitschaft zur Auseinandersetzung mit finanziellen Hürden* betrachtet. Wenn das ökonomische Interesse in den untersuchten Teilgruppen unterschiedlich ausfällt, kann sich dies in der Ausprägung dieses volitionalen Merkmals widerspiegeln.

Tab. 61: Bereitschaft zur Auseinandersetzung mit finanziellen Hürden

IfB	N	Mittelwert	Standardabweichung
Hoch	255	2,6667	,64261
Mittel	196	2,4796	,61244
Gering	200	2,5817	,60057
Insgesamt	651	2,5842	,62473

IfB = Intensität finanzwirtschaftlicher Bildung

Alle Gruppen zeigen eine hohe Bereitschaft zur Auseinandersetzung mit finanziellen Hürden. Wiederum ist diese bei den Auszubildenden mit intensiv finanzwirtschaftlicher Bildung am stärksten ausgeprägt.

Tab. 62: Bereitschaft zur Auseinandersetzung mit finanziellen Hürden nach Ausbildungszeitpunkt

IfB	Zeit	N	Mittelwerte	SA	Sig.	*d*
Hoch	Beginn	130	2,7128	,63728	,243	-
	Ende	125	2,6187	,64717		
Mittel	Beginn	101	2,5347	,63435	,195	-
	Ende	95	2,4211	,58591		
Gering	Beginn	102	2,5850	,57340	,937	-
	Ende	98	2,5782	,63055		

IfB = Intensität finanzwirtschaftlicher Bildung

Signifikante Veränderungen über den Ausbildungsverlauf sind für die Bereitschaft zur Auseinandersetzung mit finanziellen Hürden nicht festzustellen. Es gilt auch hier, die Frage nach dem Beitrag der beruflichen Ausbildung zur Beförderung dieses Merkmals aufzuwerfen. Monetäre Herausforderungen nehmen während der Ausbildung tendenziell zu. Junge Menschen entwickeln zunehmend Verantwortung für ihre Lebensgestaltung. Dies ist z.T. mit hohen Kosten verbunden. Die Herausforderungen sind überdies häufig neu, so dass Jugendliche und junge Erwachsene nicht auf Erfahrungen zurückgreifen können und ein hoher Bedarf nach Bewältigungsfähigkeit besteht. Dies schließt unmittelbar die Bereitschaft zur Auseinandersetzung mit Finanzthemen ein.

Tab. 63: Signifikanz und Relevanz der Gruppenunterschiede zur Bereitschaft zur Auseinandersetzung mit finanziellen Hürden

IfB	N	Mittelwert	Standardabw.	Mittlere Differenz	Sig.	*d*
Hoch Mittel	255 196	2,6667 2,4796	,64261 ,61244	,18707	,002	0,30
Hoch Gering	255 200	2,6667 2,5817	,64261 ,60057	,08500	,150	-
Mittel Gering	196 200	2,4796 2,5817	,61244 ,60057	,10207	,095	-

IfB = Intensität finanzwirtschaftlicher Bildung

Die Auszubildenden mit mittlerer finanzieller Orientierung zeigen die geringste Bereitschaft zur Auseinandersetzung mit finanziellen Hürden. Entsprechend bestehen signifikante Unterschiede zwischen dieser und der Gruppe mit dem höchsten Ausmaß finanzwirtschaftlicher Bildung. Der Effekt der Zugehörigkeit zu Gruppen unterschiedlicher Vermittlungsintensität in Bezug auf finanzielle Inhalte wird als schwacher Effekt ausgewiesen.

Ein Beitrag der beruflichen Ausbildung, der sich tendenziell anhand der Veränderung von Merkmalen im Vergleich von Auszubildenden am Beginn und am Ende der Ausbildung abbilden lässt, kann für die Selbstregulation im Umgang mit Geld nicht nachgewiesen werden. Zwar konnten signifikante Unterschiede zwischen Gruppen unterschiedlicher finanzwirtschaftlicher Orientierung gefunden werden, diese sind jedoch vermutlich auf Persönlichkeitsmerkmale wie das individuelle Interesse an Finanzthemen, das sich in der Berufswahl widerspiegelt, zurückzuführen. Betrachtet man die Einzeldimensionen finanzieller Selbstregulation ergibt sich ein differenzierteres Bild. Die Selbstwirksamkeit verändert sich im Verlauf der Ausbildung nicht. Es bestehen jedoch signifikante Unterschiede zwischen den untersuchten Teilgruppen, die sich dann zeigen, wenn eine der Vergleichsgruppen der Finanzbranche zuzuordnen ist. Da Entwicklungen über die Zeit nicht nachgewiesen werden können, ist hier ebenfalls davon auszugehen, dass Unterschiede durch nicht ausbildungsspezifische Einflüsse entstehen, die z. B. im ökonomischen Interesse zu suchen sind. Hinsichtlich der Sorgfalt bei finanziellen Entscheidungen stellt sich heraus, dass es keine Unterschiede in Abhängigkeit von dem Zugang zu finanzwirtschaftlicher Bildung gibt. Jedoch nimmt innerhalb der Gruppe mit hoch-finanzwirtschaftlichem Bezug die finanzielle Sorgfalt zum Ende der Ausbildung hin ab. Dies kann ggf.

über die Genese von Routinen erklärt werden. Ein analoges Ergebnis zeigt sich für die Bereitschaft zur Auseinandersetzung mit finanziellen Hürden. Zum Ende der Ausbildung nimmt diese innerhalb der Gruppe mit hoch-ökonomischem Bezug ab.

Im Verlauf der Arbeit konnte gezeigt werden, dass entsprechend den theoretischen Überlegungen aus Abbildung 1 (s. Kapitel 1) die finanzwirtschaftliche Vermittlungsintensität Unterschiede in der Ausprägung des ökonomischen Wissens und des Selbstkonzepts zur finanziellen Handlungskompetenz erklären kann. Entwicklungen über den Verlauf der Ausbildung können jedoch nur für das ökonomische Wissen nachgewiesen werden. Zum Ende der Ausbildung verbessern Probanden mit hohem finanzwirtschaftlichem Bezug ihre Einschätzung zum ökonomischen Wissen signifikant. Die Ergebnisse des Leistungstests fallen für alle Gruppen am Ende der Ausbildung signifikant besser aus. Für das Merkmal des Selbstkonzepts finanzieller Handlungskompetenz kann keine Veränderung zum Ende der Ausbildung festgestellt werden. Ein analoges Ergebnis zeigt sich für das Merkmal der Selbstwirksamkeit im Umgang mit Geld. Auszubildende mit hoher Affinität zu finanzwirtschaftlichen Themen besitzen demnach eine signifikant höhere Selbstwirksamkeit zur erfolgreichen Bewältigung finanzwirtschaftlicher Fragestellungen als Probanden aus Ausbildungsberufen mit geringerem ökonomischem Input. Da es auch hier zu keiner Veränderung über die Ausbildungsdauer kommt, ist anzunehmen, dass diese Unterschiede durch alternative Einflüsse entstehen. Gleiches gilt für das Merkmal der Selbstregulation im Umgang mit Geld. Es bestehen zwar signifikante Unterschied zwischen den untersuchten Gruppen, sofern eine der Gruppen dem Finanzsektor zuzuordnen ist. Es kann jedoch keine Veränderung im Ausmaß der Selbstregulation im Umgang mit Geld über die Ausbildungszeit festgestellt werden. Die bestehenden Gruppenunterschiede sind daher auf alternierende Merkmale zurückzuführen, die in dieser Studie nicht explizit erfasst wurden. Für das Merkmal der wahrgenommenen finanziellen Unterstützung können ebenfalls Unterschiede in Abhängigkeit von der Gruppenzugehörigkeit gefunden werden. Eine Entwicklung über die Ausbildung bleibt jedoch aus. Die Ergebnisse führen insgesamt zu dem Schluss, dass ein Beitrag der beruflichen Ausbildung in zeitlicher Perspektive nur für das Merkmal des ökonomischen Wissens nachgewiesen werden kann. Die Selbsteinschätzung zum ökonomischen Wissen verbessert sich zum Ende der Ausbildung signifikant innerhalb der Gruppe mit hohem finanzwirtschaftlichem Bezug. Die Ergebnisse des Leistungstests verbessern sich für alle Gruppen signifikant zum Ausbildungsende. Für die übrigen Prädiktoren finanzieller Selbstregulation kann festgehalten werden, dass die berufliche Ausbildung keinen signifikanten Beitrag im Sinne einer Beförderung liefern kann.

Dieses Ergebnis darf jedoch nicht zu dem Schluss führen, dass es keinen Zusammenhang zwischen der Selbstregulation im Umgang mit Geld und den untersuchten Prädiktoren gibt. Es ist vielmehr anzunehmen, dass sie die Entwicklung selbstregulativer finanzieller Fähigkeiten positiv befördern. Der Nachweis eines linearen, positiven Zusammenhangs führt zu dem Schluss, dass Programme zur Entwicklung finanzieller Urteilsfähigkeit bei jungen Menschen nicht auf der Ebene von Wissensvermittlung verharren dürfen, sondern gleichermaßen an die metakognitiven, motivationalen und volitionalen Dimensionen finanzieller Handlungen gerichtet sein müssen. Hierzu müssen Zusammenhangshypothesen geprüft werden, die eine Aussage darüber zulassen, wie wichtig die dargestellten Prädiktoren für die Entwicklung von Selbstregulation im Umgang mit Geld sind, was letztlich das Ziel beruflicher Ausbildung sein soll. Die Zusammenhänge werden im folgenden Kapitel geprüft.

7.2 Regressionsmodell zum Umgang mit Geld

Zur Überprüfung des theoretischen Modells (vgl. Kapitel 4.5, Abbildung 18) werden die Zusammenhänge zwischen der abhängigen Variable und den dargestellten Prädiktoren mittels regressionsanalytischer Verfahren berechnet. Zunächst soll der Zusammenhang aller Variablen aus dem theoretischen Modell betrachtet werden. Die Validität des errechneten optimalen Modells wird im Anschluss unter Einbezug der Residuen- und der Kollinearitätsanalyse beurteilt. Die folgende Tabelle zeigt den Anteil an erklärter Varianz in der abhängigen Variable unter Berücksichtigung aller Prädiktoren.

Tab. 64: Regressionsmodell zur Selbstregulation im Umgang mit Geld mit drei unabhängigen Variablen

Modell	R	R^2	Korrigiertes R^2	Standardfehler des Schätzers
1	,528	,279	,276	,43896

Entsprechend den theoretischen Vorannahmen gehen das Selbstkonzept zur finanziellen Handlungskompetenz, die wahrgenommene soziale Unterstützung sowie das ökonomische Wissen als unabhängige Variablen in die Regressionsgleichung ein[88]. Der Blick auf die Modellparameter zeigt, dass das Modell einen Fit von ,276[89] erreicht, d.h. der Anteil der erklärten Streuung der abhängigen Variable beträgt ca. 28%. Der positive Wert des Standardfehlers deutet darauf hin, dass die Abweichungen im Durchschnitt oberhalb der Regressionsgerade liegen. Betrachtet man die Zusammenhänge zwischen den einzelnen abhängigen und der unabhängigen Variablen, so wird deutlich, dass deren Beitrag zur Varianzaufklärung unterschiedlich ausfällt.

Tab. 65: Bestimmtheitsmaße der abhängigen Variablen

Merkmal	**R**	**R^2**	**Korrigiertes R^2**	**Standardfehler des Schätzers**	**Sig.**
Ökonomisches Wissen	,390	,152	,151	,47530	,000
Selbstkonzept zur finanziellen Handlungskompetenz	,499	,249	,248	,44723	,000
Wahrgenommene finanzielle Unterstützung	,166	,028	,026	,50896	,881

Das Merkmal Selbstkonzept zur finanziellen Handlungskompetenz bildet den stärksten Zusammenhang zur Selbstregulation im Umgang mit Geld mit einer Varianzaufklärung von etwa 25%. Mit 15% besteht zudem ein hoher Zusammenhang zwischen dem ökonomischen Wissen und der Selbstregulation im Umgang mit Geld. Keinen Zusammenhang zur Selbstregulation im Umgang mit Geld zeigt das Merkmal der wahrgenommenen finanziellen Unterstützung.

Für das Gesamtmodell wird ein Bestimmtheitsmaß von ,276 ausgewiesen (korrigiertes R^2). Dieses Maß wird unter der Berücksichtigung von Interaktionseffekten ermittelt, d.h. um gegenseitige Abhängigkeiten bereinigt und bildet insofern nicht einfach die Summe der einzelnen R^2. 28% der Unterschiede in der Selbstregulation im Umgang mit Geld können mit den drei Modellparametern erklärt werden, wobei die wahrgenommene finanzielle Unterstützung keinen

88 In jeweils standardisierter Form.

89 Werden mehrere unabhängige Variablen in einem Modell berücksichtigt, wird das korrigierte R^2 betrachtet (Brosius 2008, S. 551).

signifikanten Beitrag zu diesem Wert liefert. Die Höhe der nicht erklärten Abweichungen führen zu dem Schluss, dass es weitere bedeutsame Eigenschaften geben muss, die die Selbstregulation im Umgang mit Geld steuern. Von den drei untersuchten Parametern sind die Merkmale des ökonomischen Wissens und des Selbstkonzepts zur finanziellen Handlungskompetenz bedeutsam. Die positive Ausprägung dieser Merkmale führt zu einer positiven Ausprägung selbstregulativer finanzieller Fähigkeiten. Es konnte jedoch gezeigt werden, dass die berufliche Ausbildung nur zu Verbesserungen im ökonomischen Wissen führt.

Wegen der fehlenden Erklärungskraft der Variable wahrgenommene finanzielle Unterstützung wird diese aus den folgenden Analysen ausgeschlossen. Mit dem Verfahren der schrittweisen Regression kann nun geprüft werden, ob mit dem Einschluss der verbleibenden Prädiktoren die höchste Prognosekraft erzielt wird.

Tab. 66: Schrittweise Regression unter Berücksichtigung von zwei Prädiktoren

Modell	R	R^2	Korrigiertes R^2	Standardfehler des Schätzers	Durbin-Watson Statistik[90]
1	,499	,249	,248	,44723	
2	,528	,279	,277	,43863	1,974

Modell 1 schließt nur das Selbstkonzept zur finanziellen Handlungskompetenz ein. Diese Variable erklärt etwa 25% der Gesamtvarianz und ist somit der stärkste Einzelprädiktor. Über den Einschluss des ökonomischen Wissens in Modell 2 kann die Varianz des Merkmals Selbstregulation im Umgang mit Geld zu etwa 28% erklärt werden. Bedeutsam für den selbstregulierten Umgang mit Geld ist das Vorhandensein entsprechender Kompetenzen, die über kognitive Herausforderungen hinaus reichen. Anschließend soll das ermittelte Regressi-

90 Mit dem Durbin-Watson-Koeffizienten wird geprüft, ob Autokorrelation vorliegt. Autokorrelation deutet auf systematische Zusammenhänge zwischen den Residuen benachbarter Fälle hin. Solche systematischen Zusammenhänge können z. B. entstehen, wenn die Stichprobe eine inhaltliche Ordnung aufweist. Der Koeffizient kann Werte zwischen 0 und 4 annehmen. Je näher der Wert an 2, desto geringer ist das Ausmaß an Autokorrelation (Brosius 2008, S. 564-565). Im vorliegenden Fall kann mit einem Durbin-Watson-Koeffizienten von 1,978 das Vorliegen einer Autokorrelation praktisch ausgeschlossen werden.

onsmodell auf statistische Signifikanz überprüft werden. Hierzu wird eine Varianzanalyse gerechnet.

Tab. 67: ANOVA zum Regressionsmodell zur Selbstregulation im Umgang mit Geld

Modell		Quadratsumme	df	Mittel der Quadrate	F	Sig.
2	Regression	48,201	2	24,100	125,265	,000
	Nicht standardisierte Residuen	124,673	648	,192		
	Gesamt	172,873	650			

Die Varianzanalyse zeigt, dass das Modell statistische Signifikanz besitzt. Der Zusammenhang zwischen den getesteten Prädiktoren Selbstkonzept zur finanziellen Handlungskompetenz sowie ökonomisches Wissen und der abhängigen Variable Selbstregulation im Umgang mit Geld ist auf Basis der Untersuchungspopulation nicht als zufällig zu interpretieren. Wie stark die Einzelparameter um den perfekten linearen Zusammenhang streuen, wird deutlich, wenn die Koeffizientenmatrix näher betrachtet wird.

Tab. 68: Koeffizientenmatrix zu den unabhängigen Variablen

Modell		Nicht standardisierte Koeffizienten		Standardisierte Koeffizienten	T	Sig.
		Regressionskoeffizient B	Standardfehler	Beta		
2	(Konstante)	1,552	,091		17,000	,000
	ÖkoWi	,117	,023	,196	5,168	,000
	FinHK	,445	,042	,405	10,679	,000

FinHK = Finanzielle Handlungskompetenz | ÖkoWi = Ökonomisches Wissen

Die Streuung der Einzelparameter liegt zwischen ,023 und ,042, was einer geringen Streuung entspricht. Der wahre Wert der getesteten Einzelparameter liegt demnach nahe bei den durch die Regressionsgleichung prognostizierbaren Werten. Die standardisierten Regressionskoeffizienten der unabhängigen Variablen „Ökonomisches Wissen“ und „Selbstkonzept zur finanziellen Handlungskompetenz“ sind positiv und liegen bei ,117 und ,445. Es gibt also einen positiven linearen Zusammenhang zwischen diesen beiden Faktoren und der Selbstregulation im Umgang mit Geld. Insbesondere das Selbstkonzept zur finanziellen Handlungskompetenz weist einen deutlichen Zusammenhang mit der Selbstregulation im Umgang mit Geld auf. Sie steigt um den Wert 0,445, wenn die Selbstregulation im Umgang mit Geld um eine Einheit ansteigt.

Für zwei der untersuchten Parameter können signifikante Zusammenhänge zur abhängigen Variable ausgewiesen werden. Der Einfluss des Merkmals Selbstkonzept zur finanziellen Handlungskompetenz erlangt unter Berücksichtigung der Regressionskoeffizienten die höchste Bedeutsamkeit zur Erklärung von Selbstregulation im Umgang mit Geld. Hohe Regressionskoeffizienten können aber auch das Ergebnis von Kollinearität zwischen den Prädiktoren sein, d.h. Zusammenhänge zwischen Prädiktoren können dazu führen, dass der Einzelbeitrag eines Prädiktors größer erscheint, als er tatsächlich ist. Um derartige Effekte zu kontrollieren, werden die Korrelationen zwischen den unabhängigen Variablen betrachtet, die noch im Modell Berücksichtigung finden.

*Tab. 69: Korrelationskoeffizienten der unabhängigen Variablen (**signifikant auf dem Niveau 0,05)*

		FinHK	ÖkoWi
FinHK	Korr. nach Pearson	1	,477**
	Sig. (2-seitig)		,000
	N	651	651
ÖkoWi	Korr. nach Pearson	,477**	1
	Sig. (2-seitig)	,000	
	N	651	651

FinHK = Finanzielle Handlungskompetenz | ÖkoWi = Ökonomisches Wissen

Aus Tabelle 69 wird ersichtlich, dass es zwischen dem ökonomischen Wissen und dem Selbstkonzept zur finanziellen Handlungskompetenz signifikante Korrelationen gibt. Der hohe Korrelationskoeffizient kann darauf hindeuten, dass in diesem Fall Kollinearität vorliegt und damit die Ergebnisse zur Varianzaufklärung verzerrt sein können. Die Kontrolle von Kollinearitärseffekten dient auch der Beurteilung der Validität des ermittelten Modells. Bei perfekter

Kollinearität kann mindestens eine unabhängige Variable über eine Lineargleichung aus einer oder der Kombination mehrerer anderer unabhängiger Variablen exakt berechnet werden (Brosius 2008, S. 567). Bei einer vorliegenden Korrelation zwischen zwei unabhängigen Variablen wird der Beitrag zur Varianzaufklärung über das korrigierte R^2 zwar richtig geschätzt, allerdings kann keine Aussage darüber getroffen werden, mit welcher Verteilung beide Variablen ihren Beitrag zur Varianzaufklärung leisten. Die über die Regressionsanalyse ermittelten Werte sind bei hoher Korrelation zwischen zwei oder mehreren unabhängigen Variablen möglicherweise verzerrt (Brosius 2008, S. 567). Die in Tabelle 69 ermittelten signifikanten Korrelationen erfordern daher die Berechnung von Kollinearitätsmaßen.

Tab. 70: Toleranzwerte und Varianzinflationsfaktor

Modell	**Nicht standardisierte Koeffizienten**		**Stand. Koeff.**	T	Sig.	**Kollinearitätsstatistik**	
	Regressions-koeffizient B	Standard-fehler	Beta			Toleranz	VIF
2 (Konstante)	1,266	,105		12,019	,000		
FinHK	,445	,042	,405	10,679	,000	,772	1,295
Öko.Wissen	,117	,023	,196	5,168	,000	,772	1,295

Für das Modell werden zwei Koeffizienten zur Beurteilung der Kollinearität ausgewiesen: die Toleranz und der Varianzinflationsfaktor. Die Toleranz gibt an, ob auf das Vorliegen von Kollinearität geschlossen werden kann. Toleranzwerte unter 0,1 deuten auf Kollinearität hin. Der VIF Wert ist ebenfalls ein Indikator für Kollinearität. Hohe Werte (Werte über 10) deuten auf Kollinearität hin (Brosius 2008, S. 569). Wie aus Tabelle 70 erkennbar liegen die Werte der Toleranz unter 1 und die VIF Werte fallen ebenfalls nicht sehr hoch aus. Kollinearität zwischen den Prädiktoren kann anhand dieser Koeffizienten nicht angenommen werden.

Zur Prüfung der Modellvalidierung gehört weiterhin die Residuenanalyse. Es wird geprüft, ob die Abweichungen zwischen den durch die Regressionsgleichung geschätzten Werten und den tatsächlich beobachteten Werten einem bestimmten Muster folgen, also nicht zufällig sind und ob die Residuen normalverteilt sind (Brosius 2008, S. 560). Muster in den Residuen deuten tendenziell auf systematische Abweichungen hin. Diese entstehen in der Regel durch nicht beobachtete Persönlichkeitsmerkmale, die eigentlich einen entscheidenden Beitrag zur Erklärung der Streuung leisten könnten, jedoch im Regressionsmodell nicht berücksichtigt worden sind. Zur Prüfung auf Normalverteilung werden das Histogramm und das Normalverteilungsdiagramm in Beziehung zu den Residuen gesetzt (Brosius 2008, S. 561). Im vorliegenden Fall liegt die Mehrheit der Abweichungen im Bereich der Erklärungskraft des Modells. Residuen, die leicht über dem Mittelwert liegen, bleiben durch das Modell unerklärt. Allerdings sind geringfügige Abweichungen von der Normalverteilung in der Praxis nicht ungewöhnlich.

Zusammenfassend kann von einem validen Modell mit zwei unabhängigen Variablen ausgegangen werden, wobei die Ausprägung des Selbstkonzeptes zur finanziellen Handlungskompetenz am stärksten mit der Ausprägung der Selbstregulation im Umgang mit Geld zusammenhängt. Dies lässt sich auch für die beobachtbaren Dimensionen der Selbstregulation Selbstwirksamkeit und der Sorgfalt im Umgang mit Geld sowie der Bereitschaft zur Auseinandersetzung mit finanziellen Hürden bestätigen.

Tab. 71: Regressionskoeffizienten der Prädiktoren auf die Dimensionen der abhängigen Variable

	Selbstwirksamkeit im Umgang mit Geld		Sorgfalt bei fin. Entscheidungen		Bereitschaft zur Auseinandersetzung mit finanziellen Hürden	
	β	Sig.	β	Sig.	β	Sig.
FinHK	,594	,000	,388	,000	,348	,000
ÖkoWi	,129	,000	,109	,001	-,044	,161

FinHK = Finanzielle Handlungskompetenz | ÖkoWi = Ökonomisches Wissen

Das Selbstkonzept zur finanziellen Handlungskompetenz weist auch in Bezug auf die Einzeldimensionen der Selbstregulation im Umgang mit Geld die stärksten Zusammenhänge auf. Für das Merkmal der Selbstwirksamkeit im Umgang mit Geld deckt sich dieser Befund mit dem theoretischen Forschungsstand, nach dem die Selbstwirksamkeit in hohem Maße über die kognitiven und kompetenzorientierten Fähigkeiten des Individuums erklärt werden kann (Pajares & Schunk 2001). Entsprechend wird auch für das ökonomische Wissen ein positiver Effekt auf die Selbstwirksamkeit angezeigt, wenngleich in geringerem Ausmaß. Gleichermaßen bestehen positive Zusammenhänge zwischen dem ökonomischen Wissen und der finanziellen Handlungskompetenz mit der Sorgfalt bei finanziellen Entscheidungen, also zwischen den Kriterien der individuellen Fähigkeiten und Fertigkeiten und dem metakognitiven Aspekt der Selbstregulation, der sich in der Planung und Kontrolle von Handlungsprozessen niederschlägt. Ein ebenfalls signifikanter positiver Zusammenhang besteht zwischen der finanziellen Handlungskompetenz und der Bereitschaft zur Auseinandersetzung mit finanziellen Hürden. Dies deutet auf eine Verbundenheit zwischen der Einschätzung eigener Fähigkeiten und der daraus resultierenden Bereitschaft zur Aufbringung der notwendigen geistigen Anstrengungen für die Lösung neuartiger Probleme oder Herausforderungen im Finanzbereich hin.

Zur abschließenden Beurteilung des Modells werden die Fit-Werte in Abhängigkeit von den varianzbildenden Kriterien der Intensität finanzwirtschaftlicher Bildung und des Ausbildungszeitpunktes berechnet. Denn es ist denkbar, dass die Bestimmtheitsmaße anders ausfallen, wenn homogenere Gruppen betrachtet werden.

Tab. 72: Regressionsmodelle nach Intensität der finanzwirtschaftlichen Bildung

Modell	**R**	**R^2**	**Korrigiertes R^2**	**Standardfehler des Schätzers**	**Sig.**
1 Hohe IfB	,577	,333	,327	,42955	,000
2 Mittlere IfB	,529	,280	,273	,43419	,000
3 Geringe IfB	,456	,208	,200	,44663	,000

IfB = Intensität finanzwirtschaftlicher Bildung

In Modell 1 werden die Fits für die Teilgruppe der Auszubildenden mit hoch-intensiver, in Modell 2 für die Teilgruppe Auszubildenden mit mittel-intensiver und in Modell 3 für die Auszubildenden mit gering-intensiver finanzwirtschaftlicher Orientierung angezeigt. Betrachtet wird jeweils der korrigierte Regressionskoeffizient. Die Varianz in der Selbstregulation im Umgang mit Geld bei Gruppen mit hohem finanzwirtschaftlichem Bezug wird zu 33% über die Prädiktoren ökonomisches Wissen und Selbstkonzept zur finanziellen Handlungskompetenz erklärt. Für die Gruppen mit mittel-intensiver Begegnung mit finanziellen Themen sind es noch 27% und für diejenigen mit geringer finanzwirtschaftlicher Orientierung noch 20%. Der Zusammenhang zwischen den modelltheoretischen Prädiktoren ökonomisches Wissen und Selbstkonzept zur finanziellen Handlungskompetenz und der Selbstregulation im Umgang mit Geld ist umso deutlicher, je näher die Probanden an finanzwirtschaftlichen Inhalten ausgebildet werden. Der Einfluss der Einzelparameter kann wiederum über die Betrachtung der Regressionskoeffizienten bestimmt werden.

Tab. 73: Regressionskoeffizienten

Modell		**Nicht standardisierte Koeffizienten**		**Standardisierte Koeffizienten**		
		Regressionskoeffizient B	Standardfehler	Beta	T	**Sig.**
Hohe IfB	FinHK	,574	,070	,472	8,189	,000
	ÖkoWi	,106	,033	,182	3,161	,002
Mittlere IfB	FinHK	,539	,083	,427	6,488	,000
	ÖkoWi	,132	,046	,190	2,890	,004
Geringe IfB	FinHK	,336	,077	,309	4,349	,000
	ÖkoWi	,130	,042	,223	3,139	,002

IfB = Intensität finanzwirtschaftlicher Bildung

Der Einfluss der Parameter wird für alle Teilgruppen als signifikant ausgewiesen. Ein deutlicher positiver Zusammenhang besteht zwischen dem Selbstkonzept zur finanziellen Handlungskompetenz und der Selbstregulation im Umgang mit Geld in allen homogenen Gruppen. Auch hier bestätigt sich die theoretische Überlegung aus dem Messmodell. Insgesamt kann festgehalten werden, dass das Modell für die Erklärung der Varianzen in den finanzwirtschaftlich geprägten Berufen besser geeignet ist, als für die Erklärung der Varianzen in anderen Berufsgruppen. Dennoch wird deutlich, dass das ökonomische Wissen als Erklärungsansatz für selbstbestimmtes Geldhandeln alleine nicht ausschlaggebend ist. Kompetenzorientierte Merkmale können die Selbstregulation im Umgang mit Geld deutlich besser erklären. Um Kompetenzen zu befördern, sind enge Bezüge zwischen Lern- und Handlungsfeldern anzustreben, da sich entstehende Transfereffekte positiv auf das persönliche Vertrauen in die Angemessenheit finanzieller Entscheidungen auswirken und damit indirekt die finanzielle Handlungskompetenz beeinflussen.

Neben der Analyse der Regressionsmodelle in Abhängigkeit vom Ausbildungsberuf interessiert auch die Veränderung des Modellfits unter Berücksichtigung des Ausbildungszeitpunktes.

Tab. 74: Regressionsmodelle nach Ausbildungszeitpunkten

Modell	**R**	**R²**	**Korrigiertes R²**	**Standardfehler des Schätzers**	**Sig.**
1 (Beginn)	,552	,304	,300	,44390	,000
2 (Ende)	,503	,253	,249	,43380	,000

Für die Auszubildenden im ersten Ausbildungsjahr erreicht das Modell einen Fit von ,300. Der Anteil an erklärter Varianz beträgt damit etwa 30%. Am Ende der Ausbildung zeigt sich sogar eine schlechtere Varianzaufklärung mit einem Modellfit von nur noch ,249, also rund 25%. Die Unterschiede in den Ausprägungen der Selbstregulation im Umgang mit Geld bei Ausbildungsanfängern liegen zu 30% in den zwei untersuchten Prädiktoren ökonomisches Wissen und Selbstkonzept zur finanziellen Handlungskompetenz begründet. Scheinbar nimmt die Bedeutung der Prädiktoren zum Ende der Ausbildung hin ab. Dies kann darauf deuten, dass weitere Merkmale im Verlauf der Ausbildung hinzukommen, die den Einfluss der untersuchten Prädiktoren ablösen. Denkbar wäre hier z. B. die persönliche Erfahrung im Handlungsfeld, d.h. das Ausmaß an privater und selbstbestimmter Auseinandersetzung mit ökonomischen Fragen. Hierzu sind in der vorliegenden Studie jedoch keine weiteren Daten erhoben worden. Aus methodischer Sicht kann diese Schieflage auch auf Basis des nicht echten Längsschnitts entstehen.

Tab. 75: Regressionskoeffizienten für die Ausbildungszeitpunkte

		Nicht standardisierte Koeffizienten		**Standardisierte Koeffizienten**		
Modell		Regressionskoeffizient B	Standardfehler	Beta	T	Sig.
1Beginn	FinHK	,471	,058	,421	8,066	,000
	ÖkoWi	,131	,033	,209	4,009	,000
2 Ende	FinHK	,407	,061	,379	6,704	,000
	ÖkoWi	,111	,033	,190	3,352	,001

Der höchste Einzelbeitrag unter Betrachtung der Anfänger- und Absolventengruppen wird wiederum durch die Variable Selbstkonzept zur finanziellen Handlungskompetenz geleistet. Die Streuungen fallen wiederum gering aus. Der Einfluss der Prädiktoren auf die Selbstregulation zu Beginn und zum Ende der Ausbildung wird als signifikant ausgewiesen.

Es können etwa 28% der Streuung in der abhängigen Variable über zwei der drei ursprünglich in das Modell aufgenommenen Prädiktoren erklärt werden. Die höchste Bedeutsamkeit erlangt der Prädiktor Selbstkonzept zur finanziellen Handlungskompetenz. Zwischen dem ökonomischen Wissen und der Selbstregulation sind ebenfalls positive Zusammenhänge aufgedeckt worden. Jedoch erweist sich dieser Prädiktor weniger stark als das Selbstkonzept zur finanziellen Handlungskompetenz. Die Annahme, dass ökonomisches Wissen als kognitives Merkmal unzureichend für die Erklärung selbstbestimmter Handlungen in finanziellen Situationen ist, erscheint vor den Ergebnissen dieser Arbeit tragfähig. Zwischen der wahrgenommenen finanziellen Unterstützung und der Selbstregulation im Umgang mit Geld kann kein signifikanter Zusammenhang nachgewiesen werden, weswegen dieser Prädiktor aus dem Modell entfällt.

8 Zusammenfassung und Ausblick

In der Tendenz kann die vorliegende Arbeit zeigen, dass die berufliche Erstausbildung signifikante und praktisch bedeutsame Veränderungen im Sinne von Verbesserungen nur für die Ausprägung des ökonomischen Wissens erreicht. Zur Abbildung des ökonomischen Wissens sind in der vorliegenden Untersuchung solche Felder gewählt worden, die auch für den privaten Umgang mit Geld bezeichnend sind: Vorsorge, Wirtschaften, Finanzen und Mathematik als grundlegende Fähigkeit. Die stärksten Effekte erzielt der Ausbildungsprozess bei Gruppen mit hoch-intensiver finanzwirtschaftlicher Bildung. Eine mögliche Erklärung für die geringeren Effekte der Berufsausbildung auf die Ausprägung des ökonomischen Wissens bei Industriekaufleuten und gewerblich orientierten Berufen kann darin begründet liegen, dass die entsprechenden Curricula den privaten Umgang mit Geld nicht thematisieren. Dagegen sieht die Ausbildung zum/zur Bankkaufmann/-frau eine klare Orientierung an diesen Bereichen vor, die u.a. in der Simulation von Kundenberatungsgesprächen trainiert werden. Die Auswahl von vier festen Inhaltsfeldern ist mit der Überlegung verbunden, wo die inhaltlichen Grenzen des ökonomischen Wissens liegen und ob eine Aussage zu diesen Feldern ausreicht, um ökonomisches Wissen beurteilen zu können. Hierzu kann die vorliegende Arbeit kein abschließendes Resumee anbieten. Überdies steht die Antwort auf die Frage nach den „Bestandteilen" ökonomischen Wissens in der wirtschaftspädagogischen Debatte noch aus. In Hinblick auf die weiteren Variablen des Messmodells zeigt sich, dass dort keine signifikanten Unterschiede zwischen dem Einstieg in die Berufsausbildung und dem Abschluss festgestellt werden können. Sowohl für das Selbstkonzept zur finanziellen Handlungskompetenz als auch für die wahrgenommene finanzielle Unterstützung und die Selbstregulation im Umgang mit Geld ergeben sich keine signifikanten Veränderungen zum Ende der Ausbildung. Dies führt zu dem Schluss, dass die berufliche (Erst-)Ausbildung keinen wesentlichen und flächendeckenden Beitrag zur Entwicklung der Merkmale von Selbstregulation im Umgang mit Geld leisten kann. Auf methodischer Ebene können die Befunde auch auf das gewählte Untersuchungsdesign zurückgeführt werden. Es liegt kein echter Längsschnitt vor, so dass trotz der quasi-experimentellen Versuchsanordnung Verzerrungseffekte zwischen den gewählten Gruppen entstehen können. Die regressionsanalytische Beurteilung der Zusammenhänge zwischen den betrachteten Variablen führt zu dem Ergebnis, dass kompetenzorientierte Merkmale die Selbstregulation im finanziellen Handeln, welche als Lernziel finanzieller Bildung verstanden werden kann, besser erklären, als das Vorhandensein ökonomischen Wissens. Auf Basis der vorliegenden Erkenntnisse gilt es daher, bestehende Programme und Module zur Vermittlung finanzieller Handlungskompetenz zu reflektieren und ggf. zu modifizieren. Rataj (2007, S.48) kommt zu dem Schluss, dass „weder das Konzept der Financial Literacy noch diverse Ansätze für die Vermittlung einer finanziellen Allgemeinbildung (...) ein solides Finanzmanagement bei Jugendlichen erreichen [können]. Zwar werden Handlungs- und Problemorientierung in den Mittelpunkt der Maßnahmen gestellt, jedoch fehlen hinreichende methodisch-didaktische Überlegungen, wie die Berücksichtigung konkreter wirtschaftlicher Handlungsrahmen Jugendlicher, in denen sie Handlungskompetenzen erwerben können. Auch das individuelle Konsumverhalten Jugendlicher bleibt weitestgehend unberücksichtigt.“ Die Selbstregulation im Umgang mit Geld wird im Wesentlichen von mehr Faktoren als nur dem ökonomischen Wissen gesteuert, und zwar ebensolchen Faktoren, die sich auf die motivational-volitionale Steuerung des individuellen Handlungsprozesses beziehen. Das Ziel muss daher lauten, die Selbstregulationsfähigkeit unter Einschluss dieser exogenen Parameter systematisch zu befördern, um junge Menschen dazu zu befähigen, sich selbstbestimmt mit bekannten und unbekannten Herausforderungen aus der Welt der Finanzwirtschaft auseinanderzusetzen. Hierzu dienen im Sinne der Selbstbestimmungstheorie nach Deci und Ryan (1993) Instrumente und Vermittlungsprozesse, die das Kompetenzerleben, die soziale Eingebundenheit und das Erleben von Autonomie befördern. Dabei darf sich die soziale Einbindung nicht in Formen der sozialen Kontrolle verkehren, da ein zu hohes Maß an externer Unterstützung das Erleben von Autonomie und die Entfaltung von Selbstwirksamkeit beeinträchtigen kann. Das Bedürfnis nach sozialer Eingebundenheit und das Bedürfnis nach Autonomieerleben sollten vor diesem Hintergrund in einer ausgewogenen Balance stehen. Das Individuum benötigt hierzu den notwendigen Spielraum für den selbstregulierten und autonomen Umgang mit Geld. Für die Förderung der sozialen Einbindung finden sich Ansätze aus dem Bereich der Lehr-Lern-Forschung. Schiefele und Streblow (2006, S. 241) benennen hier zwei wesentliche Maßnahmen, die sich auf die Beziehung der Lernenden untereinander sowie auf die Beziehung zwischen Lerner und Lehrperson stützen. Lerner sollten demnach in Kleingruppen zu einer kooperativen Teamstruktur geführt werden. Lehrer sollten außerdem darauf achten, das Verhältnis zwischen Lehrer und Schüler in einem positiven Licht erscheinen zu lassen, d.h. die Lehrpersonen sollten ein Interesse an den

Lernfortschritten der Schüler zeigen und für ein positives Lernklima sorgen (vgl. Schiefele & Streblow 2006, S. 241; Breuer et al. 2009, S. 158). Zur Gestaltung von Lehreinheiten kann eine Orientierung an der Interessentheorie hilfreich sein. Demnach sind Lernumgebungen und –inhalte derart zu gestalten, dass dem lernenden Subjekt die Relevanz des Lerninhaltes für die eigene Lebenswelt bewusst wird. Dies steigert die Motivation des Individuums zur Auseinandersetzung mit dem Lerninhalt, weil das Lernen selbst als subjektives Ziel übernommen wird (vgl. Krapp 2002; Rakoczy, Klieme & Pauli 2008, S. 26). Da neuere Arbeiten zur Selbstbestimmungstheorie und Interessenstheorie betonen, dass Motivation nicht nur auf Basis bewusst-kognitiver Faktoren sondern auch unterbewusst-emotionaler Faktoren entsteht, wäre für weitere Studien in diesem Kontext zu überlegen, neben dem klassischen Fragebogen weitere Erhebungsinstrumente mit zusätzlichen Dimensionen einzusetzen (Rakoczy, Klieme & Pauli 2008, S. 34). Das Vertrauen in die eigenen Fähigkeiten, das zu angemessenen, auf Nachhaltigkeit und Zukunftssicherung ausgerichteten Finanzentscheidungen führen kann, erscheint als zentraler Parameter für die Ausprägung finanzieller Handlungskompetenz. Dennoch kann die Beförderung von Selbstwirksamkeit nicht als „Allheilmittel“ für eine selbstregulierte und erfolgreiche Gestaltung von Entscheidungsprozessen angesehen werden. Krapp und Ryan (2002, S. 57) weisen darauf hin, dass Selbstwirksamkeit eine notwendige aber keine hinreichende Bedingung für die Erklärung von selbstbestimmter Leistung, Motivation oder Problembewältigung sein kann. Bedeutsam sind daneben schwer zu erfassende Handlungsdimensionen, wie die Einstellung oder das individuelle Interesse an einem Lerngegenstand. Denn das finanzwirtschaftliche und ökonomische Interesse, welches sich in der Zugehörigkeit zu einer der Gruppen als Kennzeichen der Berufswahl widerspiegelt, vermag ebenfalls einen Beitrag zur Erklärung von Unterschieden in der Ausprägung des ökonomischen Wissens zu liefern. Auch Breuer und Brahm (2004, S. 370-371) kommen zu dem Schluss, dass mit dem TSRQ nicht alle identifizierten Komponenten der Selbstregulation abgebildet werden. Der volitionale Aspekt der Selbstregulation komme zu kurz, da er lediglich über die Dimension der Anstrengungsbereitschaft abgebildet sei. Kognitive Facetten werden mit dem TSRQ überhaupt nicht erfasst und motivationale Dimensionen würden auf die Selbstwirksamkeit reduziert. Für die vorliegende Arbeit wurde daher den Probanden ergänzend zum TSRQ ein Set an Wissensfragen vorgelegt und eine Selbsteinschätzung zu ökonomischen Fähigkeiten erfasst, um Aussagen zu kognitiven Leistungsmerkmalen treffen zu können. Aus theoretischer Sicht bleibt anzumerken, dass die empirisch bekräftigte

Multidimensionalität selbstregulativer Handlungen im Umgang mit Geld nicht restriktionsfrei bleibt. Die Beziehungen zwischen Wissen und Handeln sind vermutlich weitaus komplexer, insbesondere wenn Überlegungen zu irrationalem Handeln hinzukommen. „Die Theorie der Handlungsregulation geht vom allein kognitiv, bewusst rational denkenden Menschen aus. Fragen nach der Motivation und Emotion als Steuerungsgrößen beim Handeln werden ausgeklammert. Implizites Wissen wird eher nicht erfasst. Eine kritische Reflexion der Ziele, Bedingungen, Ergebnisse und Zwecke einer Arbeit werden mit einer Handlungsregulation weniger ermittelt" (Schelten 2009, S. 109). In Hinblick auf die Generalisierbarkeit der Ergebnisse muss abschließend angemerkt werden, dass der Umgang mit Geld in hohem Maße auch durch kulturelle Einflüsse bestimmt ist (Furnham & Argyle 1998, S. 76-78). Ob damit ein grundlegend anderes Verständnis zum Umgang mit Geld verbunden ist, kann an dieser Stelle nicht beantwortet werden. Es gilt ebenso zu beachten, dass die Studie einem quasi-experimentellen Design entspricht und damit Verzerrungseffekte durch die nicht zufällige Zusammensetzung der Gruppen im Vergleich vom ersten und letzten Ausbildungsjahr auftreten können. Zudem muss kritisch angemerkt werden, dass es mit dem Instrument zur objektiven Erfassung des ökonomischen Wissens nicht möglich ist, Teilleistungen der Personen abzubilden, da die Antworten dichotom skaliert sind. Das Instrument orientiert sich damit stark an den *Ergebnissen* der Informationsverarbeitung und blendet die entsprechenden *Prozesse* aus. Damit verbunden ist die Frage nach der Möglichkeit eines empirischen Nachweises der Trennbarkeit von deklarativem und prozeduralem Wissen. In die Antworten der Befragten fließen überwiegend kognitive Leistungen ein, die beide Wissensarten ansprechen. Die Zuordnung der Items zu der Taxonomie nach Anderson und Krathwohl (2001) erfolgt unter dieser Restriktion auch ohne vorgegebene Kriterien und leistet keine trennscharfe Abgrenzung deklarativer und prozeduraler Anforderungen. Darüber hinaus soll der Hinweis nicht fehlen, dass sich moderne Arbeiten zur Messung individueller Befähigungen darum bemühen, auf der Performanzebene zu agieren, d.h. das Verhalten von Personen innerhalb authentischer Situationen zu erfassen. Mit solchen Verfahren ist jedoch ein hoher ökonomischer Aufwand verbunden. Die gewonnenen Ergebnisse aus dieser Arbeit können letztlich nur mittels einer echten Längsschnittstudie untermauert werden.

Literaturverzeichnis

Achtenhagen, F. & Winther, E. (2008). Wirtschaftspädagogische Forschung zur beruflichen Kompetenzentwicklung. In Bundesministerium für Bildung und Forschung (Hrsg.), *Kompetenzerfassung in pädagogischen Handlungsfeldern. Theorien, Konzepte und Methoden* (26. Aufl., S.117-140). Bildungsforschung: Bonn, Berlin.

Aebli, H. (1997). Lernmotivation und Motivlernen. In H. Aebli (Hrsg.), *Grundlagen des Lehrens. Eine Didaktik auf psychologischer Grundlage* (4. Aufl., S. 133-175). Stuttgart: Klett – Cotta.

Albert, M., Hurrelmann, K. & Quenzel, G. (2010). *16. Shell Jugendstudie. Jugend 2010.* Frankfurt am Main: Fischer Taschenbuch Verlag.

Amelang, M., Bartussek, D., Stemmler, G. & Hagemann, D. (2006). *Differentielle Psychologie und Persönlichkeitsforschung* (6., vollständig überarbeitete Aufl.). Stuttgart: W. Kohlhammer.

Anderson, J. (1996). A simple theory of complex cognition, *American Psychologist, 51*(4), S. 355-365. Gefunden am 06.07.2011 unter http://psycnet. apa.org/journals/amp/ 51/4/355/

Anderson, L. W. & Krathwohl, D. R. (Hrsg.). (2001). *A Taxonomy for Learning, Teaching, and Assessing: A Revision of Bloom's Taxonomy of Educational Objectives.* New York: Longman.

Andreß, H.J., Krüger, A. & Sedlacek, B. (2004). Armut und Lebensstandard. Zur Entwicklung des notwendigen Lebenstandards der Bevölkerung 1996-2003. Gefunden am 20.03.2007 unter http://www.bmas.de/portal/ 1342/property=pdf /armut__und__lebensstandard__zur__entwicklung__ des__notwendigen__lebensstandards.pdf

Bandura, A. (1997). *Self-efficacy: The exercise of control.* New York: Freeman.

Baumert, J., Klieme, E., Neubrand, M., Prenzel, M., Schiefele, U., Schneider, W., Tillmann, K. J. & Weiss, M. (2000). *Fähigkeit zum selbstregulierten Lernen als fächerübergreifende Kompetenz.* Berlin: PISA Konsortium, Max Planck Institut für Bildungsforschung.

Behrman, J.R., Mitchell, O., Soo, C. & Bravo, D. (2010). *Financial Literacy, Schooling and Wealth Accumulation.* Gefunden am 09.12.2010 unter http://repository.upenn.edu/cgi/viewcontent.cgi?article=1031&context=parc_working_papers.

Beicht, U., Friedrich, M. & Ulrich, J.G. (2007). Schulabsolventen auf Lehrstellensuche: Deutlich längere Dauer bis zum Ausbildungseinstieg. *BIBB Report. Forschungs- und Arbeitsergebnisse aus dem Bundesinstitut für Berufsbildung*, 2/2007.

Beicht, U. & Krewerth, A. (2010). Geld spielt eine Rolle! Sind Auszubildende mit ihrer Vergütung zufrieden? In *BIBB Report. Forschungs- und Arbeitsergebnisse aus dem Bundesinstitut für Berufsbildung, 14*(10), S.1-15.

Bender, N. & Breuer, K. (2011). Junge Menschen und frühe Schulden – finanzielle Handlungskompetenz im Fokus wirtschaftspädagogischer Forschung. In Exzellenzcluster „Gesellschaftliche Abhängigkeiten und soziale Netzwerke“ (Hrsg.), *Krisen und Schulden – Historische Analysen und gegenwärtige Herausforderungen* (1. Aufl., S. 45-62). Wiesbaden: VS Verlag für Sozialwissenschaften.

Bildungsserver Rheinland Pfalz (2003). Richtlinien zur ökonomischen Bildung an allgemeinbildenden Schulen in Rheinland-Pfalz. Im Auftrag des Ministeriums für Bildung, Frauen und Jugend Rheinland-Pfalz. Gefunden am 10. Mai 2011 unter http: //www.ganztagsschule.rlp.de/files/ PZRichtlinien_zu_oekonomischen_Bildung.pdf

Bildungsserver Rheinland-Pfalz. (2009). Ausbildungsberufe. Gefunden am 10. Dezember 2010 unter http://bbs.bildung-rp.de/lehrplaene/berufsschule/ ausbildungsberufe .html

Blasche, A., Drescher, A. & Schoof, D. (1985). Bedingungsfaktoren der Berufswahl. *Unterrichtsmaterialen zur Arbeits- Wirtschafts- und Gesellschaftslehre – Berufsorientierung (BEO).* Hannover: Verlag Druck-Team.

Bloom, B. (1973). *Taxonomie von Lernzielen im kognitiven Bereich*. 3. Auflage. Weinheim: Beltz.

Boekaerts, M. (1998). Do culturally rooted self-construals affect students' conceptualization of control over learning? *Educational Psychologist*, 33 (2/3), S. 87-108.

Börsch- Supan, A., Coppola, M., Essig, L., Eymann, A. & Schunk, D. (2009). The German Save Study. Design and Results. Mannheim Research Institute for the Economics of Aging (MEA). Gefunden am 19. August 2010 unter http://www.mea.uni-mannheim.de/index.php?id=26

Bortz, J. & Döring, N. (2006). *Forschungsmethoden und Evaluation für Human- und Sozialwissenschaftler.* (4. Auflage). Berlin: Springer.

Bortz, J. & Schuster, C. (2010). *Statistik für Human- und Sozialwissenschaftler.* (7. Auflage). Berlin: Springer.

Bourdieu, P. (1983). Ökonomisches Kapital, Kulturelles Kapital, Soziales Kapital. In R. Kreckel (Hrsg.), *Soziale Ungleichheiten* (S. 183-198). Göttingen: Schwartz.

Braunstein, S. & Welch, C. (2002). Financial Literacy: An Overview of Practice, Research and Policy. Gefunden am 04. März 2011 unter http://ideas.repec.org/a/ fip/fedgrb/y2002inovp445-457nv.88no.11.html

Breuer, K. & Brahm, T. (2004). Die Abbildung von Befähigungen zur Selbstregulation. In M. Wosnitza, A. Frey & R. S. Jäger (Hrsg.), *Lernprozess, Lernumgebung und Lerndiagnostik. Wissenschaftliche Beiträge zum Lernen im 21. Jahrhundert,* (S. 363-374). Landau: Verlag Empirische Pädagogik.

Breuer, K. (2006). Kompetenzdiagnostik in der beruflichen Bildung – eine Zwischenbilanz. In D. Euler, R. Nickolaus, G. Pätzold & P. Sloane (Hrsg.), *Sonderdruck aus Zeitschrift für Berufs- und Wirtschaftspädagogik 102*(2), S. 194-210. Stuttgart: Franz Steiner Verlag.

Breuer, K. & Eugster, B. (2006). Effects of training and assessment in vocational education and training (VET): Reflections on the methodology of assessing the development of traits of self-regulation. *Studies in Educational Evaluation*, *3*(32), S. 243-261.

Breuer, K., Tauschek, R., Becker, H., Ettmüller, W. & Etzkorn, K. (Hrsg.) (2009). *Der Modellversuch KoLA. Vom Lernfeld zum schulspezifischen Jahresarbeitsplan – von der Lernsituation zum selbstgesteuerten Lernen und zu ersten Ergebnissen einer Längsschnittstudie.* (1. Aufl.). Frankfurt am Main, Berlin, Bern, Bruxelles, New York, Oxford, Wien: Peter Lang Verlag.

Bronfenbrenner, U. (1989). *Die Ökologie der menschlichen Entwicklung. Natürliche und geplante Experimente.* Stuttgart: Klett.

Brosius, F. (2008). *SPSS 16.* Heidelberg: Redline GmbH.

Bucher-Koenen, T. & Lusardi, A. (2011). Financial Literacy and Retirement Planning in Germany. MEA. Mannheim Research Institute for the Economics of Aging. Gefunden am 06.07.2011 unter http://madoc.bib.uni-mannheim.de/madoc/volltexte/2011/3147/

Bucher-Koenen, T. & Ziegelmeyer, M. (2011). Who lost the most? Financial Literacy, Cognitive Abilities and the Financial Crisis. MEA. Mannheim Research Institute for the Economics of Aging. Gefunden am 06.07.2011 unter http://www.mea.uni-mannheim.de/ uploads /user_mea_ discussionpapers/1138_234.pdf

Bühl, A. (2010). *SPSS 18. Einführung in die moderne Datenanalyse*. 12., aktualisierte Auflage. München: Pearson Studium.

Bühner, M. (2006). *Einführung in die Test- und Fragebogenkonstruktion.* München: Pearson Studium.

Bürgel Wirtschaftsinformationen GmbH & Co. KG. (2010). Schuldenbarometer im 1. Halbjahr 2010. Gefunden am 20. Mai 2011 unter http://www.buergel.de/presse/ studien-analysen/464-schuldenbarometer-1-halbjahr-2010.html

Büttner, G. (2008). Fragebögen und Ratingskalen. In W. Schneider & M. Hasselhorn (Hrsg.), *Handbuch der Pädagogischen Psychologie* (S. 282-290). Göttingen: Hogrefe.

Bundesministerium der Justiz (o.D.). Insolvenzordnung (InsO). Gefunden am 11.07.2011 unter http://www.gesetze-im-internet.de/inso/

Bundesministerium für Arbeit und Soziales (BMAS) (2008). Lebenslagen in Deutschland. Der 3. Armuts- und Reichtumsbericht Deutschland. Gefunden am 08.09.2010 unter http://www.bmas.de/portal/26742/property=pdf/dritter __armuts__und __ reichtums bericht.pdf

Bundesverband deutscher Banken (2009). Jugendstudie 2009. Ergebnisse repräsentativer Meinungsumfragen im Auftrag des Bundesverbandes deutscher Banken. Gefunden am 12.05.2011 unter http://www. schulbank.de/2009-07-03_Demoskopie_Jugend-studie_BDB.pdf

Campell, D. T. & Fiske, D. W. (1959). Convergent and discriminant validation by the multitrait-multimethod matrix, *Psychological Bulletin*, (56), S. 81-105.

Cohen, J. (1988). *Statistical power analysis for the behavioral sciences.* 2. Auflage. Hillsdale, NJ: Erlbaum.

Cranach, M.v., Kalbermatten, U., Indermühle, K. & Gugler, B. (1980). *Zielgerichtetes Handeln*. Bern, Stuttgart, Wien: Verlag Hans Huber.

Cranach, M.v. & Bangerter, A. (2000). Wissen und Handeln in systemischer Perspektive: Ein komplexes Problem. In J. Gerstenmaier u. H. Mandl (Hrsg). *Die Kluft zwischen Wissen und Handeln. Empirische und theoretische Lösungsansätze*, (S. 221-251). Göttingen et al.: Hogrefe.

Dahrendorf, R. (1968). Homo Sociologicus. Ein Versuch zur Geschichte, Bedeutung und Kritik der Kategorie der sozialen Rolle. 7. Auflage. Köln, Opladen: Westdeutscher Verlag. Gefunden am 22.06.2011 unter http://www.scribd.com/doc/4476165/ dahrendorf-ralf-homo-sociologicus

Danes, S. M., Huddleson-Casas, C. & Boyce, L. (1998). *Evaluation of the NEFE high school financial planning program: First phase, 1997-98.* St. Paul, MN.: Univesity of Minnesota publication.

Deci, E.L. & Ryan, R.M. (1993). Die Selbstbestimmungstheorie der Motivation und ihre Bedeutung für die Pädagogik, *Zeitschrift für Pädagogik, 39*(2), S. 223-238.

Dessart, W. C. A. & Kuylen, A. A. A. (1986). The Nature, Extent, Causes, and Consequences of Problematic Debt Situations. *Journal of Consumer Policy (9),* S. 311-334.

Detje, F. (1999). Handeln erklären. Vergleich von Theorien menschlichen Handelns und Denkens. Wiesbaden: Deutscher Universitätsverlag.

DGB Region München (2003). Auszubildende und Schulden. Ergebnisse einer Umfrage unter Auszubildenden in München 2003. Gefunden am 31.05.2011 unter http://www.azuro-muenchen.de/fileadmin/downloads/studie_schulden.pdf

Diekmann, A. (2009). *Empirische Sozialforschung. Grundlagen- Methoden-Anwendungen.* Reinbeck: Rowohlt

Diesenberg, N. (1989). Handlungswissen – Orientierungswissen – Existenzwissen. Zur Problematik, Abgrenzung und Explikation didaktisch relevanter Wissensformen. In M. Jung (Hrsg.), *Handlungswissen – Orientierungswissen – Existenzwissen,* (S.76-100).Stuttgart : Klett.

Dörner, D. (1976). *Problemlösen als Informationsverarbeitung*. Stuttgart: Kohlhammer.

Duden (2011). Deutsches Universalwörterbuch. 7. Auflage. Bibliographisches Institut Mannheim.

Erpenbeck, J. & v. Rosenstiel, L. (2003). *Handbuch Kompetenzmessung.* Stuttgart: Schäffer-Poeschel.

Ford, J. & Jones, A. (2006). Financial Education and Poverty Prevention - Financial Literacy Survey. In U. Reifner (Hrsg.), *Financial Literacy in Europe* (S. 241-255). Baden-Baden: Nomos

Freitag, W. (2009). *Neue Bildungswege in die Hochschule*. Bielefeld: Bertelsmann.

Frey, D., von Rosenstiel, L. & Hoyos, C. (2005). *Wirtschaftspsychologie.* Weinheim, Basel: Beltz Verlag.

Friedrich, H. F. & Mandl, H. (1997). Analyse und Förderung selbstgesteuerten Lernens. In F. E. Weinert & H. Mandl (Hrsg.), *Psychologie der Erwachsenenbildung. Enzyklopädie der Psychologie, Pädagogische Psychologie* (S. 237-293). Göttingen: Hogrefe.

Fries, K., Göbel, P. & Lange, E. (2007). *Teure Jugend. Wie Teenager kompetent mit Geld umgehen.* Opladen u. Farmington Hills: Barbara Budrich.

Furnham, A. & Argyle, F. (1998). *The Psychology of Money*. London: Routledge.

Fydrich, T., Sommer, G. & Brähler, E. (2007). *Fragebogen zur Sozialen Unterstützung* (F-SozU). Manual. Göttingen: Hogrefe.

Gabanyi, A., Hemedinger, F. & Lehner, M. (2007). *Jugendverschuldung: Analyse und Präventionsansätze*. Linz: edition pro mente.

Geißel, B. (2008). Prädiktoren der Entwicklung zentraler Aspekte von Fachkompetenz in Berufen der gewerblich-technischen Erstausbildung. In D. Münk, K. Breuer & T. Deißinger (Hrsg.). *Berufs- und Wirtschaftspädagogik – Probleme und Perspektiven aus nationaler und internationaler Sicht. Neue Forschungserträge aus der Berufs- und Wirtschaftspädagogik.* Schriftenreihe der Sektion Berufs- und Wirtschaftspädagogik der Deutschen Gesellschaft für Erziehungswissenschaften (DGfE), (S. 10-20). Barbara Budrich: Opladen & Farmington Hills.

Gensicke, T. (2010). Jugendliche zwischen Lebensgenuss und Lebensplanung. In K. Hurrelmann & H. Karch (Hrsg.), *Jugend, Vorsorge, Finanzen. Herausforderung oder Überforderung?* (S. 24-78). Frankfurt am Main: Campus Verlag.

Gerich, J. (2010). Thurstone- und Likertskalierung. In C. Wolf und H. Best (Hrsg.), *Handbuch der sozialwissenschaftlichen Datenanalyse*, (S. 259-282). Wiesbaden: VS Verlag für Sozialwissenschaften.

Gerlitz, J.Y. & Schupp, J. (2005). Zur Erhebung der Big-Five-basierten Persönlichkeitsmerkmale im SOEP. In Deutsches Institut für Wirtschaftsforschung (Hrsg.), *Dokumentation der Instrumentenentwicklung BFI-S auf*

Basis des SOEP-Pretests 2005. Gefunden am 8. März 2011 unter http://www.diw.de/ documents/publikationen/73/43490/rn4.pdf

Gerstenmaier, J. & Mandl, H. (Hrsg.). (2000). *Die Kluft zwischen Wissen und Handeln. Empirische und theoretische Lösungsansätze*. Göttingen et al.: Hogrefe.

Greve, W. (2000). Psychologie des Selbst- Konturen eines Forschungsthemas. In W. Greve (Hrsg.), *Psychologie des Selbst* (S. 15-38). Weinheim: Beltz, Psychologie Verlags Union.

Grundmann, M. & Lüscher K. (2000). *Sozialökologische Sozialisationsforschung: ein anwendungsorientiertes Lehr- und Studienbuch.* Konstanz: Universitätsverlag Konstanz.

Grundmann, M. & Kunze, I. (2008). Systematische Sozialraumforschung: Urie Bronfenbrenners Ökologie der menschlichen Entwicklung und die Modellierung mikrosozialer Raumgestaltung. In F. Kessl & C. Reutlinger (Hrsg.). *Schlüsselwerke der Sozialraumforschung* (S. 172-188). Wiesbaden: Verlag für Sozialwissensschaften.

Heckhausen, H. & Gollwitzer, P.M. & Weinert, F.E. (1987). *Jenseits des Rubikon. Der Wille in den Humanwissenschaften.* Berlin: Springer.

Heckhausen, H. (1989). *Motivation und Handeln.* Berlin: Springer.

Heckhausen, J. & Heckhausen, H. (2006). Motivation und Handeln. Einführung und Überblick. In J. Heckhausen und H. Heckhausen (Hrsg.), *Motivation und Handeln*, S. 1-10. 3. Auflage. Heidelberg: Springer Medizin Verlag.

Hedtke, R., Famulla, G.E., Fischer, A., Weber, B. & Zurstrassen, B. (2010). Für eine bessere ökonomische Bildung! Kurzexpertise zum Gutachten „Ökonomische Bildung an allgemeinbildenden Schulen. Bildungsstandards und Standards für die Lehrerausbildung“ im Auftrag des Gemeinschaftsausschusses der deutschen gewerblichen Wirtschaft vom November 2010. Iböb. Initiative für eine bessere ökonomische Bildung. Gefunden am 03.Mai 2011 unter http://www.leuphana.de/fileadmin /user_upload/ lehrgebiet/bwp/files/expertise.pdf

Heim, E. (1988). Coping und Adaptivität. Gibt es geeignetes oder ungeeignetes Coping? *Psychotherapie, Psychosomatik, Medizinische Psychologie, 38*, S. 8-18.

Hergenröder, C. W. & Kokott, S. (2009). Der Schuldner im sozialen Netz. *ZVI Sonderheft, 2009*, S. 27.

Hertel, S., Klug, J. & Schmitz, B. (2010). Quasi-experimentelle Versuchspläne. In H. Holling & B. Schmitz (Hrsg.), *Handbuch Statistik, Methoden und Evaluation. Handbuch der Psychologie* (13. Aufl., S. 49-62). Göttingen: Hogrefe.

Holzmann, R. (2010). Bringing Financial Literacy and Education to Low and Middle Income Countries: The Need to Review, Adjust, and Extend Current Wisdom. Gefunden am 04. März 2011 unter http://ideas.repec.org/p/wbk/hdnspu/56501.html

Hurrelmann, K. & Karch, H. (2010) (Hrsg.). *Jugend, Vorsorge, Finanzen. Herausforderung oder Überforderung?* Frankfurt am Main: Campus Verlag.

Hurrelmann, K., Karch, H. & Gensicke, T. (2010). Jugend, Vorsorge, Finanzen – Idee und Profil der MetallRente Studie. In K. Hurrelmann & H. Karch (Hrsg.), *Jugend, Vorsorge, Finanzen. Herausforderung oder Überforderung?* (S. 9-23). Frankfurt am Main: Campus Verlag.

Hy, L. X. & Loevinger, J. (1996). *Measuring Ego Development*. Mahwah, NJ: Erlbaum.

Hyman, H. H., & Sheatsley, P. B. (1950). The current status of American public opinion. In J. C. Payne (Hrsg.), *The teaching of contemporary affairs* (S. 11-34). Washington, D. C.: National Council for the Social Studies.

Jacob, K., Hudson, S. & Bush, M. (2000). *Tools for Survival: An Analysis of Financial Literacy Programs for Lower-income Families.* Chicago, Illinois: Woodstock Institute.

Jerusalem, M. & Schwarzer, R. (2002). SWE. Skala zur Allgemeinen Selbstwirksamkeitserwartung. In E. Brähler, J. Schumacher & B. Strauß (Hrsg.), *Diagnostische Verfahren in der Psychotherapie (Diagnostik für Klinik und Praxis)*(S. 362-366). Göttingen: Hogrefe.

Jerusalem, M. (2005). Selbstwirksamkeit. In H. Weber & T. Rammsayer (Hrsg.), *Handbuch der Persönlichkeitspsychologie und Differentiellen Psychologie* (S. 438-446). Göttingen: Hogrefe.

Jonas, E., Maier, G. W. & Frey, D. (2007). Psychologie des Geldes. In D. Frey & L. von Rosenstiel (Hrsg.), *Wirtschaftspsychologie* (S. 75-147). Göttingen: Hogrefe.

Kalman, J. (2008). Beyond definition: central concepts for understanding literacy. *International Review of Education*, (54), S. 523–538.

Kauffeld, S., Grote, S. & Henschel, A. (2007). Das Kompetenz-Reflexions-Inventar (KRI). In J. Erpenbeck & L. v. Rosenstiel (Hrsg.), *Handbuch Kompetenzmessung* (2. Aufl., S. 337-347). Stuttgart: Schäffer-Poeschel.

Kaufhold, M. (2006). *Kompetenz und Kompetenzerfassung. Analyse und Beurteilung von Verfahren der Kompetenzerfassung.* Wiesbaden: Verlag für Sozialwissenschaften.

Kirchler, E. & Rodler, C. (2001). *Motivation in Organisationen. Arbeits- und Organisationspsychologie 1.* Wien: WUV Universitätsverlag.

Klieme, E. et al. (2007). Zur Entwicklung nationaler Bildungsstandards – Expertise. In Bundesministerium für Bildung und Forschung (Hrsg.), *Bildungsforschung*, Band 1. Bonn, Berlin. Gefunden am 10.07.2009 unter http://www.bmbf.de/pub/ zur_entwicklung_nationaler_bildungsstandards .pdf

Klieme, E., Maag-Merki, K. & Hartig, J. (2007). Kompetenzbegriff und Bedeutung von Kompetenzen im Bildungswesen. *In BMBF (Hrsg.). Bildungsforschung. Band 20. Möglichkeiten und Voraussetzungen technologiebasierter Kompetenzdiagnostik* (S. 5-16). Gefunden am 03. November 2010 unter http://www.bmbf.de/pub/band_zwanzig_bildungsforschung.pdf

Knobloch M., Reifner U. & Laatz W. (2009) Überschuldung in Deutschland. Iff Überschuldungsreport. Gefunden am 10. April 2011 unter http://www. schuldnerberatung-sh.de/fileadmin/user_upload/Literatur___Studien_SB /IFF_UEberschuldungsreport_2009.pdf

Knobloch, M. & Reifner, U. (2010). Überschuldung in Deutschland. Iff Schuldenreport 2010. Gefunden am 10.05.2011 unter http://www.iff-hamburg.de/index.php? id=1976&viewid =46072

Knoll, N. & Kienle, R. (2007). Fragebogenverfahren zur Messung verschiedener Komponenten sozialer Unterstützung: ein Überblick. *Zeitschrift für medizinische Psychologie*, *16*(1-2), S. 57-71.

Korczak, D. (2005). Pilotstudie zur Überschuldung junger Erwachsener In SCHUFA Holding AG (Hrsg.) *Schuldenkompass 2005* (S. 159-172)

Korczak, D. (2006). Überschuldung im Kontext der Modernisierung. In D. Korczak (Hrsg.), *Geld und andere Leidenschaften* (S. 153-179). Kröning: Asanger-Verlag.

Krapp, A. (2002). An educational-psychological theory of interest and its relation to SDT. In E. L. Deci & R.M. Ryan (Eds.), *Handbook of self-determination research*, S. 405-427. Rochester: University Press.

Krapp, A. & Ryan, R. (2002). Selbstwirksamkeit und Lernmotivation. Eine kritische Betrachtung der Theorie von Bandura aus Sicht der Selbstbestimmungstheorie und der pädagogisch-psychologischen Interessentheorie. In M. Jerusalem & D. Hopf (Hrsg.), *Lernwirksame Schulen* (S. 54-82). Weinheim: Beltz.

Krumpolt, S. (2008). *Finanzkompetenz von Jugendlichen. Eine empirische Untersuchung.* Saarbrücken: Verlag Dr. Müller.

Kubinger, K. D. (2006). *Psychologische Diagnostik – Theorie und Praxis psychologischen Diagnostizierens.* Göttingen: Hogrefe.

Kultusministerkonferenz (2005). Bildungsstandards der Kultusministerkonferenz. Erläuterungen zur Konzeption und Entwicklung. Luchterhand. Gefunden am am 31.05.2011 unter http://www.kmk.org/fileadmin/ veroeffentlichungen_beschluesse/2009/2009_12_10-Konzeption-Bildungs-standards-Bs.pdf

Kultusministerkonferenz (2007). Handreichung für die Erarbeitung von Rahmenlehrplänen der Kultusministerkonferenz für den berufsbezogenen Unterricht in der Berufsschule und ihre Abstimmung mit Ausbildungsordnungen des Bundes für anerkannte Ausbildungsberufe. Gefunden am 12.09.2010 unter http://www.kmk.org /fileadmin/ veroeffentlichungen_beschluesse/2007/2007_09_01-Handreich-Rlpl.Berufsschule.pdf

Kutner, L. (1995). Die Bedeutung der Selbstwirksamkeit für die Anpassung Jugendlicher an den gesellschaftlichen Wandel. In W. Edelstein (Hrsg.), *Entwicklungskrisen kompetent meistern. Der Beitrag der Selbstwirksamkeitstheorie von Albert Bandura zum pädagogischen Handeln* (S. 74-84). Heidelberg: Asanger.

Laireiter, A. (1993). Begriffe und Methoden der Netzwerk- und Unterstützungsforschung. In A. Lairaiter (Hrsg.). *Soziales Netzwerk und soziale Unterstützung. Konzepte, Methoden und Befunde* (S. 15-44). Hogrefe: Hans Huber.

Lang, J. & Fries, S. (2006). A revised 10-item version of the Achievement Motives Scale: Psychometric properties in German-speaking samples. *European Journal of Psychological Assessment, 22*, S. 216-224. Gefunden am 14.05.2011 unter http://psycontent.metapress.com/content/ p375701u660 56256/

Lange, E. (2001). Jugendkonsum: Zunahme irrationaler Konsummuster? In J. Mansel, W. Schweins & M. Ulbrich-Hermann (Hrsg.), *Zukunftsperspektiven Jugendlicher* (S. 181-199), Weinheim und München: Juventa.

Lange, E. (2004). *Jugendkonsum im 21. Jahrhundert: eine Untersuchung der Einkommens-, Konsum- und Verschuldungsmuster der Jugendlichen in Deutschland.* Wiesbaden: Verlag für Sozialwissenschaften.

Lange, E. & Fries, K. (2006). Jugend und Geld 2005 - eine empirische Untersuchung zum Umgang von 10- bis 17-jährigen Kindern und Jugendlichen mit Geld. Im Auftrag der Schufa-Holding AG. Münster, München. Gefunden am 05.08.2007 unter http://www.kursbuch-schuldenpraevention.de/ 01a72793eb09da601/50272597790 ee6f01/index.html

Lasogga, F. & Gasch, B. (Hrsg.). (2008). *Notfallpsychologie. Lehrbuch für die Praxis*. Berlin: Springer.

Leinert, J. (2004). Finanzieller Analphabetismus in Deutschland: Schlechte Voraussetzungen für eigenverantwortliche Vorsorge. Gefunden am 04. März

2011 unter http://www.bertelsmann-stiftung.de/cps/rde/xbcr/SID-6A353868-7BCCF ACE/bst/04-03-16-finanz-analphabeten.pdf.

Leopold, C., Elzen-Rump, V. & Leutner, D. (2006). Selbstreguliertes Lernen aus Sachtexten. In M. Prenzel & L. Allolio-Näcke (Hrsg.*), Untersuchungen zur Bildungsqualität von Schule: Abschlussbericht des DFG-Schwerpunktprogramms* (S. 268-290). Münster: Waxmann.

Leutner, D. (2006). Instruktionspsychologie. In D. H. Rost (Hrsg.), *Handwörterbuch Pädagogische Psychologie* (3., überarbeitete Aufl., S. 261-270). Weinheim: PVU.

Leutwyler, B. & Maag Merki, K. (2009). School effects on students' self-regulated learning. A multivariate analysis of the relationship between individual perceptions of school processes and cognitive, metacognitive, and motivational dimensions of self-regulated learning. *Journal for Educational Research Online* 1, *2009*(1), S. 197–223.

Lewin, K. (1982). Feldtheorie. In C.F. Graumann (Hrsg.) *Kurt Lewin Werksausgabe*. Bern: Verlag Huber.

Lienert, G. & Raatz, U. (1998). *Testaufbau und Testanalyse*. (6. Auflage). Weinheim: Beltz, Psychologie Verlags Union.

Loevinger, J. (1976). *Ego Development*. San Francisco: Jossey-Bass.

Lusardi, A. (2007). Household Saving Behavior: The Role of Literacy, Information and Financial Education Programs. Nber Working Paper. Working Paper 13824. Gefunden am 07.07.2011 unter http://www.nber.org/papers/w13824.pdf? new_window=1

Lusardi, A. (2008). Financial Literacy: An Essential Tool for Informed Consumer Choice? Nber Working Paper. Working Paper 14084. Gefunden am 07.07.2011 unter http://www.nber.org/papers/ w14084

Lusardi, A., Mitchell, O.S. & Curto, V. (2009). Financial Literacy among the young: Evidence and Implications for Consumer Policy. Nber Working Paper. Working Paper 15352. Gefunden am 07.07.2011 unter http://www.nber.org/papers/ w15352.pdf

Mantseris, N. (2008). Finanzkompetenz und Schuldenprävention. Gefunden am 14. März 2011 unter http://www.kursbuch-schuldenpraevention.de/ downloads/finanzkompetenzmantseris.pdf

Maslow, A. (1999). *Motivation und Persönlichkeit*. Rheinbeck bei Hamburg: Rowohlt.

Mason, C. & Wilson, R. (2000). Conceptualising Financial Literacy. *Occasional Papers*, *2000*(7).

Mertens, D. (1974). Schlüsselqualifikationen. Thesen zur Schulung für eine moderne Gesellschaft. *Mitteilungen aus der Arbeitsmarkt – und Berufsforschung, 7*(1), S. 36-40.

Ministerium für Frauen, Bildung und Jugend Rheinland-Pfalz (2005). Lehrplan. Sozialkunde/ Wirtschaftslehre gegliedert in Lernbausteine. Für: Berufsfachschule I und II, Berufsschule, duale Berufsschule, Fachhochschulreifeunterricht, Berufsoberschule I und II.

Moosbrugger, H. & Kelava, A. (2008). *Testtheorie und Fragebogenkonstruktion.* Heidelberg: Springer Medizin.

Moser, K. (1999). Selbstbeurteilung beruflicher Leistung: Überblick und offene Fragen. *Psychologische Rundschau, (50)*1, S. 14-25. Göttingen: Hogrefe Verlag. Gefunden am 28.06.2011 unter http://www.psycontent.com/ content /076v08586038q387/ fulltext.html

Müller, E. & Mackert, H. (2003). Bildung für Haushalt und Konsum als vorsorgender Verbraucherschutz. *Aus Politik und Zeitgeschichte,* (9), S. 20-26.

Nestmann, F. (1988). *Die alltäglichen Helfer. Theorien sozialer Unterstützung und eine Untersuchung alltäglicher Helfer aus vier Dienstleistungsberufen.* Berlin, New York: Walter de Gruyter.

Nüesch, C. (2001). *Selbständiges Lernen und Lernstrategieneinsatz. Eine empirische Studie zur Bedeutung der Lern- und Prüfungskonstellation.* Paderborn: Eusl-Verlagsgesellschaft.

Pajares, F. & Schunk, D. H. (2001). Self-beliefs and school success: Self-efficacy, self-concept, and school achievement. In R. Riding & S. Rayner (Hrsg.), *Self-perception,* S. 239-266. London: Ablex Publishing.

Pang, M. (2009). Boosting financial literacy: benefits from learning study. 659-677. Gefunden am 08.05.2010 unter http://www.mendeley.com/research/boosting-financial-literacy-benefits-learning-study/. DOI: 10.1007/s11251-009-9094-9

Piaget, J. (1976). *Die Äquilibration der kognitiven Strukturen*. Stuttgart. Klett.

Piorkowsky, M. (2008). Alltags- und lebensökonomische Bildung. In R. Hedtke & B. Weber (Hrsg.), *Wörterbuch Ökonomischer Bildung* (S. 43-37). Schwalbach/Ts.: Wochenschau Verlag.

Rahn, P. (2005). Übergang zur Erwerbstätigkeit. Bewältigungsstrategien Jugendlicher in benachteiligten Lebenslagen. Wiesbaden: VS Verlag für Sozialwissenschaften.

Rakoczy, K., Klieme, E. & Pauli, C. (2008). Die Bedeutung der wahrgenommenen Unterstützung motivationsrelevanter Bedürfnisse und des Alltagsbezugs im Mathematikunterricht für die selbstbestimmte Motivation, *Zeitschrift für Pädagogische Psychologie*, *22*(1), S. 25-35. Bern: Verlag Hans Huber, Hogrefe AG. DOI: 10.1024/1010-0652.22.1.25

Rammstedt, B., Koch, K., Borg, J. & Reitz, T. (2004). Entwicklung und Validierung einer Kurzskala für die Messung der Big-Five-Persönlichkeitsdimensionen in Umfragen. ZUMA-Nachrichten, 28(55), S.5-28. Gefunden am 27. April 2001 unter www.ssoar.info/ssoar/files/2010/2629/zuma-nachrichten_2004_55_5-28.pdf

Rataj, J. (2007). *Schulischer Interventionsansatz zur Vermittlung von Finanzkompetenz Jugendlicher: Modellbildung jugendlichen Finanzverhaltens und Evaluation von Unterricht zur Mobiltelefonnutzung.* Hamburg: Kovač.

Rauner, F. (2008). Forschungen zur Kompetenzentwicklung im gewerblich-technischen Bereich. In N. Jude, J. Hartig & E. Klieme (Hrsg.). *Kompetenzerfassung in pädagogischen Handlungsfeldern. Theorien, Konzepte und Methoden. Bundesministerium für Bildung und Forschung. Bildungs-*

forschung (S. 81-116). Gefunden am 03. November 2010 unter http://www.bmbf.de/pub/bildungsforschung_band_sechsundzwanzig.pdf

Reifner, U. (2003). *Finanzielle Allgemeinbildung: Bildung als Mittel der Armutsprävention in der Kreditgesellschaft.* Baden-Baden: Nomos-Verlagsgesellschaft.

Reifner, U. (2004). Konsumentenkreditrichtlinie im Europaparlament – Zurück zu den Siebzigern?. *Online Ausgabe Verbraucher und Recht, 2004.* Gefunden am 10. November 2010 unter http://www.vur-online.de/ beitrag/65.html

Reifner, U. (2006). Financial literacy in Europe. *Zeitschrift für Berufs- und Wirtschaftspädagogik.* S. 5-9.

Retzmann, T., Seeber, G., Remmele, B. & Jongebloed, H.-C. (2009/2010). Ökonomische Bildung an allgemeinbildenden Schulen. Bildungsstandards. Standards für die Lehrerbildung. Gefunden am 13. Januar 2011 unter http://www.bankenverband.de/downloads/102010/gutachten-okonomische-bildung-an-allgemeinbildenden-schulen

Rosenberger, G. (2005). *Risiken für Konsumkompetenz und Persönlichkeitsentwicklung in der Wohlstandsgesellschaft.* Frankfurt am Main, Berlin, Bern, Bruxelles, New York, Oxford, Wien: Lang.

Rost, J. (2004). Psychometrische Modelle zur Überprüfung von Bildungsstandards anhand von Kompetenzmodellen. *Zeitschrift für Pädagogik, Thementeil Bildungsstandards, 50*(5), S. 662-678.

Roth, H. (1971). *Entwicklung und Erziehung: Grundlagen einer Entwicklungspädagogik.* Hannover: Schroeder.

Sardei- Biermann, S. & Kanalas, I. (2006). Lebensverhältnisse von Jugendlichen und jungen Erwachsenen. In M. Gille, S. Sardei-Biermann & W. Gaiser (Hrsg.), *Jugendliche und junge Erwachsene in Deutschland. Lebensverhältnisse, Werte und gesellschaftliche Beteiligung 12- bis 29-Jähriger*, (S. 25-86). Wiesbaden: VS Verlag für Sozialwissenschaften.

Satow, L. (1999). Zur Bedeutung des Unterrichtsklimas für die Entwicklung schulbezogener Selbstwirksamkeitserwartungen. Eine Mehrebenenanalyse mit latenten Variablen. *Zeitschrift für Entwicklungspsychologie und Pädagogische Psychologie, 31* (4), S. 171-179.

Schelten, A. (1997). *Testbeurteilung und Testerstellung.* Grundlagen der Teststatistik und Testtheorie für Pädagogen und Ausbilder in der Praxis. Stuttgart: Steiner.

Schelten, A. (2009). *Begriffe und Konzepte der berufspädagogischen Fachsprache: Eine Auswahl.* (2., veränd. und überarb. Auflage). Stuttgart: Steiner.

Schiefele, U. & Streblow, L. (2006). Motivation aktivieren. In H. Mandl & H. F. Friedrich (Hrsg.), *Handbuch Lernstrategien* (S. 232-247). Göttingen: Hogrefe.

Schreblowski, S. & Hasselhorn, M. (2006). Selbstkontrollstrategien: Planen, Überwachen, Bewerten. In H. Mandl & F. Friedrich (Hrsg.), *Lernstrategien* (S. 151-161). Göttingen: Hogrefe.

Schufa Holding AG (Hrsg.) (2004). Schufa Schuldenkompass 2004. Gefunden am 14. Oktober 2010 unter http://www.schufa-kredit-kompass.de/media/download/sk04_gesamt.pdf

Schufa Holding AG (Hrsg.) (2006). Schufa Schuldenkompass 2006. Gefunden am 14. Oktober 2010 unter http://www.schufa-kredit-kompass.de/media/download/sk06 _gesamt.pdf

Schufa Holding AG (Hrsg.) (2007). Schufa Schuldenkompass 2007. Gefunden am 14. Oktober 2010 unter http://www.schufa-kredit-kompass.de/ media/download/sk07 _gesamt.pdf

Schufa Holding AG (Hrsg.) (2008). Schufa Schuldenkompass 2008. Gefunden am 14. Oktober 2010 unter http://www.schufa-kredit-kompass.de/media /download/downloadsgesamt2010 /download_archiv/schuldenkompass_ 2008.pdf

Schufa Holding AG (Hrsg.) (2011). Schufa Kreditkompass 2011. Gefunden am 02.05.2011 unter http://www.schulden-kompass.de/

Schumacher, J. & Reschke, K. (1994). Theoretische Konzepte und empirische Methoden der Bewältigungsforschung. In Verband Deutscher Rentenversicherungsträger (Hrsg.). *Die Norm des Gesundseins – Lebensqualität und Kranksein* (6. Aufl., S. 41-73). Frankfurt am Main: VdR.

Schwarzer, R. & Jerusalem, M. (2002). Das Konzept der Selbstwirksamkeit. In M. Jerusalem & D. Hopf (Hrsg.), *Selbstwirksamkeit und Motivationsprozesse in Bildungsinstitutionen, Zeitschrift für Pädagogik, 44. Beiheft* (S. 28-53). Weinheim: Beltz.

Schwarzer, R. (1995). Entwicklungskrisen durch Selbstwirksamkeitserwartung meistern. In W. Edelstein (Hrsg.), *Entwicklungskrisen kompetent meistern. Der Beitrag der Selbstwirksamkeitstheorie von Albert Bandura zum pädagogischen Handeln* (S. 25-34). Heidelberg, Germany: Roland Asanger Verlag.

Sczesny, Ch. & Lüdecke-Plümer, S. (1998). Ökonomische Bildung Jugendlicher auf dem Prüfstand: Diagnose und Defizite. Gefunden am 28. März 2011 unter http://www.wipaed.uni-mainz.de/ls/ArbeitspapiereWP/gr_Nr.10.pdf

Seel, N. M. (2003). *Psychologie des Lernens.* München: Ernst Reinhardt (UTB).

Sen, A. (2000). The Discipline of Cost-Benefit Analysis. *Journal of Legal Studies, University of Chicago Press, 29*(2), S. 931-52.

Stäheli, T. & Zobl, M. (2008). Financial Literacy in der Schweiz: Erhebung über den Stand des Finanzwissens. In G. A. Hobein (Hrsg.), *Institut Banking Finance IBF.* Researchpaper/Projektbericht, ZHAW. Gefunden am 18. Juni 2011 unter http://www.zhaw.ch/fileadmin/php_includes/popup/hop-detail.php?hop _id=12339 16481

Statistisches Bundesamt (2008). Statistik zur Überschuldung privater Haushalte. Überschuldung privater Personen und Verbraucherinsolvenzen — Pressekonferenz am 21. Oktober 2008. Gefunden am 10 November 2010 unter http://www.destatis.de/jetspeed/portal/cms/Sites/destatis /Internet/DE /Presse /pk/2008/Ueberschuldung/Pressebroschuere__ueberschuldung, property=file.pdf

Statistisches Bundesamt (2011). Statistik zur Überschuldung privater Personen. Jahr 2009. Gefunden am 10.06.2011 unter http://www.destatis.de/ jetspeed/portal/cms/Sites/destatis/Internet/DE/Content /Statistiken/

UnternehmenGewerbeInsolvenzen/ Insolvenzen/ Ueberschuldung__1, property=file.pdf

Strack, F. (1994). *Zur Psychologie der standardisierten Befragung: kognitive und kommunikative Prozesse.* Berlin, Heidelberg, New York, London, Paris, Tokyo, Hong Kong, Barcelona, Budapest: Springer.

Straka, G. A. (2009). Motivation und selbstgesteuertes Lernen. Neue Didaktik 1/2009. Gefunden am 12.05.2011 unter http://dppd.ubbcluj.ro/germ/ neuedidaktik/artikel/2009/1%20Straka% 20Motiva-tion.pdf

Streuli, E., Steiner, O., Mattes, C. & Shenton, F. (2008). *Eigenes Geld und fremdes Geld. Jugendliche zwischen finanzieller Abhängigkeit und Mündigkeit. Eine empirische Untersuchung bei 500 Schülerinnen und Schülern.* Basel: edition gesowip.

Uchronski, M. (2010). *Das agentische und kommunale Selbstkonzept: Die situative Variabilität von Selbstbeschreibungen.* Inaugural-Dissertation in der Philosophischen Fakultät und Fachbereich Theologie der Friedrich-Alexander-Universität Erlangen-Nürnberg Gefunden am 12.07.2011 unter http://www.opus.ub.uni-erlangen.de/ opus/volltexte/2010/1850/

U.S. Financial Literacy and Education Commission (2010). *MyMoney.gov.* Gefunden am 11.12.2010 unter http://205.168.45.52/index.html

Vallerand, R.J. & Ratelle, C.F. (2002). Instrinsic and Extrinsic Motivation: A Hierarchical Model. In E.L. Deci & R.M. Ryan (Hrsg.) *Handbook of Self-Determination Research* (S. 37-64). Rocherster: University of Rochester Press.

Veiel, H. O. F. & Ihle, W. (1993). Das Copingkonzept und das Unterstützungskonzept: Ein Strukturvergleich. In A. Lairaiter (Hrsg.). *Soziales Netzwerk und soziale Unterstützung: Konzepte, Methoden und Befunde* (S. 55-65). Bern: Huber.

Vitt, L. (2000). Personal Finance and the rush to competence: Financial Literacy in the U.S. Gefunden am 12.05.2009 unter www.fanniemaefoundation.org /programs /pdf/Rep_ finliteracy.pdf

Volkert, J., Klee, G., Kleinmann, R., Scheurle, U. & Schneider, F. (2003). Operationalisierung der Armuts- und Reichtumsmessung. Schlussbericht an das Bundesministerium für Gesundheit und soziale Sicherung. Gefunden am 01.02.2007 unter http://www.bmas.de/portal/2904/property=pdf/operationalisierung__der__armut__725.pdf

Volpert, W. (1989). Entwicklungsförderliche Aspekte von Arbeits- und Lernbedingungen. *Zeitschrift für Berufs- und Wirtschaftspädagogik,* Beiheft 8, S.117-134.

Walbrühl, U. (2006). *Wirksamkeit von Schuldnerberatung - Teil II. Zusammenhänge zwischen Ressourcen und Lerngeschichte der Klienten und Wirksamkeit von Schuldnerberatung.* Hamburg: Verlag Dr. Kovac.

Weinert, F. (2001). Vergleichende Leistungsmessung in Schulen – eine umstrittene Selbstverständlichkeit. In F. Weinert (Hrsg.), *Leistungsmessungen in Schulen* (S. 17-31). Weinheim: Beltz.

Wild, J. (1974). *Grundlagen der Unternehmensplanung.* Reinbek bei Hamburg.

Wild, K.P. & Schiefele, U. (1994). Lernstrategien im Studium. Ergebnisse zur Faktorenstruktur und Reliabilität eines neuen Fragebogens. *Zeitschrift für Differentielle und Diagnostische Psychologie*, 15, S. 185-200.

Winther, E. (2006). *Motivation in Lernprozessen. Konzepte in der Unterrichtspraxis von Wirtschaftsgymnasien.* Wiesbaden: Deutscher Universitäts Verlag.

Winther, E. & Achtenhagen, F. (2010). Berufsfachliche Kompetenz: Messinstrumente und empirische Befunde zur Mehrdimensionalität beruflicher Handlungskompetenz. *Berufsbildung in Wissenschaft und Praxis, 2010*(1), S. 18-21.

Wiswede, G. (1995). *Einführung in die Wirtschaftspsychologie*. München: Reinhardt.

Zabeck, J. (1989). „Schluesselqualifikationen“ – Zur Kritik einer didaktischen Zielformel. *Wirtschaft und Erziehung, 41*(3), S. 77-86.

Zimmermann, P. (2006). *Grundwissen Sozialisation: Einführung zur Sozialisation im Kindes- und Jugendalter* (3., überarbeitete und erweiterte Aufl.). Wiesbaden: Verlag für Sozialwissenschaften.

ANHANG

Anhang A.1: Verordnung über die Berufsausbildung zum Bankkaufmann/zur Bankkauffrau

Tab. 76: Verordnung über die Berufsausbildung zum Bankkaufmann/ zur Bankkauffrau[91]

Teil des Ausbildungsberufsbildes Bankkaufmann/-frau	**Zu vermittelnde Fertigkeiten und Kenntnisse**
Das ausbildende Unternehmen (§ 3 Nr. 1)	
Stellung, Rechtsform und Organisation (§ 3 Nr. 1.1)	Zielsetzung und Geschäftsfelder des ausbildenden Unternehmens sowie seine Stellung am Markt beschreiben Rechtsform des ausbildenden Unternehmens darstellen Kooperationen des ausbildenden Unternehmens im Bereich von Finanzdienstleistungen erläutern Zusammenarbeit des ausbildenden Unternehmens mit Wirtschaftsorganisationen, Behörden und Berufsvertretungen beschreiben Aufbau- und Ablauforganisation des ausbildenden Unternehmens darstellen Arbeitsaufgaben inhaltlich und zeitlich strukturieren Betriebliche Arbeits- und Organisationsmittel aufgabengerecht einsetzen
Personalwesen und Berufsbildung (§ 3 Nr. 1.2)	Ziele und Instrumente der Personalführung und -entwicklung im ausbildenden Unternehmen beschreiben und die eigene Beurteilung als wichtiges Instrument einordnen Ziele und Grundsätze der Personalplanung und des Personaleinsatzes im ausbildenden Unternehmen beschreiben für das Arbeitsverhältnis wichtige Nachweise erläutern und die Positionen der eigenen Gehaltsabrechnung beschreiben für das Arbeitsverhältnis wichtige arbeits- und sozialrechtliche Bestimmungen anhand praktischer Beispiele erläutern

91 Verordnung über die Berufsausbildung zum Bankkaufmann/zur Bankkauffrau vom 30.Dezember 1997 (BGBl. 1998 I S. 53-56). Gefunden am 12.03.2011 unter http://bundesrecht.juris.de/bundesrecht/bankkfm_kfrausbv/gesamt.pdf

Teil des Ausbildungsberufsbildes Bankkaufmann/-frau	Zu vermittelnde Fertigkeiten und Kenntnisse
	Beteiligungsrechte betriebsverfassungs- oder personalvertretungsrechtlicher Organe erklären über wesentliche tarifvertragliche Regelungen, Betriebs- oder Dienstvereinbarungen sowie betriebliche Übungen und deren Zustandekommen berichten die Rechte und Pflichten aus dem Ausbildungsvertrag feststellen und die Aufgaben der Beteiligten im Dualen System beschreiben den betrieblichen Ausbildungsplan mit der Ausbildungsordnung vergleichen und unter Nutzung von Arbeits- und Lerntechniken zu seiner Umsetzung beitragen berufliche Weiterbildungsmöglichkeiten beschreiben Grundregeln für Kommunikation und Zusammenarbeit anwenden ausgewählte Aufgaben teamorientiert bearbeiten
Informations- und Kommunikationssysteme (§ 3 Nr. 1.3)	Informations- und Kommunikationssysteme aufgabenorientiert nutzen Bedeutung und Nutzungsmöglichkeiten von Informations- und Kommunikationssystemen für das ausbildende Unternehmen erläutern Daten sichern und Datensicherung begründen
Sicherheit und Gesundheitsschutz bei der Arbeit (§ 3 Nr. 1.4)	Gefährdung von Sicherheit und Gesundheit am Arbeitsplatz feststellen und Maßnahmen zu ihrer Vermeidung ergreifen berufsbezogene Arbeitsschutz- und Unfallverhütungsvorschriften anwenden Vorschriften des vorbeugenden Brandschutzes anwenden; Verhaltensweisen bei Bränden beschreiben und Maßnahmen zur Brandbekämpfung ergreifen
Umweltschutz (§ 3 Nr. 1.5)	Zur Vermeidung betriebsbedingter Umweltbelastungen im beruflichen Einwirkungsbereich beitragen, insbesondere: mögliche Umweltbelastungen durch das ausbildende Unternehmen und seinen Beitrag zum Umweltschutz an Beispielen erklä-

Teil des Ausbildungsberufsbildes Bankkaufmann/-frau	**Zu vermittelnde Fertigkeiten und Kenntnisse**
	ren für das ausbildende Unternehmen geltende Regelungen des Umweltschutzes anwenden Möglichkeiten der wirtschaftlichen und umweltschonenden Energie- und Materialverwendung nutzen Abfälle vermeiden; Stoffe und Materialien einer umweltschonenden Entsorgung zuführen
Markt- und Kundenorientierung (§ 3 Nr. 2)	
Kundenorientierte Kommunikation (§ 3 Nr. 2.1)	Bedeutung qualitätsbewussten Handelns darstellen und zur Qualitätssicherung beitragen Kontakte zu Kunden und Interessenten systematisch vorbereiten Grundregeln für kundenorientiertes Verhalten im Gespräch und in der Korrespondenz anwenden Beratungs- und Verkaufsgespräche mit Kunden planen, durchführen und nachbereiten Kunden über Nutzen und Konditionen von Bankleistungen informieren Erwartungen von Kunden bei der Beratung und Betreuung berücksichtigen und entsprechende Bankleistungen des ausbildenden Unternehmens anbieten Anfragen von Kunden beantworten und Aufträge bearbeiten Bankleistungen bedarfsorientiert verkaufen und Möglichkeiten des cross-selling nutzen Kundenreklamationen entgegennehmen und Lösungen anbieten
Marketing (§ 3 Nr. 2.2)	Wechselwirkungen zwischen Kundenbedürfnissen und geschäftspolitischen Zielsetzungen erläutern Marktsegmentierung am Beispiel des ausbildenden Unternehmens beschreiben

Teil des Ausbildungsberufsbildes Bankkaufmann/-frau	**Zu vermittelnde Fertigkeiten und Kenntnisse**
	Ziele von Werbung und Verkaufsförderung des ausbildenden Unternehmens an Beispielen erläutern bei Marketingmaßnahmen mitwirken Nutzen von Vertriebswegen für Kunden und das ausbildende Unternehmen darstellen Produkte des ausbildenden Unternehmens mit denen von Mitbewerbern an Beispielen vergleichen
Verbraucher- und Datenschutz (§ 3 Nr. 2.3)	rechtliche Vorschriften zum Schutz der Kunden anwenden Kunden über mögliche Risiken bei der Nutzung von Bankleistungen informieren Regeln zum Datenschutz für das ausbildende Unternehmen und seine Mitarbeiter anwenden
Kontoführung und Zahlungsverkehr (§ 3 Nr. 3)	
Kontoführung (§ 3 Nr. 3.1)	Kunden bei der Wahl der Kontoart beraten Konten für Kunden eröffnen, führen und abschließen Kunden über rechtliche Bestimmungen und vertragliche Vereinbarungen informieren Kunden über Verfügungsberechtigungen und Vollmachten beraten
Nationaler Zahlungsverkehr (§ 3 Nr. 3.2)	Kunden bei der Wahl der Zahlungsart beraten beim Barzahlungsverkehr unter Beachtung der Sicherheitsvorschriften und der Organisation des ausbildenden Unternehmens mitwirken die Bearbeitung von Zahlungsverkehrsaufträgen an Beispielen erläutern rechtliche Bestimmungen und vertragliche Vereinbarungen bei der Abwicklung des Zahlungsverkehrs anwenden Kunden über kartenbezogene Dienstleistungen beraten sowie Zahlungs- und Kreditkarten anbieten

Teil des Ausbildungsberufsbildes Bankkaufmann/-frau	Zu vermittelnde Fertigkeiten und Kenntnisse
	Produkte des ausbildenden Unternehmens im Rahmen des elektronic-banking darstellen
Internationaler Zahlungsverkehr (§ 3 Nr. 3.3)	Kunden über Reisezahlungsmittel beraten Geschäftsvorgänge im Reisezahlungsverkehr bearbeiten Kunden über nicht dokumentäre Auslandszahlungen beraten die Abwicklung von Dokumenteninkassi und Dokumentenakkreditiven beschreiben Risiken bei Fremdwährungszahlungen und Möglichkeiten der bankmäßigen Absicherung erläutern
Geld- und Vermögensanlage (§ 3 Nr. 4)	
Anlage auf Konten (§ 3 Nr. 4.1)	Kunden über Anlagemöglichkeiten auf Konten einschließlich der Sonderformen des ausbildenden Unternehmens beraten Konten eröffnen, führen und abschließen Kunden über rechtliche Bestimmungen und vertragliche Vereinbarungen informieren Kunden über Verfügungsberechtigungen und Vollmachten beraten Kunden über Zinsgutschriften und über deren steuerliche Auswirkungen informieren
Anlage in Wertpapieren (§ 3 Nr. 4.2)	Kunden über Anlagemöglichkeiten, insbesondere in Aktien, Schuldverschreibungen und Investmentzertifikaten, informieren Kunden über rechtliche Bestimmungen und vertragliche Vereinbarungen informieren Chancen und Risiken der Anlage in Wertpapieren einschätzen Kunden über Kursnotierungen und Preisfeststellungen Auskunft geben bei der Abwicklung einer Wertpapierorder mitwirken Kundenanfragen zu Wertpapierabrechnungen beantworten

Teil des Ausbildungsberufsbildes Bankkaufmann/-frau	Zu vermittelnde Fertigkeiten und Kenntnisse
	Kunden über Verwahrung und Verwaltung von Wertpapieren beraten Kunden über Ertragsgutschriften und deren steuerliche Auswirkungen informieren Finanzderivate und deren Risiken in Grundzügen beschreiben
Anlage in anderen Finanzprodukten (§ 3 Nr. 4.3)	Vertrieb von Verbundprodukten zur Kapitalanlage und zur Risikovorsorge im Rahmen der Organisation des ausbildenden Unternehmens erklären beim Abschluss von Bausparverträgen mitwirken Kunden über Möglichkeiten der Kapitalanlage und der Risikovorsorge durch Abschluss von Lebensversicherungen informieren
Kreditgeschäft (§ 3 Nr. 5)	
Standardisierte Privatkredite(§ 3 Nr. 5.1)	Kreditarten und deren Verwendungsmöglichkeiten unterscheiden die rechtlichen und wirtschaftlichen Voraussetzungen für Kreditaufnahmen prüfen und unter Berücksichtigung der Risiken Entscheidungen vorbereiten Geschäftsvorgänge im Zusammenhang mit laufenden Kreditengagements und Kreditrückführungen bearbeiten Sicherheiten beurteilen und bei der Bearbeitung von Sicherungsvereinbarungen mitwirken bei Kreditgesprächen mitwirken
Baufinanzierung (§ 3 Nr. 5.2)	die rechtlichen und wirtschaftlichen Voraussetzungen für Baufinanzierungen prüfen und unter Berücksichtigung der Risiken Entscheidungen vorbereiten bei der Bearbeitung von Baufinanzierungen mitwirken Sicherheiten unterscheiden und deren Sicherungswert erklären
Firmenkredite (§ 3 Nr. 5.3)	Kreditarten für Firmenkunden erklären und Unterschiede zwischen Firmen- und Privatkreditgeschäft in Grundzügen her-

Teil des Ausbildungsberufsbildes Bankkaufmann/-frau	**Zu vermittelnde Fertigkeiten und Kenntnisse**
	ausarbeiten Sicherheiten unterscheiden und deren Sicherungswert erklären
Rechnungswesen und Steuerung (§ 3 Nr. 6)	
Rechnungswesen (§ 3 Nr. 6.1)	Aufbau des Kontenplans des ausbildenden Unternehmens beschreiben Geschäftsvorgänge erfassen Kosten- und Erlösarten des ausbildenden Unternehmens unterscheiden Kosten und Erlöse einer Kundenverbindung gegenüberstellen Aufgaben von Kontrollen an Beispielen beschreiben und bei Kontrollarbeiten mitwirken über Aufgaben interner Revisionen und externer Prüfungen im ausbildenden Unternehmen berichten
Steuerung (§ 3 Nr. 6.2)	Aufgaben des Controllings als Informations- und Steuerungsinstrument des ausbildenden Unternehmens an Beispielen beschreiben Statistische Daten aufbereiten und auswerten

Anhang A.2: Verordnung über die Berufsausbildung zum Industriekaufmann/zur Industriekauffrau

Tab. 77: Verordnung über die Berufsausbildung zum Industriekaufmann/zur Industriekauffrau[92]

Teil des Ausbildungsberufsbildes Industriekaufmann/-frau	Zu vermittelnde Fertigkeiten und Kenntnisse
Der Ausbildungsbetrieb (§ 4 Abs. 1 Nr.1)	
Stellung, Rechtsform und Struktur (§ 4 Abs. 1 Nr. 1.1)	Zielsetzung und Geschäftsfelder des Ausbildungsbetriebes sowie seine Stellung am Markt und seine Bedeutung in der Region beschreiben Rechtsform des Ausbildungsbetriebes darstellen Zusammenarbeit des Ausbildungsbetriebes mit Wirtschaftsorganisationen, Behörden, Gewerkschaften und Berufsvertretungen beschreiben Aufbau- und Ablauforganisation sowie Zuständigkeiten im Ausbildungsbetrieb erläutern
Berufsbildung (§ 4 Abs. 1 Nr. 1.2)	die Rechte und Pflichten aus dem Ausbildungsvertrag feststellen und die Aufgaben der Beteiligten im dualen System beschreiben den betrieblichen Ausbildungsplan mit der Ausbildungsordnung vergleichen und unter Nutzung von Arbeits- und Lerntechniken zu seiner Umsetzung beitragen Qualifizierung für die berufliche und persönliche Entwicklung begründen; branchenbezogene Fortbildungsmöglichkeiten ermitteln
Sicherheit und Gesundheitsschutz bei der Arbeit (§ 4 Abs. 1 Nr. 1.3)	Gefährdung von Sicherheit und Gesundheit am Arbeitsplatz feststellen und Maßnahmen zu ihrer Vermeidung ergreifen berufsbezogene Arbeitsschutz- und Unfallverhütungs-

92 Verordnung über die Berufsausbildung zum Industriekaufmann/zur Industriekauffrau vom 23. Juli 2002 (BGBl. I S. 2767 – 2772), die durch Artikel 1 der Verordnung vom 20. Juli 2007 (BGBl. I S. 1518) geändert worden ist. Gefunden am 12.03.2011 unter http://bundesrecht.juris.de/indkfmausbv_2002/index.html

Teil des Ausbildungsberufsbildes Industriekaufmann/-frau	**Zu vermittelnde Fertigkeiten und Kenntnisse**
	vorschriften anwenden Verhaltensweisen bei Unfällen beschreiben sowie erste Maßnahmen einleiten Vorschriften des vorbeugenden Brandschutzes anwenden; Verhaltensweisen bei Bränden beschreiben und Maßnahmen zur Brandbekämpfung ergreifen
Umweltschutz (§ 4 Abs. 1 Nr. 1.4)	Zur Vermeidung betriebsbedingter Umweltbelastungen im beruflichen Einwirkungsbereich beitragen, insbesondere mögliche Umweltbelastungen durch den Ausbildungsbetrieb und seinen Beitrag zum Umweltschutz an Beispielen erklären für den Ausbildungsbetrieb geltende Regelungen des Umweltschutzes anwenden Möglichkeiten der wirtschaftlichen und umweltschonenden Energie- und Materialverwendung nutzen Abfälle vermeiden; Stoffe und Materialien einer umweltschonenden Entsorgung zuführen
Geschäftsprozesse und Märkte (§ 4 Abs. 1 Nr. 2)	
Märkte, Kunden, Produkte und Dienstleistungen (§ 4 Abs. 1 Nr. 2.1)	Bedeutung der Märkte, der Wettbewerber, des Standortes und des eigenen Leistungsangebotes für den Ausbildungsbetrieb aufzeigen Marktaktivitäten des Ausbildungsbetriebes mit Wettbewerbern vergleichen Veränderungen von Angebot und Nachfrage feststellen und deren Auswirkungen bewerten Kunden und Kundengruppen des Ausbildungsbetriebes unterscheiden und deren Erwartungen berücksichtigen betriebliche Gestaltungsmöglichkeiten der Kundenorientierung nutzen mit Geschäftspartnern kommunizieren und dabei kulturelle sowie branchenspezifische Geschäftsgepflogenheiten berücksichtigen
Geschäftsprozesse und organisatorische Struktu-	betriebliche Organisationsformen und Entscheidungswege erläutern

Teil des Ausbildungsberufsbildes Industriekaufmann/-frau	Zu vermittelnde Fertigkeiten und Kenntnisse
ren (§ 4 Abs. 1 Nr. 2.2)	den Zusammenhang von Geschäftsprozessen und Organisation beschreiben Systematik von Prozessabläufen und Zusammenhänge von Teilprozessen beachten Erfordernisse von ganzheitlichen Geschäftsprozessen beachten
Information, Kommunikation, Arbeitsorganisation (§ 4 Abs. 1 Nr. 3)	
Informationsbeschaffung und -Verarbeitung (§ 4 Abs. 1 Nr. 3.1)	externe und interne Informationsquellen auswählen und nutzen Daten und Informationen erfassen, ordnen, verwalten und auswerten Vorschriften zu Datenschutz und Urheberrecht einhalten
Informations- und Kommunikationssysteme (§ 4 Abs. 1 Nr. 3.2)	Netze und Dienste nutzen Kommunikationstarife und -kosten berücksichtigen Leistungsmerkmale und Kompatibilität von Hardware- und Softwarekomponenten beachten Betriebssystem, Standardsoftware und und betriebsspezifische Software anwenden Daten und Informationen eingeben, mit betriebsüblichen Verfahren sichern und pflegen technische und ergonomische Bedienungserfordernisse berücksichtigen unterschiedliche Zugriffsberechtigungen begründen Einflüsse von Informations- und Kommunikationssystemen auf Geschäftsprozesse, Betriebsabläufe und Arbeitsplätze im Ausbildungsbetrieb erläutern
Planung und Organisation (§ 4 Abs. 1 Nr. 3.3)	Ziele, Reihenfolge und Zeitplan für Aufgaben festlegen Probleme analysieren, Lösungsalternativen entwickeln und bewerten Organisations- und Arbeitsmittel wirtschaftlich und ökologisch einsetzen

Teil des Ausbildungsberufsbildes Industriekaufmann/-frau	Zu vermittelnde Fertigkeiten und Kenntnisse
	Termine planen, abstimmen und überwachen Durchführungs- und Erfolgskontrollen vornehmen und Korrekturmaßnahmen ergreifen Lern- und Arbeitstechniken anwenden Regeln funktionaler und ergonomischer Arbeitsplatz- und Arbeitsraumgestaltung beachten eigene Arbeit systematisch und qualitätsorientiert planen, durchführen und kontrollieren
Teamarbeit, Kommunikation und Präsentation (§ 4 Abs. 1 Nr. 3.4)	Auswirkungen von Information, Kommunikation und Kooperation für Betriebsklima, Arbeitsleistung und Geschäftserfolg beachten Aufgaben im Team planen und bearbeiten, Ergebnisse abstimmen und auswerten Moderationstechniken anwenden und an der Teamentwicklung mitwirken Regeln unterschiedlicher Kommunikationsformen anwenden Möglichkeiten der Konfliktlösung anwenden Themen und Unterlagen situations- und adressatengerecht aufbereiten und präsentieren
Anwendung einer Fremdsprache bei Fachaufgaben (§ 4 Abs. 1 Nr. 3.5)	fremdsprachige Fachbegriffe verwenden im Ausbildungsbetrieb übliche fremdsprachige Informationen auswerten Auskünfte erteilen und einholen, auch in einer fremden Sprache
Integrative Unternehmensprozesse (§ 4 Abs. 1 Nr. 4)	
Logistik (§ 4 Abs. 1 Nr. 4.1)	Ziele, Konzepte, Aufgabenträger und Objekte in der Logistikkette erläutern Transportträger und -mittel unter wirtschaftlichen Aspekten beurteilen produktspezifische Transport- und Lagervorschriften berücksichtigen

Teil des Ausbildungsberufsbildes Industriekaufmann/-frau	Zu vermittelnde Fertigkeiten und Kenntnisse
	Versanddispositionen durchführen Produkte und Leistungen annehmen, prüfen und dokumentieren
Qualität und Innovation (§ 4 Abs. 1 Nr. 4.2)	Bedeutung von Qualitätsstandards und Zertifizierungen als Leistungsmerkmal darstellen Produkt- und Prozessinnovationen im Ausbildungsbetrieb unterscheiden qualitätssichernde Maßnahmen anwenden, Fehlern und Störungen vorbeugen und an Innovationsprozessen mitwirken
Finanzierung (§ 4 Abs. 1 Nr. 4.3)	Finanzierungskosten für Aufträge und Projekte ermitteln Finanzierungen für Aufträge oder Projekte vorbereiten und abwickeln Formen der Kreditsicherung beachten
Controlling (§ 4 Abs. 1 Nr. 4.4)	Controllingsysteme beachten und Controllinginstrumente des Ausbildungsbetriebes anwenden betriebswirtschaftliche Informations-, Kontroll- und Planungsinstrumente anwenden Statistiken anfertigen, Kennzahlen ableiten und auswerten
Marketing und Absatz (§ 4 Abs. 1 Nr. 5)	
Auftragsanbahnung und -Vorbereitung (§ 4 Abs. 1 Nr. 5.1)	Markt- und Kundendaten erheben und auswerten Marketinginstrumente anwenden und an Maßnahmen mitwirken wettbewerbsrechtliche Vorschriften beachten Verfahren der Preisbildung anwenden Anfragen bearbeiten, Kunden beraten und Angebote unter Berücksichtigung von Liefer- und Zahlungsbedingungen sowie der Bonität von Kunden erstellen Absatzwege in Abhängigkeit von Produkt- und Zielgruppen nutzen

Teil des Ausbildungsberufsbildes Industriekaufmann/-frau	Zu vermittelnde Fertigkeiten und Kenntnisse
Auftragsbearbeitung (§ 4 Abs. 1 Nr. 5.2)	Kundengespräche vorbereiten, durchführen und nachbereiten Aufträge annehmen Einzelheiten der Auftragsabwicklung mit Kunden vereinbaren Auftragsabwicklung mit internen und externen Leistungserstellern koordinieren, Aufträge disponieren und abwickeln Rechnungen erstellen
Auftragsnachbereitung und Service (§ 4 Abs. 1 Nr. 5.3)	Service-, Kundendienst- und Garantieleistungen situations- und kundengerecht einsetzen Zahlungsverhalten von Kunden beachten Kundenreklamationen bearbeiten Kundenpflege und Maßnahmen der Kundenbindung durchführen
Beschaffung und Bevorratung (§ 4 Abs. 1 Nr. 6)	
Bedarfsermittlung und Disposition (§ 4 Abs. 1 Nr. 6.1)	Bedarf an Produkten und Dienstleistungen ermitteln Dispositionsverfahren anwenden Bestellmengen und Bestelltermine ermitteln
Bestelldurchführung (§ 4 Abs. 1 Nr. 6.2)	Bezugsquellen ermitteln, vergleichen und auswerten Angebote einholen, prüfen und vergleichen Bestellungen bei Lieferanten vorbereiten, durchführen und nachbereiten Vertragserfüllung überwachen und Maßnahmen zur Vertragserfüllung einleiten
Vorratshaltung und Beständeverwaltung (§ 4 Abs. 1 Nr. 6.3)	System der Vorratshaltung des Ausbildungsbetriebes auftragsbezogen berücksichtigen Bestände erfassen, kontrollieren und bewerten
Personal (§ 4 Abs. 1 Nr. 7)	
Rahmenbedingungen,	betriebliche und tarifliche Regelungen sowie arbeits- und

Teil des Ausbildungsberufsbildes Industriekaufmann/-frau	Zu vermittelnde Fertigkeiten und Kenntnisse
Personalplanung (§ 4 Abs. 1 Nr. 7.1)	sozialrechtliche Bestimmungen beachten mit anderen Bereichen sowie mit den betriebsverfassungsrechtlichen Organen zusammenarbeiten betriebliche Ziele und Grundsätze der Personalplanung, Personalbeschaffung und des Personaleinsatzes berücksichtigen
Personaldienstleistungen (§ 4 Abs. 1 Nr. 7.2)	Instrumente zur Personalbeschaffung und Personalauswahl anwenden Aufgaben der Personalverwaltung einschließlich Eintritte und Austritte bearbeiten Entgeltregelungen unterscheiden, die Positionen einer Abrechnung beschreiben und das Nettoentgelt ermitteln die sozialen Leistungen und Einrichtungen sowie deren Ziele im Ausbildungsbetrieb benennen
Personalentwicklung (§ 4 Abs. 1 Nr. 7.3)	Maßnahmen der Personalentwicklung des Ausbildungsbetriebes erklären interne und externe Weiterbildungsmöglichkeiten beschreiben und bei ihrer organisatorischen Umsetzung mitwirken
Leistungserstellung (§ 4 Abs. 1 Nr. 8)	
Produkte und Dienstleistungen (§ 4 Abs. 1 Nr. 8.1)	Art, Beschaffenheit und Güte von Produkten und Dienstleistungen des Ausbildungsbetriebes beschreiben Kunden- und Lieferanteneinflüsse auf die betriebliche Leistungserstellung beachten Prozesse der Leistungserstellung im Ausbildungsbetrieb unterscheiden Daten zur Leistungserstellung auswerten bei der Planung und Vorbereitung der Leistungserstellung mitwirken
Prozessunterstützung (§ 4 Abs. 1 Nr. 8.2)	Möglichkeiten der betrieblichen Infrastruktur nutzen Erhalt und Verbesserung der Betriebseinrichtungen begründen und kaufmännisch bearbeiten beim Investitionsprozess mitwirken

Teil des Ausbildungsberufsbildes Industriekaufmann/-frau	Zu vermittelnde Fertigkeiten und Kenntnisse
Leistungsabrechnung (§ 4 Abs. 1 Nr. 9)	
Buchhaltungsvorgänge (§ 4 Abs. 1 Nr. 9.1)	Geschäftsvorgänge für das Rechnungswesen bearbeiten Bestands- und Erfolgskonten führen Vorgänge des Zahlungsverkehrs und des Mahnwesens bearbeiten
Kosten- und Leistungsrechnung (§ 4 Abs. 1 Nr. 9.2)	Kosten erfassen und überwachen Leistungen bewerten und verrechnen Kalkulationen betriebsbezogen durchführen Instrumente der Kostenplanung und -kontrolle anwenden
Erfolgsrechnung und Abschluss (§ 4 Abs. 1 Nr. 9.3)	Bewertungsvorschriften anwenden Geschäftsabschlüsse des Ausbildungsbetriebes beurteilen Kennzahlen zur Darstellung des betrieblichen Erfolges ermitteln und auswerten
Fachaufgaben im Einsatzgebiet(§ 4 Abs. 1 Nr. 10)	
Einsatzgebietsspezifische Lösungen (§ 4 Abs. 1 Nr. 10.1)	typische Arbeitstechniken und Verfahren unter Beachtung der Sachverhalte des Einsatzgebietes anwenden einsatzgebietsspezifische Aufgaben, Produkte, Dienstleistungen, Funktionen, Prozesse zu den Kernaufgaben des Ausbildungsbetriebes in Beziehung setzen, deren Bedeutung, Zusammenhänge und Wechselwirkungen darstellen und bewerten einsatzgebietsspezifische Aufgaben anhand betriebsspezifischer Kennzahlen analysieren und Lösungen erarbeiten vorhandene Lösungen im Einsatzgebiet erfassen, ihre Übertragbarkeit und Wirtschaftlichkeit aufgabenbezogen überprüfen und anpassen einsatzgebietsspezifische Entscheidungsvorlagen strukturieren, aufbereiten und präsentieren
Koordination einsatzge-	mit internen und externen Partnern zusammenarbeiten

Teil des Ausbildungsberufsbildes Industriekaufmann/-frau	**Zu vermittelnde Fertigkeiten und Kenntnisse**
bietsspezifischer Aufgaben und Prozesse (§ 4 Abs. 1 Nr. 10.2)	und dabei Organisation, Arbeitsabläufe und Zuständigkeiten einsatzgebietsübergreifend beachten Ressourceneinsatz und Leistungen unter Beachtung wirtschaftlicher und zeitlicher Vorgaben planen, überwachen und steuern Prozesse des Einsatzgebietes analysieren, Teilprozesse verknüpfen und zur Optimierung beitragen qualitätssichernde und -fördernde Instrumente anwenden; Störungen und Fehlern systematisch vorbeugen; Probleme einsatzgebietsspezifisch lösen

Anhang A.3: Verordnung über die Berufsausbildung im Bereich der Informations- und Telekommunikationstechnik – Fachrichtung Fachinformatiker/in (Systementwicklung und Anwendungsentwicklung)

Tab. 78: Verordnung über die Berufsausbildung im Bereich der Informations- und Telekommunikationstechnik[93]

Abschnitt I: Gemeinsame Ausbildungsinhalte

Teil des Ausbildungsberufsbildes Fachinformatiker/in	**Fertigkeiten und Kenntnisse, die unter Einbeziehung selbständigen Planens, Durchführens und Kontrollierens zu vermitteln sind**
Der Ausbildungsbetrieb (§ 10 Abs. 1 Nr. 1)	
Stellung, Rechtsform und Struktur (§ 10 Abs. 1 Nr. 1.1)	Aufgaben und Stellung des Ausbildungsbetriebes im gesamtwirtschaftlichen Zusammenhang beschreiben Aufbau des ausbildenden Betriebes erläutern Art und Rechtsform des Betriebes erläutern die Zusammenarbeit des Ausbildungsbetriebes mit Wirtschaftsorganisationen, Verbänden, Behörden und Gewerkschaften beschreiben
Berufsbildung, Arbeits- und Tarifrecht (§ 10 Abs. 1 Nr. 1.2)	rechtliche Vorschriften zur Berufsausbildung erläutern, Rechte und Pflichten aus dem Ausbildungsverhältnis erklären die Ausbildungsordnung mit dem betrieblichen Ausbildungsplan vergleichen die Notwendigkeit weiterer beruflicher Qualifizierung begründen berufliche Fortbildungsmöglichkeiten beschreiben und Aufstiegsmöglichkeiten nen-

93 Verordnung über die Berufsausbildung im Bereich der Informations- und Telekommunikationstechnik vom 10. Juli 1997. Gefunden am 12.03.2011 unter http://bundesrecht.juris.de/itktausbv/index.html

	nen wesentliche Bestimmungen des Arbeits- und Tarifrechts beschreiben und ihre Bedeutung für das Arbeitsverhältnis erklären eigene Entgeltabrechnung erläutern Grundlagen, Aufgaben und Arbeitsweise der betriebsverfassungsrechtlichen oder personalvertretungsrechtlichen Organe des ausbildenden Betriebes beschreiben
Sicherheit und Gesundheitsschutz bei der Arbeit (§ 10 Abs. 1 Nr. 1.3)	Gefährdung von Sicherheit und Gesundheit am Arbeitsplatz feststellen und Maßnahmen zu ihrer Vermeidung ergreifen berufsbezogene Arbeitsschutz- und Unfallverhütungsvorschriften anwenden Verhaltensweisen bei Unfällen beschreiben sowie erste Maßnahmen einleiten Vorschriften des vorbeugenden Brandschutzes anwenden; Verhaltensweisen bei Bränden beschreiben und Maßnahmen zur Brandbekämpfung ergreifen
Umweltschutz (§ 10 Abs. 1 Nr. 1.4)	Zur Vermeidung betriebsbedingter Umweltbelastungen im beruflichen Einwirkungsbereich beitragen, insbesondere mögliche Umweltbelastungen durch den Ausbildungsbetrieb und seinen Beitrag zum Umweltschutz an Beispielen erklären für den Ausbildungsbetrieb geltende Regelungen des Umweltschutzes anwenden Möglichkeiten der wirtschaftlichen und umweltschonenden Energie- und Materialverwendung nutzen Abfälle vermeiden; Stoffe und Materialien einer umweltschonenden Entsorgung zuführen
Geschäfts- und Leistungsprozesse (§ 10 Abs. 1 Nr. 2)	
Leistungserstellung und -verwertung (§ 10 Abs. 1 Nr. 2.1)	den Prozess der Leistungserstellung im Ausbildungsbetrieb beschreiben Wirtschaftlichkeit und Produktivität be-

	trieblicher Leistungen beurteilen Einfluss der Wettbewerbssituation auf die Leistungserstellung und -verwertung darstellen die Rolle von Kunden und Lieferanten für die Leistungserstellung und -verwertung erläutern
Betriebliche Organisation (§ 10 Abs. 1 Nr. 2.2)	Zuständigkeiten für die unterschiedlichen Aufgaben im Ausbildungsbetrieb unterscheiden die Zusammenarbeit zwischen den einzelnen Organisationseinheiten beschreiben, insbesondere Informationsflüsse und Entscheidungsprozesse darstellen Vor- und Nachteile von zentralen und dezentralen Organisationsformen erläutern Schwachstellen im Betriebsablauf aufzeigen, Verbesserungen vorschlagen
Beschaffung (§ 10 Abs. 1 Nr. 2.3)	Bedarf an informations- und telekommunikationstechnischen Produkten und Dienstleistungen ermitteln Produktinformationen von Anbietern unter wirtschaftlichen und fachlichen Gesichtspunkten auswerten Angebote einholen und vergleichen Bestellvorgänge planen und durchführen, Wareneingang kontrollieren
Markt- und Kundenbeziehungen (§ 10 Abs. 1 Nr. 2.4)	bei der Marktbeobachtung mitwirken, insbesondere Preise, Leistungen, Konditionen von Wettbewerbern vergleichen Bedürfnisse und Kaufverhalten von Benutzern informations- und telekommunikationstechnischer Systeme feststellen sowie Zielgruppen unterscheiden Kunden unter Beachtung von Kommunikationsregeln informieren und beraten sowie Kundeninteressen berücksichtigen Kundenbeziehungen unter Berücksichtigung betrieblicher Grundsätze gestalten

	an der Vorbereitung von Verträgen und Vertragsverhandlungen mitwirken, über Finanzierungsmöglichkeiten informieren an Marketing- und Verkaufsförderungsmaßnahmen mitwirken Auswirkungen der Kundenzufriedenheit auf das Betriebsergebnis darstellen
Kaufmännische Steuerung und Kontrolle (§ 10 Abs. 1 Nr. 2.5)	die Notwendigkeit der Steuerung und Kontrolle der Geschäftsprozesse begründen Kosten und Erträge für erbrachte Leistungen errechnen sowie im Zeitvergleich und im Soll-Ist-Vergleich bewerten Ergebnisse der Betriebsabrechnung für Controllingzwecke auswerten Daten für die Erstellung von Statistiken beschaffen und aufbereiten, in geeigneter Form darstellen und interpretieren
Arbeitsorganisation und Arbeitstechniken (§ 10 Abs. 1 Nr. 3)	
Informieren und Kommunizieren (§ 10 Abs. 1 Nr. 3.1)	Informationsquellen, insbesondere technische Unterlagen, Dokumentationen und Handbücher, in deutscher und englischer Sprache aufgabenbezogen auswerten Gespräche situationsgerecht führen und Sachverhalte präsentieren, deutsche und englische Fachbegriffe anwenden Informationen aufgabenbezogen bewerten und auswählen Schriftverkehr durchführen und Protokolle anfertigen Daten und Sachverhalte visualisieren und Grafiken erstellen sowie Standardsoftware anwenden
Planen und Organisieren (§ 10 Abs. 1 Nr. 3.2)	Zeitplan und Reihenfolge der Arbeitsschritte für den eigenen Arbeitsbereich festlegen den eigenen Arbeitsplatz unter Berücksichtigung betrieblicher Vorgaben und ergonomischer Aspekte gestalten Termine planen und abstimmen, Terminüber-

	wachung durchführen Probleme analysieren und als Aufgabe definieren, Lösungsalternativen entwickeln und beurteilen unterschiedliche Lerntechniken anwenden Maßnahmen zur Verbesserung der Arbeitsorganisation und der Arbeitsgestaltung vorschlagen Arbeits- und Organisationsmittel wirtschaftlich und ökologisch einsetzen
Teamarbeit (§ 10 Abs. 1 Nr. 3.3)	Aufgaben im Team planen, entsprechend den individuellen Fähigkeiten aufteilen, Zusammenarbeit aktiv gestalten Aufgaben im Team bearbeiten, Ergebnisse abstimmen und auswerten Möglichkeiten zur Konfliktregelung im Interesse eines sachbezogenen Ergebnisses anwenden
Informations- und telekommunikationstechnische Produkte und Märkte (§ 10 Abs. 1 Nr. 4)	
Einsatzfelder und Entwicklungstrends (§ 10 Abs. 1 Nr. 4.1)	marktgängige Systeme der Informations- und Telekommunikationstechnik nach Einsatzbereichen, Leistungsfähigkeit und Wirtschaftlichkeit unterscheiden Veränderungen von Einsatzfeldern für Systeme der Informations- und Telekommunikationstechnik aufgrund technischer, wirtschaftlicher und gesellschaftlicher Entwicklungen feststellen technologische Entwicklungstrends von Systemen der Informations- und Telekommunikationstechnik feststellen sowie ihre wirtschaftlichen, sozialen und beruflichen Auswirkungen bewerten Auswirkungen der technologischen Entwicklung auf Lösungskonzepte aktueller informations- und telekommunikationstechnischer Systeme darstellen
Systemarchitektur, Hardware und Betriebssysteme (§ 10 Abs. 1 Nr.	Systemarchitekturen und Hardwareschnittstellen marktgängiger informations- und

4.2)	telekommunikationstechnischer Systeme unterscheiden sowie Kompatibilität von Speicherbausteinen, Ein-/Ausgabekomponenten und Peripheriegeräten beurteilen verschiedene Speichermedien sowie Ein- und Ausgabegeräte nach Einsatzbereichen unterscheiden marktgängige Betriebssysteme, ihre Komponenten und ihre Anwendungsbereiche unterscheiden
Anwendungssoftware (§ 10 Abs. 1 Nr. 4.3)	Anwendungssoftware nach Einsatzbereichen unterscheiden Hardware- und Systemvoraussetzungen beurteilen Leistungsfähigkeit und Erweiterbarkeit beurteilen
Netze, Dienste (§ 10 Abs. 1 Nr. 4.4)	Hard- und Softwaresysteme sowie gängige Datenformate zur Datenübertragung unterscheiden Netzwerkarchitekturen unterscheiden Netzwerkbetriebssysteme nach Leistungsfähigkeit und Einsatzbereichen beurteilen Angebote von Informations- und Telekommunikationsdiensten und Konditionen zur Nutzung vergleichen systemtechnische Voraussetzungen für die Nutzung von Informations- und Telekommunikationsdiensten schaffen
Herstellen und Betreuen von Systemlösungen (§ 10 Abs. 1 Nr. 5)	
Ist-Analyse und Konzeption (§ 10 Abs. 1 Nr. 5.1)	Hard- und Software-Ausstattung eines Arbeitsplatzsystems zur Bearbeitung betrieblicher Fachaufgaben ermitteln sowie Arbeitsablauf, Datenflüsse und Schnittstellen analysieren Anforderungen an ein Arbeitsplatzsystem unter Berücksichtigung der organisatorischen Abläufe und der Anforderungen der Benutzer feststellen

	Hard- und Softwarekomponenten auswählen sowie Lösungsvarianten entwickeln und beurteilen Datenmodelle entwerfen die zu erbringende Leistung dokumentieren
Programmiertechniken (§ 10 Abs. 1 Nr. 5.2)	prozedurale und objektorientierte Programmiersprachen unterscheiden Programmierlogik und Programmiermethoden anwenden Anwendungen in einer Makro- oder Programmiersprache erstellen
Installieren und Konfigurieren (§ 10 Abs. 1 Nr. 5.3)	Systeme zusammenstellen und verbinden Hardware und Betriebssystem installieren und konfigurieren Anwendungsprogramme, insbesondere marktübliche Büroanwendungen, installieren und konfigurieren Systeme testen Konfigurationsdaten festhalten sowie Systemdokumentation zusammenstellen
Datenschutz und Urheberrecht (§ 10 Abs. 1 Nr. 5.4)	Verschlüsselungsverfahren und Zugriffsschutzmethoden anwenden Vorschriften zum Datenschutz anwenden Vorschriften zum Urheberrecht anwenden technische Vorschriften zur Sicherung des Fernmeldegeheimnisses anwenden Daten archivieren, nicht mehr benötigte Datenbestände löschen, Datenträger entsorgen
Systempflege (§ 10 Abs. 1 Nr. 5.5)	Datenbankmodelle unterscheiden Datenbanken einrichten und verwalten, Datenbankabfragen durchführen Daten unterschiedlicher Formate übernehmen Daten für unterschiedliche Hard- und Softwaresysteme konvertieren Datensicherung durchführen

	Methoden zur Wiederherstellung von Daten einschließlich Daten defekter Datenträger anwenden Versionswechsel von Betriebssystemen und Anwendungssoftware durchführen Störungen unter Einsatz von Diagnosewerkzeugen analysieren und beheben, Fehlertypologie und Fehlerhäufigkeiten ermitteln Wartungsmaßnahmen durchführen Serviceleistungen dokumentieren, kalkulieren und abrechnen
Systementwicklung (§ 10 Abs. 1 Nr. 6)	
Analyse und Design (§ 10 Abs. 1 Nr. 6.1)	Vorgehensmodelle und -methoden sowie Entwicklungsumgebungen aufgabenbezogen auswählen und anwenden strukturierte und objektorientierte Analyse- und Designverfahren anwenden Programmspezifikationen festlegen, Datenmodelle und Strukturen aus fachlichen Anforderungen ableiten, Schnittstellen festlegen Methoden zur Strukturierung von Daten und Programmen anwenden Daten und Funktionen zu Objekten zusammenfassen, Klassen definieren und Hierarchiediagramme erstellen
Programmerstellung und -dokumentation (§ 10 Abs. 1 Nr. 6.2)	Programmiersprachen auswählen, unterschiedliche Programmiersprachen anwenden Softwareentwicklungsumgebungen an das Systemumfeld anpassen Schnittstellen, insbesondere zum Betriebssystem, zu graphischen Oberflächen und zu Datenbanken, aus Programmen ansprechen Programme entsprechend der fachinhaltlichen Funktionen modular aufbauen Programme unter Berücksichtigung der

	Wartbarkeit und Wiederverwendbarkeit erstellen Software-Entwicklungswerkzeuge aufgabenbezogen anwenden Softwarekonfiguration verwalten, insbesondere Konfigurationsmanagement durchführen
Schnittstellenkonzepte (§ 10 Abs. 1 Nr. 6.3)	Verfahren des Datenaustausches anwenden, Produkte zum Datenaustausch einsetzen Datenfelder mit Hilfe von Werkzeugen inhaltlich und strukturell abgleichen
Testverfahren (§ 10 Abs. 1 Nr. 6.4)	Testkonzept und Testplan erstellen Testumfang festlegen, Testdaten generieren und auswählen informations- und telekommunikationstechnische Systeme testen Testergebnisse auswerten und dokumentieren
Schulung (§ 10 Abs. 1 Nr. 7)	Schulungsziele und -methoden festlegen Schulungsmaßnahmen, insbesondere Termine, Sachmittel und Personaleinsatz, planen und mit Kunden abstimmen Schulungsveranstaltungen organisatorisch vorbereiten Schulungsinhalte strukturieren und aufbereiten Anwenderschulung durchführen
Informations- und telekommunikationstechnische Systeme (§ 10 Abs. 2 Nr. 8)	
Architekturen (§ 10 Abs. 2 Nr. 8.1)	Rechnerarchitekturen beurteilen und einordnen Softwarearchitekturen aufgabenbezogen entwickeln Softwarearchitekturen an Betriebssysteme anpassen

	Softwarearchitekturen in Netze integrieren Betriebssysteme anpassen und konfigurieren
Datenbanken und Schnittstellen (§ 10 Abs. 2 Nr. 8.2)	Datenbankprodukte aufgabengerecht auswählen Datenbankstrukturen, insbesondere logische Struktur der Daten, Objekte, Attribute, Relationen und Zugriffsmethoden, festlegen sowie Schlüssel definieren Sicherheitsmechanismen, insbesondere Zugriffsmöglichkeiten und -rechte, festlegen und implementieren Werkzeuge zur Sicherstellung der Datenintegrität implementieren Datenbanksysteme testen und optimieren Datenbestände strukturieren und in eine Datenbank übernehmen Abfragen und Berichte von Datenbeständen unter Nutzung einer Abfragesprache erstellen Schnittstellenprogramme in einer Datenbankprogrammiersprache erstellen
Kundenspezifische Anwendungslösungen (§ 10 Abs. 2 Nr. 9)	
Kundenspezifische Anpassung und Softwarepflege (§ 10 Abs. 2 Nr. 9.1)	Anwendungslösungen entsprechend den kundenspezifischen Anforderungen einrichten, konfigurieren und anpassen Software an eine veränderte Umgebung anpassen und weiterentwickeln Anwendungslösungen mit Hilfe von Applikationssprachen erweitern Fehler beseitigen Konfigurationen verwalten
Bedienoberflächen (§ 10 Abs. 2 Nr. 9.2)	menügesteuerte und grafische Bedienoberflächen ergonomisch gestalten Bedienoberflächen an die betrieblichen Erfordernisse anpassen

	interaktive Applikationen unter Berücksichtigung fach- und benutzergerechter Dialoggestaltung erstellen
Softwarebasierte Präsentation (§ 10 Abs. 2 Nr. 9.3)	Konzepte für softwarebasierte Präsentationen erstellen, insbesondere Abläufe festlegen sowie Ton, Bild und Text auswählen Ton, Bild und Text in eine Präsentation integrieren Präsentationen durchführen
Technisches Marketing (§ 10 Abs. 2 Nr. 9.4)	Leistungsumfang und Spezifikationen erstellter Anwendungslösungen kundengerecht dokumentieren Anwendungslösungen und Dokumentationen für den Vertrieb bereitstellen Anwendungslösungen präsentieren Bedienungsunterlagen und Hilfe-Programme zur Benutzerunterstützung bereitstellen sowie Systeme zur interaktiven Benutzerunterstützung einrichten auf Benutzerprobleme eingehen, Vorschläge zur Problembeseitigung unterbreiten
Fachaufgaben im Einsatzgebiet (§ 10 Abs. 2 Nr. 10)	
Produkte, Prozesse und Verfahren (§ 10 Abs. 2 Nr. 10.1)	bereichs- und produktspezifische Informationen nutzen die für das Einsatzgebiet typischen Produkte, Prozesse und Verfahren im Hinblick auf die Anforderungen an Anwendungslösungen analysieren und in ein Lösungskonzept umsetzen die für das Einsatzgebiet spezifischen Plattformen anwenden Informationswege, -strukturen und -verarbeitung sowie Schnittstellen zwischen verschiedenen Funktionsbereichen des Einsatzgebietes analysieren vorhandene Anwendungslösungen im Einsatzgebiet erfassen und nach Maßgabe ihrer Leistungsfähigkeit, Funktionalität, Wirtschaftlichkeit und Erweiterbarkeit bewerten

Projektplanung (§ 10 Abs. 2 Nr. 10.2)	Projektziele festlegen und Teilaufgaben definieren Teilaufgaben unter Beachtung arbeitsorganisatorischer, sicherheitstechnischer und wirtschaftlicher Gesichtspunkte planen, insbesondere Personalplanung, Sachmittelplanung, Terminplanung und Kostenplanung durchführen einsatzgebietstypische Designverfahren anwenden Projektplanungswerkzeuge anwenden
Projektdurchführung (§ 10 Abs. 2 Nr. 10.3)	einsatzgebietsspezifische Anwendungslösungen unter Beachtung wirtschaftlicher und terminlicher Vorgaben erstellen die im Einsatzgebiet typischen Programmbibliotheken, Programmodule, Prozeduren, Algorithmen und Optimierungsverfahren anwenden bei der Auftragsbearbeitung mit Kunden, internen Stellen und externen Dienstleistern zusammenarbeiten Anwendungslösungen an Kunden übergeben, Abnahmeprotokolle anfertigen Einführung von Anwenderlösungen unter Berücksichtigung der organisatorischen und terminlichen Vorgaben mit den Kunden abstimmen und kontrollieren
Projektkontrolle, Qualitätssicherung (§ 10 Abs. 2 Nr. 10.4)	Zielerreichung kontrollieren, insbesondere Soll-Ist-Vergleich aufgrund der Planungsdaten durchführen Qualitätssicherungsmaßnahmen projektbegleitend durchführen Projektablauf sowie Qualitätskontrollen und durchgeführte Testläufe dokumentieren bei Störungen im Projektablauf Kunden informieren und Lösungsalternativen aufzeigen Leistungen abrechnen, Nachkalkulation durchführen, abrechnungsrelevante Daten dokumentieren

Systemintegration (§ 10 Abs. 4 Nr. 8)	
Systemkonfiguration (§ 10 Abs. 4 Nr. 8.1)	Rechner- und Systemarchitekturen sowie Betriebssysteme beurteilen und einordnen Betriebssysteme unter Berücksichtigung ihrer Vor- und Nachteile für bestimmte Anwendungsbereiche auswählen und konfigurieren Betriebssystemsteuersprachen anwenden Speichermedien, Systemkomponenten und Ein- und Ausgabegeräte auswählen Hardwarekomponenten hard- und softwareseitig einstellen, insbesondere Peripheriegeräte, Schnittstellen, Übertragungswege und Übertragungsprotokolle, sowie gerätespezifische Hilfs- und Steuerprogramme installieren und konfigurieren Kompatibilität von Systemkomponenten und Peripheriegeräten beurteilen und Kompatibilitätsprobleme lösen Hard- und Softwarekomponenten in bestehende Systeme einpassen und in Betrieb nehmen
Netzwerke (§ 10 Abs. 4 Nr. 8.2)	Vor- und Nachteile verschiedener Netzwerktopologien, -protokolle und -schnittstellen für unterschiedliche Anwendungsbereiche bewerten Netzwerkprodukte und Netzwerkbetriebssysteme auswählen, Netzwerkkomponenten und Netzwerkbetriebssysteme installieren und konfigurieren Übergänge zwischen verschiedenen Netzwerken herstellen Softwarearchitekturen in Netze integrieren
Systemlösungen (§ 10 Abs. 4 Nr. 8.3)	Anwendungsprogramme und Softwarekomponenten hinsichtlich ihres Leistungsumfanges beurteilen und entsprechend den Kundenanforderungen auswählen Softwarekomponenten unter Beachtung von Arbeitsabläufen und Datenflüssen zu kom-

	plexen Systemlösungen integrieren Systemlösungen entsprechend den kundenspezifischen Anforderungen einrichten, konfigurieren und anpassen Prozeduren zur Automatisierung von Abläufen erstellen und in den Systemablauf einbinden Sicherheitsmechanismen, insbesondere Zugriffsmöglichkeiten, festlegen und implementieren Bedienoberflächen und Benutzerdialoge einrichten Leistungsfähigkeit von Systemen der Informations- und Telekommunikationstechnik ermitteln, beurteilen und optimieren
Einführung von Systemen (§ 10 Abs. 4 Nr. 8.4)	Dokumentationen zielgruppengerecht erstellen, archivieren und pflegen, insbesondere Programmierhandbücher, technische Dokumentationen, Hersteller-, System- sowie Benutzerdokumentationen Systemeinführung planen und mit den beteiligten Organisationseinheiten abstimmen Datenübernahmen planen und durchführen Systeme unter Beachtung der Betriebsabläufe steuern Systemkomponenten aus integrierten Systemen entfernen
Service (§ 10 Abs. 4 Nr. 9)	
Benutzerunterstützung (§ 10 Abs. 4 Nr. 9.1)	Anwendungsmöglichkeiten, Leistungsspektrum und Bedienung komplexer Systeme vor Benutzern präsentieren Bedienungsunterlagen und Hilfe-Programme zur Benutzerunterstützung bereitstellen sowie Systeme zur interaktiven Benutzerunterstützung einrichten Benutzerprobleme aufnehmen und analysieren sowie Vorschläge zur Problemlösung unterbreiten
Fehleranalyse, Störungsbeseitigung	Geräte prüfen, Fehler systematisch ermit-

(§ 10 Abs. 4 Nr. 9.2)	teln und beseitigen, Instandhaltung veranlassen Daten von defekten Geräten retten und bereitstellen Präventivmaßnahmen zur Fehlervermeidung konzipieren und durchführen
Systemunterstützung (§ 10 Abs. 4 Nr. 9.3)	Richtlinien zur Nutzung informations-und telekommunikationstechnischer Systeme erstellen und einführen, insbesondere aa) zur Einhaltung von Lizenzbestimmungen bb) für Zugriffsberechtigungen auf Datenbestände, deren Weitergabe und Speicherung cc) zur Datensicherung und Archivierung dd) für Notfallmaßnahmen beim Ausfall von Systemen Geräte, Software, Dokumentationen und Verbrauchsmaterialien für die Nutzung informations- und telekommunikationstechnischer Systeme beschaffen, bereitstellen und verwalten Systemkapazitäten planen und Benutzern zuteilen Verfahren zur Pflege und Verwaltung von Datenbeständen einrichten Zugangsvoraussetzungen für die Nutzung externer Datenbanken und Informations- und Telekommunikationssysteme herstellen
Fachaufgaben im Einsatzgebiet (§ 10 Abs. 4 Nr. 10)	
Produkte, Prozesse und Verfahren (§ 10 Abs. 4 Nr. 10.1)	bereichs- und produktspezifische Informationen nutzen die für das Einsatzgebiet typischen Produkte, Prozesse und Verfahren im Hinblick auf die Anforderungen an komplexe Systemlösungen analysieren und in ein Lösungskonzept umsetzen

	Informationswege, -strukturen und -verarbeitung sowie Schnittstellen zwischen verschiedenen Funktionsbereichen des Einsatzgebietes analysieren vorhandene Systemlösungen im Einsatzgebiet erfassen und nach Maßgabe ihrer Leistungsfähigkeit, Funktionalität, Wirtschaftlichkeit und Erweiterbarkeit bewerten
Projektplanung (§ 10 Abs. 4 Nr. 10.2)	Projektziele festlegen und Teilaufgaben definieren Teilaufgaben unter Beachtung arbeitsorganisatorischer, sicherheitstechnischer und wirtschaftlicher Gesichtspunkte planen, insbesondere Personalplanung, Sachmittelplanung, Terminplanung und Kostenplanung durchführen Systemkonzeptionen unter Anwendung einsatzgebietstypischer Verfahren erstellen Projektplanungswerkzeuge anwenden
Projektdurchführung (§ 10 Abs. 4 Nr. 10.3)	einsatzgebietsspezifische Systemlösungen unter Beachtung wirtschaftlicher und terminlicher Vorgaben erstellen die im Einsatzgebiet typischen Werkzeuge und Verfahren anwenden sowie Systemkomponenten einsetzen bei der Auftragsbearbeitung mit Kunden, internen Stellen und externen Dienstleistern zusammenarbeiten Gesamtsystem an Kunden übergeben, Abnahmeprotokolle anfertigen Einführung von Systemlösungen unter Berücksichtigung der organisatorischen und terminlichen Vorgaben mit Kunden abstimmen und kontrollieren
Projektkontrolle, Qualitätssicherung (§ 10 Abs. 4 Nr. 10.4)	Zielerreichung kontrollieren, insbesondere Soll-Ist-Vergleich aufgrund der Planungsdaten durchführen Qualitätssicherungsmaßnahmen projektbegleitend durchführen Projektablauf sowie Qualitätskontrollen und

	durchgeführte Testläufe dokumentieren bei Störungen im Projektablauf Kunden informieren und Lösungsalternativen aufzeigen Leistungen abrechnen, Nachkalkulation durchführen, abrechnungsrelevante Daten dokumentieren

Anhang A.4: Mittelwertvergleich der Pilotstudie

Tab. 79: Mittelwerte zur Selbstregulation im Umgang mit Geld bei verschuldeten und nicht-verschuldeten Jugendlichen und jungen Erwachsenen

	Gruppe	**N**	**MW**	**SA**	**SA²**	**Sig.**
Selbstwirksamkeits-erwartungen zum erfolgreichen Umgang mit Geld	Verschuldete	27	2,66	1,301	1,693	,000
	Nicht Verschuldete	34	3,74	0,682	0,465	
Sorgfalt bei finanziellen Entscheidungen	Verschuldete	27	3,32	1,203	1,447	,118
	Nicht Verschuldete	34	3,49	1,158	1,341	
Bereitschaft zur Auseinandersetzung mit finanziellen Hürden	Verschuldete	27	3,22	1,261	1,590	,296
	Nicht Verschuldete	34	3,55	0,893	0,797	

Anhang A.5: Fragebogen zur finanziellen Handlungskompetenz - FinKo_Beruf94

Sehr geehrte Teilnehmerinnen und Teilnehmer,

die folgende Befragung am Rechner dient dazu, das Geldverhalten von Jugendlichen und jungen Erwachsenen zu analysieren. Die Bearbeitungszeit beträgt etwa 40 Minuten. Wir bitten Sie, uns bei der Datenerhebung zu unterstützen und den Fragebogen vollständig auszufüllen. Bitte beantworten Sie die Fragen jeweils möglichst zügig und geben Sie die Antwort an, die Ihnen als erstes in den Sinn kommt. Bitte bedenken Sie, dass nur ernsthaft bearbeitete Fragebögen aussagekräftige Ergebnisse liefern. Wenn Sie sich nicht wirklich beteiligen möchten, dann sollten Sie auf die Teilnahme verzichten. Wenn Sie sich aber aktiv beteiligen, dann wird die Bearbeitung der Fragen Ihnen helfen, eine vertiefte Vorstellung zu ihrem Umgang mit Geld zu gewinnen. Die Befragung erfolgt anonym. Die Angabe eines von Ihnen selbst erzeugten Kennworts dient ausschließlich dazu, ggf. den Zusammenhang zu einer Folgebefragung herstellen zu können. Ihre Daten werden nur für wissenschaftliche Zwecke genutzt und nicht an Dritte weitergegeben. Es ist auch für uns nicht möglich, auf Basis Ihrer Angaben auf Ihre Person zu schließen. Die Teilnahme an der Befragung ist freiwillig. Wenn Sie bereit sind, sich aktiv an der Befragung zu beteiligen, dann unterzeichnen Sie bitte die Einverständniserklärung.

Wenn Sie Fragen zur Datenerhebung haben, können Sie sich jederzeit an die wissenschaftliche Leitung dieser Studie wenden:

Prof. Dr. Klaus Breuer
Lehrstuhl für Wirtschaftspädagogik
Johannes Gutenberg Universität Mainz
Jakob-Welder-Weg 9
55099 Mainz
Tel.: 06131 3922004
Mail: klaus.breuer@uni-mainz.de

Vielen Dank für Ihre Teilnahme!

94 In dem Fragebogen FinKo_Privat sind die Abschnitte „Berufliche Handlungskompetenz" und „Private finanzielle Handlungskompetenz vertauscht. Dies dient der Kontrolle von möglichen Fragekontexteffekten (siehe Kapitel 8.2.2).

Persönliche ID	**[v1]**
Bitte tragen Sie in das nebenstehende Feld Ihre persönliche ID ein. Diese dient ausschließlich dazu, Sie in einer möglichen Folgebefragung identifizieren zu können, ohne auf Sie als Person schließen zu können. Ihre ID wird wie folgt ermittelt: Die ersten beiden Buchstaben des Vornamens Ihrer Mutter. Die Tagesangabe Ihres Geburtstags (zweistellig). Die ersten beiden Buchstaben Ihres Geburtsortes. Beispiel: Ihre Mutter heißt Rita, Sie sind am 05.09.1990 in Frankfurt geboren. Ihre ID lautet dann: R_ i_ 0_ 5_ F_ r	_ _ _ _ _ _

Kreuzen Sie bitte bei jeder Frage das Kästchen an, welches für Sie am besten zutrifft. Bitte antworten Sie spontan und achten Sie auf die oben angegebene Skala. Bitte setzen Sie keine Kreuze zwischen zwei Antwortmöglichkeiten. Sollten Sie Ihr Kreuz versehentlich falsch gesetzt haben, so bessern Sie es bitte wie folgt aus:

- Schwärzen Sie das falsche Kästchen
- Setzen Sie Ihr Kreuz neu

□	■	□	☒	□	□	□

	Wie beurteilen Sie...	Sehr gering	Gering	Eher gering	Unentschieden	Eher hoch	Hoch	Sehr hoch
[v2]	...Ihr persönliches Wissen hinsichtlich wirtschaftlicher Themen?	□	□	□	□	□	□	□
[v3]	...Ihr persönliches Wissen hinsichtlich finanzieller Angelegenheiten?	□	□	□	□	□	□	□
[v4]	...Ihr persönliches Wissen hinsichtlich Ihrer Altersvorsorge?	□	□	□	□	□	□	□
[v5]	...Ihre mathematischen Fähigkeiten?	□	□	□	□	□	□	□

		Weniger als 102 Euro	Genau 102 Euro	Mehr als 102 Euro	Kann/Möchte ich nicht einschätzen
[v6]	Angenommen, Sie haben 100 Euro Guthaben auf Ihrem Sparkonto. Dieses Guthaben wird mit 2% pro Jahr verzinst und Sie lassen es 5 Jahre auf diesem Konto. Was meinen Sie: Wie viel Guthaben weist Ihr Konto nach 5 Jahren auf?	□	□	□	□

		Weniger als 200 Euro	Genau 200 Euro	Mehr als 200 Euro	Kann/Möchte ich nicht einschätzen
[v7]	Angenommen, Sie haben 100 Euro Guthaben auf Ihrem Sparkonto. Dieses Guthaben wird mit 20% pro Jahr verzinst und Sie lassen es 5 Jahre auf diesem Konto. Was meinen Sie: Wie viel Guthaben weist Ihr Konto nach 5 Jahren auf?	□	□	□	□

		Weniger	Genau so viel	Mehr	Kann/Möchte ich nicht einschätzen
[v8]	Angenommen, die Verzinsung Ihres Sparkontos beträgt 1% pro Jahr und die Inflationsrate beträgt 2% pro Jahr. Was glauben Sie: Werden Sie nach einem Jahr mit dem Guthaben des Sparkontos genauso viel, mehr oder weniger als heute kaufen können?	□	□	□	□

		Weniger	Genau so viel	Mehr	Kann/Möchte ich nicht einschätzen
[v9]	Angenommen, sowohl Ihr Einkommen als auch die Preise für alle Güter werden sich bis 2012 verdoppeln: Wie viel könnten Sie im Jahr 2012 mit Ihrem Einkommen einkaufen?	□	□	□	□

		Aktien	Festverzinsliche Wertpapiere	Sparbücher	Kann/Möchte ich nicht einschätzen
[v10]	Welche der folgenden Anlageformen zeigt im Laufe der Zeit die höchsten Ertragsschwankungen?	□	□	□	□

Ist die Aussage wahr oder falsch?		Wahr	Falsch	Kann/Möchte ich nicht einschätzen
[v11]	Der Aktienmarkt führt Käufer und Verkäufer von Aktien zusammen.	□	□	□
[v12]	Der Aktienmarkt führt zu einer Erhöhung der Aktienpreise.	□	□	□
[v13]	Der Aktienmarkt hilft, Aktiengewinne vorherzusagen.	□	□	□
[v14]	Eine Anlage in die Aktien eines einzelnen Unternehmens ist weniger riskant als eine Anlage in einem Aktienfonds.	□	□	□
[v15]	Wenn man in einen Mischfonds investiert, kann man das Geld innerhalb des ersten Jahres nicht entnehmen.	□	□	□
[v16]	Mischfonds investieren in mehreren Anlagen, z. B. Aktien.	□	□	□
[v17]	Mischfonds garantieren eine feste Verzinsung, die auf der bisherigen Entwicklung beruht.	□	□	□

		Der Kurs steigt	Der Kurs verändert sich nicht	Der Kurs fällt	Kann/Möchte ich nicht einschätzen
[v18]	Was geschieht bei fallenden Zinsen mit dem Kurs einer festverzinslichen Anleihe?	□	□	□	□

		Bitte tragen Sie hier eine Prozentzahl ein:
[v19]	Wie hoch ist derzeit der Beitragssatz zur gesetzlichen Rentenversicherung von sozialversicherungspflichtig Beschäftigten (Arbeitnehmer- und Arbeitgeberanteil gemeinsam) in Prozent?	__________%

Wozu werden Ihrer Meinung nach die Beiträge verwendet, die in die gesetzliche Rentenversicherung eingezahlt werden?		Bitte kreuzen Sie Zutreffendes an.
[v20]	Ausschließlich für die künftige Rente der heutigen Beitragszahler.	□
[v21]	Der größere Teil für die zukünftige Rente der heutigen Beitragszahler, der kleinere Teil für die Renten der heutigen Rentner.	□
[v22]	Der kleinere Teil für die zukünftige Rente der heutigen Beitragszahler, der größere Teil für die Renten der heutigen Rentner.	□
[v23]	Ausschließlich für die Rente der heutigen Rentner.	□

Denksportaufgaben		Bitte tragen Sie hier eine Zahl ein:
[v24]	Ein Schläger und ein Ball kosten zusammen 110 Cent. Der Schläger kostet 100 Cent mehr als der Ball. Wie viel kostet der Ball?	Lösung: _______
[v25]	5 Maschinen brauchen 5 Minuten, um 5 Produkte herzustellen. Wie lange brauchen 100 Maschinen, um 100 Produkte herzustellen?	Lösung: _______
[v26]	Auf einem Teich wachsen Seerosen. Jeden Tag verdoppeln die Seerosen die Fläche, die sie bedecken. Es dauert 48 Tage, bis der Teig komplett bedeckt ist. Wie lange dauert es, bis die Hälfte des Teiches mit Seerosen bedeckt ist?	Lösung: _______

Kann man mit 18 Jahren schon einen Bankkredit aufnehmen?		Bitte kreuzen Sie Zutreffendes an
[v27]	Nein, laut dem Taschengeldparagraphen kann man mit 18 zwar Geschäfte abschließen, haftet für seine Verbindlichkeiten aber nur mit dem zur Verfügung stehenden Taschengeld.	□
[v28]	Nein, ohne Zustimmung der Eltern kann man bis zum 21. Lebensjahr keinen Kredit bei einer Bank aufnehmen.	□
[v29]	Ja, ab dem 18. Lebensjahr ist man voll geschäftsfähig und kann auch Kredite bei einer Bank beantragen und aufnehmen.	□

Eine Bürgschaft bedeutet...		Bitte kreuzen Sie Zutreffendes an
[v30]	...dass ich den gesamten Kredit, für den ich bürge, notfalls alleine zurückzahlen muss.	□
[v31]	...nur eine Formalie, auf die Banken Wert legen.	□
[v32]	...dass ich maximal die Hälfte des fremden Darlehens übernehmen muss, wenn die Person, für die ich bürge, ihren Verbindlichkeiten nicht nachkommen kann.	□

		250 bis 280 Euro	350 bis 380 Euro	450 bis 480 Euro	Kann/Möchte ich nicht einschätzen
[v33]	Für Essen, Trinken, Kleidung und das notwendige zum Leben (außer Miete) braucht man laut Sozialgesetz im Monat mindestens...?	□	□	□	□

Der Unterschied zwischen Brutto und Netto ist...		**Bitte kreuzen Sie Zutreffendes an**
[v34]	Das Bruttogehalt ist das Nettogehalt abzüglich Steuern und Sozialabgaben.	□
[v35]	Das Nettogehalt ist das Bruttogehalt abzüglich Steuern und Sozialabgaben.	□
[v36]	Das Nettogehalt plus das Bruttogehalt entspricht dem Betrag, der am Ende des Monats auf das Gehaltskonto fließt.	□

		Trifft nicht zu	Trifft eher nicht zu	Trifft teilweise zu	Trifft eher zu	Trifft voll zu
[v37]	Bevor ich einen Kauf tätige, überlege ich mir, wie ich ihn am besten finanziere (Bar, Ratenkauf...)	□	□	□	□	□
[v38]	Beim Einkaufen überprüfe ich, wie viel ich mir leisten kann.	□	□	□	□	□
[v39]	Ich gehe davon aus, dass ich mit meinen Finanzen sehr gut auskommen werde.	□	□	□	□	□
[v40]	Meine Geldgeschäfte plane ich sorgfältig.	□	□	□	□	□
[v41]	Ich bin sicher, dass ich die finanziellen Entscheidungen in meinem Leben gut meistern werde.	□	□	□	□	□
[v42]	Ich lese Verträge, die mit Kosten verbunden sind (Handy, Fitnessstudio, Mietvertrag) sorgfältig durch, bevor ich sie unterzeichne.	□	□	□	□	□
[v43]	Ich treffe finanzielle Entscheidungen sehr sorgfältig.	□	□	□	□	□
[v44]	Wenn ich in finanzielle Probleme gerate, weiß ich genau, woran es liegt.	□	□	□	□	□
[v45]	Ich weiß genau, was ich mir leisten kann.	□	□	□	□	□
[v46]	Ich bin zuversichtlich, dass ich auch die schwierigsten Dinge verstehen kann, die mir mein Bankberater vorstellt.	□	□	□	□	□

[v47]	Ich bestimme meinen Bedarf und was ich tun muss, um diesen zu befriedigen.	□	□	□	□	□
[v48]	Ich bearbeite meine Geldgeschäfte mit höchster Konzentration.	□	□	□	□	□
[v49]	Ich bin zuversichtlich, dass ich nie in finanzielle Nöte gerate.	□	□	□	□	□
[v50]	Wenn ich etwas kaufen möchte, dass ich mir nicht leisten kann, überlege ich, wie ich schnell an Geld komme, um den Kauf doch noch zu tätigen.	□	□	□	□	□
[v51]	Bei der Finanzierung größerer Anschaffungen werde ich gut zurecht kommen.	□	□	□	□	□
[v52]	Ich bin sicher, dass ich gut mit Geld umgehen kann.	□	□	□	□	□
[v53]	Während ich Ausgaben tätige, frage ich mich, ob ich mir das wirklich leisten kann.	□	□	□	□	□
[v54]	Ich habe Menschen, die ich um Rat fragen kann, wenn ich finanzielle Sorgen habe.	□	□	□	□	□
[v55]	Es gibt Menschen, bei denen ich mir ohne zu Zögern Geld leihen kann - auch größere Beträge.	□	□	□	□	□
[v56]	Meinen Freunden/Bekannten ist es wichtig, meine Meinung zu Finanzthemen zu erfahren.	□	□	□	□	□
[v57]	Manche meiner Bekannten/Freunde nutzen meine Großzügigkeit aus.	□	□	□	□	□
[v58]	Ich fühle mich von wichtigen Personen abgelehnt.	□	□	□	□	□
[v59]	Die meisten Leute, die ich kenne, haben eine bessere Beziehung zu ihren Freunden als ich.	□	□	□	□	□
[v59]	Die meisten Leute, die ich kenne, haben eine bessere Beziehung zu ihren Freunden als ich.	□	□	□	□	□
[v59]	Die meisten Leute, die ich kenne, haben eine bessere Beziehung zu ihren Freunden als ich.	□	□	□	□	□
[v60]	Viele meiner Freunde/Angehörigen haben eine ähnliche Einstellung zum Geld wie ich.	□	□	□	□	□
[v61]	Es gibt Menschen, denen ich ohne zu Zögern Geld leihe - auch größere Beträge.	□	□	□	□	□

[v62]	Ich kenne niemanden, mit dem ich über meine Finanzen sprechen kann.	□	□	□	□	□
[v63]	Es gibt Menschen, mit denen ich gerne Geld für Freizeit, Shoppen, Kino o.ä. ausgebe.	□	□	□	□	□
[v64]	Es gibt Menschen, denen ich in finanziellen Angelegenheiten nicht vertraue.	□	□	□	□	□
[v65]	Ich könnte viel freier leben, wenn ich nicht immer auf meine Freunde/Familie Rücksicht nehmen müsste.	□	□	□	□	□
[v66]	Ich kenne fast niemanden, mit dem ich gern ausgehe.	□	□	□	□	□
[v67]	Ich habe Freunde/Angehörige, die mich auch einfach mal umarmen.	□	□	□	□	□
[v68]	Wenn ich wirklich mal unter Stress stehe, werden mir auch mal Aufgaben abgenommen.	□	□	□	□	□
[v69]	Ich brauche mehr Menschen, mit denen ich etwas gemein-sam unternehmen kann.	□	□	□	□	□
[v70]	Manchmal habe ich das Gefühl, dass alle etwas an mir auszusetzen haben.	□	□	□	□	□
[v71]	Es gibt Menschen, die mir noch mehr als 100 Euro Schulden.	□	□	□	□	□
[v72]	Ich habe Familienangehörige oder enge Freunde, die selbst verschuldet sind.	□	□	□	□	□
[v73]	Wenn ich mal tief bedrückt bin, weiß ich, zu wem ich gehen kann.	□	□	□	□	□
[v74]	Oft treffe ich zufällig Bekannte, mit denen ich erst mal ein Schwätzchen halte.	□	□	□	□	□
[v75]	Ich wünschte, man würde mir nicht in meine finanziellen Angelegenheiten reinreden.	□	□	□	□	□
[v76]	Ich fühle mich oft als Außenseiter.	□	□	□	□	□
[v77]	Bei manchen Freunden/Bekannten kann ich auch mal ganz ausgelassen sein.	□	□	□	□	□
[v78]	Es gibt Menschen, denen ich noch mehr als 100 Euro schulde.	□	□	□	□	□
[v79]	Ich habe Familienangehörige oder enge Freunde, die selbst überschuldet sind.	□	□	□	□	□
[v80]	Ich fühle mich in meinem Leben von Freunden/Angehörigen bedrängt und eingeengt.	□	□	□	□	□

[v81]	Ich wünsche mir von anderen Menschen mehr Verständnis und Zuwendung.	□	□	□	□	□
[v82]	Es gibt Menschen, bei denen ich vorübergehend wohnen könnte.	□	□	□	□	□
[v83]	Ich werde oft um Rat zu finanziellen Themen gefragt.	□	□	□	□	□
[v84]	Es gibt Menschen, die zu mir halten, auch wenn ich mal in finanziellen Nöten stecke.	□	□	□	□	□
[v85]	Mit meinen Interessen und Hobbys stehe ich ganz alleine da.	□	□	□	□	□
[v86]	Es gibt Menschen, die mir wegen meinem Umgang mit Geld ständig ein schlechtes Gewissen machen.	□	□	□	□	□
[v87]	Es gibt eine Gemeinschaft von Menschen (Freundeskreis, Clique), zu der ich mich zugehörig fühle.	□	□	□	□	□
[v88]	Es gibt Menschen, mit denen ich völlig zwanglos über mein Geld sprechen kann.	□	□	□	□	□
[v89]	Es gibt Menschen, durch die ich mich in meinem finanziellen Verhalten kontrolliert fühle.	□	□	□	□	□
[v90]	Es gibt Menschen, von denen ich mich "abgezockt" fühle.	□	□	□	□	□
[v91]	Es gibt Menschen, denen ich alles über meine finanzielle Situation anvertraue.	□	□	□	□	□
[v92]	Durch meinen Freundes- und Bekanntenkreis erhalte ich oft gute Tipps (z. B. guter Arzt, Veranstaltungen).	□	□	□	□	□
[v93]	Es gibt Menschen, die sich mit wichtigen persönlichen Problemen an mich wenden.	□	□	□	□	□
[v94]	Ich kenne zu wenige Menschen, die ich bei persönlichen Problemen um Rat fragen kann.	□	□	□	□	□
[v95]	Es gibt Menschen, vor denen ich mich schäme, wenn ich mal kein Geld habe.	□	□	□	□	□
[v96]	Über Geld spricht man nicht.	□	□	□	□	□
[v97]	Wenn ich Schulden mache, kann ich mit niemandem darüber reden.	□	□	□	□	□

Das folgende Inventar dient dazu, individuelle Kompetenzen innerhalb Ihrer Ausbildung anhand von strukturierten Aussagen zu reflektieren. Es geht um die Selbsteinschätzung Ihrer Kompetenzen während Ihrer Ausbildung. Die Aussagen beziehen sich nur auf Ihre persönliche Meinung, es gibt keine falschen oder richtigen Antworten. Jede Antwort ist zutreffend, wenn sie Ihre persönliche Meinung widerspiegelt. Bitte bearbeiten Sie die Antworten offen und ehrlich, gehen Sie dabei zügig voran.

		Trifft nicht zu	**Trifft eher nicht zu**	**Trifft teilweise zu**	**Trifft eher zu**	**Trifft voll zu**
[v98]	Abläufe und Prozesse in meinem (Ausbildungs-)Betrieb in Frage zu stellen, fällt mir leicht.	□	□	□	□	□
[v99]	Probleme und Veränderungsbedarf in meinem Betrieb zu erkennen, fällt mir leicht.	□	□	□	□	□
[v100]	Es ist eine meiner Stärken, neue Ideen in meinem Betrieb zu entwickeln.	□	□	□	□	□
[v101]	Neue Ideen zur Verbesserung meiner Arbeit zu entwickeln, ist eine meiner Stärken.	□	□	□	□	□
[v102]	Es ist eine meiner Stärken, arbeitsbezogene Sachverhalte klar und deutlich darzustellen.	□	□	□	□	□
[v103]	Es fällt mir leicht, nach Abschluss eines Projektes oder eines größeren Arbeitsschrittes systematisch zu untersuchen, was gut und was schlecht gelaufen ist.	□	□	□	□	□
[v104]	Es zeichnet mich aus, im Nachhinein zu überlegen, wie ich Schwierigkeiten und Probleme beim nächsten Mal besser lösen kann.	□	□	□	□	□
[v105]	Sachliche Kritik gegenüber meinen Kollegen, Mitarbeitern, Vorgesetzten etc. zu üben, ist eine meiner Stärken.	□	□	□	□	□
[v106]	Die eigene Meinung (gegenüber Kollegen, Mitarbeitern etc.) zu vertreten, fällt mir leicht.	□	□	□	□	□
[v107]	Es fällt mir leicht, andere (Kollegen, Mitarbeiter etc.) entsprechend ihren Fähigkeiten zu fördern bzw. zu unterstützen.	□	□	□	□	□
[v108]	Andere (Kollegen, Mitarbeiter, Kunden, Geschäftspartner etc.) für eine Idee etc. zu begeistern, fällt mir leicht.	□	□	□	□	□

[v109]	Andere Meinungen (von Kollegen, Mitarbeitern, Geschäftspartnern etc.) zu berücksichtigen, fällt mir leicht.	□	□	□	□	□
[v110]	Auf Vorschläge anderer (Kollegen, Mitarbeitern, Geschäftspartnern etc.) einzugehen, ist eine meiner Stärken.	□	□	□	□	□
[v111]	Kontakte innerhalb der Organisation kann ich gut pflegen.	□	□	□	□	□
[v112]	Es gelingt mir gut, Dinge, die ich mir vornehme, auch innerhalb des Betriebs umzusetzen.	□	□	□	□	□
[v113]	Es ist eine meiner Stärken, konkrete Maßnahmen zur Umsetzung von Ideen zu planen.	□	□	□	□	□
[v114]	Ich neige dazu, mich bei der Arbeit bzw. im Gespräch mit den Kollegen über die Probleme bei der Arbeit zu beklagen.	□	□	□	□	□
[v115]	Ich lasse mich von Fehlschlägen in der Arbeit leicht entmutigen.	□	□	□	□	□
[v116]	Ich habe immer wieder Lust auf Neues in der Arbeit.	□	□	□	□	□
[v117]	Ich begreife erhöhte Anforderungen an meinen Tätigkeitsbereich als Herausforderung.	□	□	□	□	□
[v118]	Ich habe Vertrauen in meine Person, z. B. dass ich die Probleme in der Arbeit bewältigen werde.	□	□	□	□	□
[v119]	Ich kenne meine Schwächen bei der Arbeit.	□	□	□	□	□

Das folgende Inventar dient dazu, Ihre individuelle finanzielle Kompetenz im Alltag anhand von strukturierten Aussagen zu reflektieren. Es geht um die Selbsteinschätzung Ihrer Fähigkeiten und Ihres Know-Hows im Umgang mit Geld. Bitte denken Sie hierzu an Situationen aus Ihrem Alltag, in denen Sie mit Geld umgehen, z. B. beim Shopping, Sparen oder der Vorsorgeplanung. Die Aussagen beziehen sich nur auf Ihre persönliche Meinung, es gibt keine falschen oder richtigen Antworten. Jede Antwort ist zutreffend, wenn sie Ihre persönliche Meinung widerspiegelt. Bitte bearbeiten Sie die Antworten offen und ehrlich, gehen Sie dabei zügig voran.

		Trifft nicht zu	Trifft eher nicht zu	Trifft teilweise zu	Trifft eher zu	Trifft voll zu
[v120]	Abläufe und Prozesse bei meinen eigenen finanziellen Entscheidungen (also z. B. bei Abschluss eines Bausparvertrages, bei der Beratung über Geldanlagen	□	□	□	□	□

	etc.) in Frage zu stellen, fällt mir leicht.					
[v121]	Probleme und Veränderungsbedarf in meiner privaten Finanzsituation zu erkennen, fällt mir leicht.	□	□	□	□	□
[v122]	Es ist eine meiner Stärken, neue Ideen für meine private finanzielle Absicherung zu entwickeln.	□	□	□	□	□
[v123]	Neue Ideen zur Verbesserung meiner Finanzlage zu entwickeln, ist eine meiner Stärken.	□	□	□	□	□
[v124]	Es ist eine meiner Stärken, finanzwirtschaftliche Sachverhalte im privaten Umfeld klar und deutlich darzustellen.	□	□	□	□	□
[v125]	Es ist eine meiner Stärken, meine private Finanzsituation im Blick zu haben.	□	□	□	□	□
[v126]	Es fällt mir leicht, Finanzprodukte hinsichtlich ihrer Vor- und Nachteile zu bewerten.	□	□	□	□	□
[v127]	Es zeichnet mich aus, im Nachhinein zu überlegen, wie ich Schwierigkeiten und Probleme in Bezug auf meine privaten Finanzen beim nächsten Mal besser lösen kann.	□	□	□	□	□
[v128]	Sachliche Kritik am Geldverhalten anderer zu üben, ist eine meiner Stärken.	□	□	□	□	□
[v129]	Die eigene Meinung zu finanziellen Fragen zu vertreten, fällt mir leicht.	□	□	□	□	□
[v130]	Es fällt mir leicht, andere Menschen finanziell zu fördern bzw. zu unterstützen.	□	□	□	□	□
[v131]	Andere für meine Vorschläge in Finanzfragen zu begeistern, fällt mir leicht.	□	□	□	□	□
[v132]	Andere Meinungen in Finanzfragen zu berücksichtigen, fällt mir leicht.	□	□	□	□	□
[v133]	Auf Vorschläge anderer in finanziellen Belangen einzugehen, ist eine meiner Stärken.	□	□	□	□	□
[v134]	Neue Kontakte zu Beratern oder Experten aus dem Finanzsektor zu knüpfen, gehört zu meinen Stärken.	□	□	□	□	□
[v135]	Soziale Kontakte kann ich gut pflegen.	□	□	□	□	□
[v136]	Es gelingt mir gut, finanzielle Vorhaben umzusetzen.	□	□	□	□	□
[v137]	Es ist eine meiner Stärken, konkrete	□	□	□	□	□

	Maßnahmen zur Umsetzung von Finanzentscheidungen (z. B. größere Anschaffungen) zu planen.					
[v138]	Ich neige dazu, mich im Gespräch mit Freunden über finanzielle Probleme zu beklagen.	□	□	□	□	□
[v139]	Ich lasse mich von finanziellen Fehlentscheidungen leicht entmutigen.	□	□	□	□	□
[v140]	Ich habe immer wieder Lust auf neue Informationen hinsichtlich Sparen, Vorsorge etc.	□	□	□	□	□
[v141]	Ich begreife erhöhte Anforderungen bezüglich finanzieller Entscheidungen als Herausforderung.	□	□	□	□	□
[v142]	Ich habe Vertrauen in meine Person, z. B. dass ich finanzielle Probleme bewältigen werde.	□	□	□	□	□
[v143]	Ich kenne meine Schwächen bezüglich finanzieller Themen.	□	□	□	□	□

		Stimme nicht zu	Stimme eher Nicht zu	Stimme eher zu	Stimme eher Nicht zu
[v144]	Über Inhalte der beruflichen Ausbildung zu sprechen macht mir Spaß.	□	□	□	□
[v145]	Die Inhalte in den beruflichen Fächern finde ich interessant.	□	□	□	□
[v146]	Über die Inhalte in den beruflichen Fächern würde ich gerne noch mehr erfahren.	□	□	□	□
[v147]	Die Beschäftigung mit den beruflichen Inhalten ist für mich sehr wichtig-unabhängig von der Schule und anderen Personen.	□	□	□	□
[v148]	Auch in meiner Freizeit beschäftige ich mich mit Ausbildungsinhalten.	□	□	□	□
[v149]	Im Unterricht der beruflichen Fächer frage ich mich oft, was ich hier eigentlich soll.	□	□	□	□
[v150]	Der Unterricht in den beruflichen Fächern wirkt sich positiv auf meine Stimmung aus.	□	□	□	□
[v151]	Die beruflichen Inhalte sind mir gleichgültig.	□	□	□	□

Zum Schluss noch einige Fragen zu Ihrer Person. Bitte füllen Sie auch diese Fragen wahrheitsgemäß aus. Die Anonymität der Befragung gewährleistet, dass keine der erhobenen Daten auf Ihre Person zurückzuführen sind. Eine wissenschaftliche Auswertung des Fragebogens ist nur dann möglich, wenn dieser vollständig ausgefüllt ist. Die Daten werden selbstverständlich absolut vertraulich behandelt.

[v152]	**Geschlecht**	**Männlich**	**Weiblich**
Ich bin...		□	□

[v153]	**Wie alt sind Sie?**	
Ich bin ________ Jahre alt.		

[v154]	**Staatsangehörigkeit**	**Ja**	**Nein**
Haben Sie die deutsche Staatsbürgerschaft? (Bitte geben Sie bei doppelter Staatsbürgerschaft JA an)		□	□
Falls Sie NEIN angekreuzt haben, geben Sie hier bitte Ihre Staatsangehörigkeit an: Ich habe die ________________ Staatsbürgerschaft.			

[v155]	**Welchen Familienstand haben Sie?**	
Verheiratet und zusammenlebend		□
Verheiratet, getrennt lebend		□
Fester Lebenspartner		□
Ledig		□
Verwitwet		□
Geschieden		□

[v156]	**Leben Sie noch bei Ihren Eltern im Haushalt?**	**Ja**	**Nein**
Falls JA, weiter bei [v157]. Ansonsten springen Sie bitte zu Frage [v159].		□	□

[v157]	**Wieso beziehen Sie keine eigene Wohnung?**	**Zutreffendes bitte ankreuzen**
Weil mir das Geld dazu fehlt.		□
Weil ich nicht alleine wohnen möchte.		□
Weil der elterliche Haushalt gewisse Vorteile bietet (z. B. Nähe zum Arbeitsplatz)		□

[v158]	Müssen Sie für den elterlichen Haushalt einen Kostenbeitrag leisten?	Ja	Nein
Falls JA, in welcher Höhe? __________ Euro		□	□

[v159]	Haben Sie Kinder?	Ja	Nein
Falls JA, wie viele? __________		□	□

[v160]	Welches ist Ihr höchster erzielter Schulabschluss?	Zutreffendes bitte ankreuzen
Kein Abschluss/ Abgangszeugnis.		□
Hauptschulabschluss		□
Realschulabschluss/ Mittlere Reife		□
Fachhochschulreife		□
Allgemeine Hochschulreife (Abitur)		□
Fachgebundene Hochschulreife		□
Hochschulabschluss (Diplom, Bachelor, Master)		□

[v161]	Haben Sie bereits eine abgeschlossene Berufsausbildung?	Ja	Nein
Falls JA, in welchem Ausbildungsberuf? ____________________		□	□

[v162]	In welchem Beruf machen Sie derzeit eine Ausbildung?	Zutreffendes bitte ankreuzen
Bankkaufmann/-frau		□
Mechatroniker/in		□
Industriekaufmann/-frau		□
Fachinformatiker/in		□
Sonstiges: ______________________________		□

[v163]	In welchem Ausbildungsjahr befinden Sie sich?	Zutreffendes bitte ankreuzen	
Im 1. Ausbildungsjahr		□	
Im 2. Ausbildungsjahr		□	
Im 3. Ausbildungsjahr		□	
Im 4. Ausbildungsjahr		□	
[v164]	Machen Sie eine verkürzte Ausbildung?	Ja	Nein

	□	□

[v165]	Üben Sie neben Ihrer Ausbildung einen Nebenjob aus?	Ja	Nein
Falls JA, weiter bei Frage [v166]. Falls NEIN, weiter bei Frage [v167].		□	□

[v166]	Aus welchen Gründen machen Sie den Nebenjob?	Zutreffendes bitte ankreuzen
Um meine laufenden Kosten wie Miete oder Lebensmittel zu decken.		□
Um es das zusätzliche Geld für Freizeitaktivitäten, Kleidung, Urlaub etc. ausgeben zu können.		□
Um monatliche mehr Geld sparen zu können.		□

[v167]	Wieso üben Sie keinen Nebenjob aus?	Zutreffendes bitte ankreuzen
Weil ich dafür wegen meiner Verpflichtungen in der Ausbildung keine Zeit aufbringen kann.		□
Weil ich genügend Geld zum Leben habe.		□
Weil ich keine Lust auf weitere Beschäftigung habe.		□

[v168]	Welche der folgenden Sparformen besitzen Sie?	Zutreffendes bitte ankreuzen	Höhe des Guthabens?
Sparanlagen (z. B. Sparbücher, Festgeldkonten, Tagesgeldkonten, Sparverträge)		□	€
Bausparverträge (die noch nicht in Darlehen umgewandelt wurden)		□	€
Festverzinsliche Wertpapiere (z. B. Sparbriefe, Pfandbriefe, Bundesschatzbriefe, Industrieanleihen, Anteile an Rentenfonds)		□	€
Aktien(-fonds) und Immobilienfonds (auch Aktienanleihen, gemischte Fonds oder ähnliche Anlagen)		□	€
Sonstige Wertpapiere z. B. Discountzertifikate, Hedgefonds, Filmfonds, Windenergiefonds, Geldmarktfonds)		□	€
Sonstiges		□	€

[v169]	Mit wem sprechen Sie über finanzielle Angelegenheiten?	Zutreffendes bitte ankreuzen
Mit Verwandten.		□
Mit Freunden		□
Mit Arbeitskollegen		□

Mit Nachbarn	□
Mit Kundenbetreuern von Banken, Versicherungen, Finanzdienstleistern	□
Mit niemandem	□

[v170]	**Wie häufig lassen Sie sich von Bankberatern, Versicherungsberatern oder Beratern von Finanzdienstleistungen beraten?**	**Zutreffendes bitte ankreuzen**
Mindestens 1 Mal pro Monat.		□
Etwa 4 Mal pro Jahr		□
Etwa 1 Mal pro Jahr		□
Weniger als 1 Mal pro Jahr		□
Nie		□

[v171]	**Wenn Sie einmal zurückdenken, wie Sie im letzten Jahr durchschnittlich mit Ihren Einkünften ausgekommen sind: Welcher Satz trifft dann am ehesten zu?**	**Zutreffendes bitte ankreuzen**
Am Monatsende blieb immer reichlich Geld übrig.		□
Am Monatsende blieb oft etwas Geld übrig.		□
Es blieb nur etwas übrig, wenn zusätzlich einmalige Einkünfte hinzu kamen.		□
Am Monatsende hat es öfters nicht gereicht.		□
Am Monatsende hat das Geld nie gereicht.		□

[v172]	**Wenn es bei Ihnen mal finanziell nicht ausgereicht hat, haben Sie...**	**Zutreffendes bitte ankreuzen**
Von Freunden oder Verwandten etwas geborgt.		□
Einen Kredit bei der Bank aufgenommen.		□
Auf Erspartes zurückgegriffen.		□
Das Konto bei der Bank überzogen.		□
Sonstiges: ______________________		□

[v173]	**Welcher der Sätze trifft am ehesten auf Ihr persönliches Sparverhalten zu?**	**Zutreffendes bitte ankreuzen**
Ich will nicht sparen, sondern das Leben jetzt genießen.		□
Ich spare nicht, da kein finanzieller Spielraum vorhanden ist.		□

Ich lege etwas zur Seite, wenn etwas zum Sparen übrig bleibt.	□
Ich lege jeden Monat etwas zurück, die Höhe bestimme ich je nach der finanziellen Situation.	□
Ich lege regelmäßig einen festen Betrag an, etwa auf einem Sparbuch, einem Sparvertrag, in Aktien oder einer Lebensversicherung etc.	□

[v174]	Besitzt Ihr Konto einen Dispositionsrahmen?	Ja	Nein
		□	□

[v175]	Wie hoch ist Ihr Dispositionsrahmen?	Zutreffendes bitte ankreuzen
Bis 300 Euro		□
Bis 600 Euro		□
Bis 1000 Euro		□
Höher als 1000 Euro		□

[v176]	Wie oft nutzen Sie Ihren Dispositionsrahmen?	Zutreffendes bitte ankreuzen
Nie		□
1-3 Mal pro Jahr		□
4-6 Mal pro Jahr		□
Öfter oder dauernd in Anspruch genommen		□

[v177]	Aktuelle Kredite	Ja	Nein	Höhe in €
Besitzen Sie aktuell Kredite, welche noch nicht vollständig zurückbezahlt sind?		□	□	
Wenn JA: Welche Kredite besitzen Sie? (Mehrfachnennungen möglich)				
Bildungskredite, also Kredite für Aus- und Weiterbildung oder das Studium.		□	□	____€
Dispositionskredite, wenn Sie ihr Konto überzogen haben.		□	□	____€
Konsumkredite, z. B. Kredite für Anschaffungen wie Auto, elektrische Geräte, Möbel oder Urlaubsreisen im Rahmen einer Finanzierung.		□	□	____€
Familienkredite, wenn Sie sich etwas von der Familie geborgt haben.		□	□	____€
Freundeskredite, wenn Sie sich etwas von Freunden geborgt haben.		□	□	____€
Bauspardarlehen, also Bausparverträge, die von der Anspar- in die Darlehensphase umgewandelt wurden.		□	□	____€
Hypotheken, also Kredite, die auf Immobilien bezogen wurden.		□	□	____€

[v178]	Haben Sie sonstige Verpflichtungen (z. B. Unterhaltspflicht), für die Sie monatlich aufkommen müssen?	Ja	Nein
Falls JA, welche Verpflichtungen sind das?		□	□

Vielen Dank!

Anhang A.6.1: Faktoren- und Reliabilitätsanalyse zur latenten Variable Selbsteinschätzung ökonomisches Wissen

Tab. 80: KMO-Test und Bartlett-Test zur Selbsteinschätzung zum ökonomischen Wissen

Maß der Stichprobeneignung nach Kaiser-Meyer-Olkin.		,680
Bartlett-Test auf Sphärizität	Ungefähres Chi-Quadrat	554,948
	df	6
	Signifikanz nach Bartlett	,000

Tab. 81: Faktorladungen der Inhaltsbereiche ökonomischen Wissens

	Komponente
	1
Wissen zu Wirtschaft	,780
Wissen zu Finanzen	,870
Wissen zu Vorsorge	,743
Mathematische Fähigkeiten	,466

Tab. 82: Reliabilität der Variable Selbsteinschätzung zum ökonomischen Wissen

Cronbachs Alpha	Cronbachs Alpha für standardisierte Items	Anzahl der Items
,684	,692	4

Anhang A.6.2: Faktoren- und Reliabilitätsanalyse zur latenten Variable Selbstkonzept zur finanziellen Handlungskompetenz

Tab. 83: KMO-Test und Bartlett-Test zur Selbsteinschätzung zum ökonomischen Wissen

Maß der Stichprobeneignung nach Kaiser-Meyer-Olkin.		,883
Bartlett-Test auf Sphärizität	Ungefähres Chi-Quadrat	4810,504
	df	276
	Signifikanz nach Bartlett	,000

Tab. 84: Faktorladungen zur Variable Selbstkonzept finanzieller Handlungskompetenz (gekürzt)

	Komponente						
	1	2	3	4	5	6	7
FinHk1	,483						
FinHk2	,512	,401					
FinHk3	,802						
FinHk4	,773						
FinHk5	,677						
FinHk6		,657					
FinHk7	,530						
FinHk11			,695				
FinHk12			,551				
FinHk13					,855		
FinHk14					,813		
FinHk15			,507	,401			
FinHk16			,570				
FinHk17		,770					
FinHk18		,723					
FinHk21				,765			
FinHk22				,753			
FinHk23		,634					

Anhang A.7: Reliabilitätsberechnung zum KRI (Items zur finanziellen Handlungskompetenz)

Tab. 85: Reliabilität des modifizierten KRI

Cronbachs Alpha	Anzahl der Items
,868	24

Tab. 86: Faktorladungen des modifizierten KRI (gekürzt)

	Skalenmittelwert, wenn Item weggelassen	Skalenvarianz, wenn Item weggelassen	Korrigierte Item-Skala-Korrelation	Cronbachs Alpha, wenn Item weggelassen
FinHk1	58,33	123,465	,371	,864
FinHk2	57,95	122,485	,503	,861
FinHk3	58,68	118,967	,573	,858
FinHk4	58,54	118,868	,585	,858
FinHk5	58,59	119,083	,576	,858
FinHk6	57,73	122,385	,455	,862
FinHk7	58,21	119,884	,543	,859
FinHk8	58,17	123,009	,442	,862
FinHk9	58,93	124,723	,261	,869
.	.	.	.	.
.	.	.	.	.
.	.	.	.	.
FinHk19	57,91	130,433	,036	,875
FinHk20	58,15	127,785	,130	,873
FinHk21	58,68	118,645	,472	,861
FinHk22	58,73	119,651	,490	,861
FinHk23	57,74	121,229	,546	,860
FinHk24	57,94	126,196	,248	,868

Anhang A.8: Bereinigung der Stichprobe

Tab. 87: Verteilung der Bearbeitungszeit

		Min.	Max.	Mittel-wert	Standardab-weichung	Varianz
Dauer	641	00:10:50	01:11:20	00:31:13	00:06:57,333	174167,030
Gültige Werte (Listenweise)	641					

KONZEPTE DES LEHRENS UND LERNENS

Herausgegeben von K. Breuer, G. Tulodziecki und K. Beck

Band 1 Dieter Reising: Kognitive Komplexität als Differenzierungskriterium. Entwicklung und Evaluation eines Unterrichtskonzepts für die Berufsfachschule. 1986.

Band 2 Rüdiger R. Kummer: Computersimulation in der Berufsschule. Entwicklung und Evaluation eines Konzepts zur Förderung kognitiver Komplexität im Politik- und Wirtschaftslehre-Unterricht. 1991.

Band 3 Günter Fiedler: Anwendungsaufgaben im naturwissenschaftlichen Unterricht. Theoretische Grundlagen, Entwicklung und vergleichende Evaluation eines Unterrichtskonzeptes zur Verbesserung der Anwendungsfähigkeit von Naturgesetzen. 1991.

Band 4 Peter Steinbüchel: Technisches Denken und Handeln. Unterrichtskonzepte für berufsbildende Schulen. 1994.

Band 5 Klaus Beck (ed.): Teaching-Learning Processes in Vocational Education. Foundations of Modern Training Programmes. 2002.

Band 6 Katharina Höhn: Struktur- und Prozessinnovationen in pädagogischen Handlungsfeldern. Entwicklung, Implementation und Evaluation einer beruflichen Abschlussprüfung über den Zugang der systemdynamischen Modellbildung. 2002.

Band 7 Stefanie Hillen / Gunnar Paul / Frank Puschhof: Systemdynamische Lernumgebungen. Modellbildung und Simulation im kaufmännischen Unterricht. 2002.

Band 8 Klaus Breuer / Klaus Beck (eds.): Are European Vocational Systems up to the Job? Evaluation in European Vocational Systems. 2002.

Band 9 Frank Arnold: Computerbasierte Lernumgebungen zur Unterstützung selbstgesteuerter Lernprozesse. Eine objektorientierte Modellierung mit der Unified Modeling Language (UML). 2004.

Band 10 Stefanie Hillen: Systemdynamische Modellbildung und Simulation im kaufmännischen Unterricht. Elizitation und Elaboration von Mentalen Modellen in komplexen betriebswirtschaftlichen Gegenstandsbereichen. 2004.

Band 11 Eveline Wuttke: Unterrichtskommunikation und Wissenserwerb. Zum Einfluss von Kommunikation auf den Prozess der Wissensgenerierung. 2005.

Band 12 Karin Heinrichs: Urteilen und Handeln. Ein Prozessmodell und seine moralpsychologische Spezifizierung. 2005.

Band 13 Gerhard Minnameier: Wissen und inferentielles Denken. Zur Analyse und Gestaltung von Lehr-Lern-Prozessen. 2005.

Band 14 Wulf Weritz: Fall- und problemorientiertes Lernen in hybriden Lernarrangements. Theoretische Grundlagen, Entwicklung und empirische Evaluation von Studienmaterialien für die Lehrerausbildung an einer Präsenzuniversität. 2008.

Band 15 Klaus Breuer / Rüdiger Tauschek / Helmut Becker / Wolfgang Ettmüller / Klaus Etzkorn (Hrsg.): Der Modellversuch KoLA. Vom Lernfeld zum schulspezifischen Jahresarbeitsplan – von der Lernsituation zum selbstgesteuerten Lernen und zu ersten Ergebnissen einer Längsschnittstudie. 2009.

Band 16 Jürgen Seifried: Unterricht aus der Sicht von Handelslehrern. 2009.

Band 17 Klaus Breuer / Wolfgang Ettmüller / Nicole Schu / Rüdiger Tauschek: Selbstgesteuertes Lernen. Planung, Praxis und Evaluation für den Unterricht in der Berufsschule. 2011.

Band 18 Nina Bender: Selbstreguliertes Geldmanagement bei jungen Erwachsenen. 2012.

www.peterlang.de

For the avoidance of doubt, input of the whole or any part of this publication into any generative artificial intelligence model, chatbot, program, software or technology is expressly prohibited without the prior written consent of the publisher.